Peter Geißler und Klaus Rückert (Hg.)
Mediation – die neue Streitkultur
Kooperatives Konfliktmanagement in der Praxis

W0088953

Ich widme dieses Buch:

Christine, die mich seit 20 Jahren unterstützt und erträgt;

sowie den guten Geistern im Café Landhaus

Reihe »edition psychosozial«

Peter Geißler und Klaus Rückert (Hg.)

Mediation –
die neue Streitkultur

Kooperatives Konfliktmanagement in der Praxis

Psychosozial-Verlag

Die Umschlagabbildung von C. Mörschel, „Zueinander", ist in der Werkstatt für Seidenmalerei der Lebenshilfe Gießen entstanden. Interessenten für das Original und zahlreiche weitere wunderschöne Arbeiten können sich dorthin wenden:

Reha-Werkstatt Gießen
Silk and Art
Siemensstr. 4
35394 Gießen
Tel.: 0641/9 75 09-13
Fax: 0641/9 75 09-20

Die Deutsche Bibliothek - CIP-Einheitsaufnahme
Mediation - die neue Streitkultur :
kooperatives Konfliktmanagement in der Praxis / Peter Geißler (Hg.).
[Mit Beitr. von John Haynes ...]. - Gießen : Psychosozial-Verl.,
2000 (Reihe „Edition Psychosozial")
ISBN 3-89806-009-8

© 2000 Psychosozial-Verlag
Goethestr. 29, 35390 Gießen
Tel.: 0641/77819, Fax: 0641/77742
e-mail: psychosozial-verlag@t-online.de
www.psychosozial-verlag.de
Alle Rechte, insbesondere das des auszugsweisen Abdrucks und das der fotomechanischen Wiedergabe, vorbehalten.
Umschlagabbildung: C. Mörschel, „Zueinander" (1989)
Umschlaggestaltung: Atelier Warminski, Büdingen
Printed in Germany
ISBN 3-89806-009-8

Inhaltsverzeichnis

Vorwort

Alfred Pritz

In der Geschichte der Mediation gibt es eine uralte Tradition in Konflikten zu vermitteln, es war immer eine Kunst, die es zu schulen galt. Dieser Aufgabe stellt sich auch die moderne Mediation (aus dem Englischen: mediation = Vermittlung). Das Feld der Mediation ist weit gespannt: von Konflikten zwischen Ehepartnern bis hin zu Konflikten in Firmen und Konzernen, vom außergerichtlichen Tatausgleich bis zur Umweltmediation.

Das vorliegende Buch versammelt eine breite Palette der Anwendungsgebiete. Es ist interessant zu beobachten, wie schnell sich die Mediation in Österreich etabliert hat und erfolgreich versucht, entsprechende Qualitätsstandards einzuführen. Dies hat auch mit zwei wichtigen mit öffentlichen Geldern finanzierten Projekten zu tun: dem Projekt der gerichtlichen Mediation, die für jene Ehepaare gedacht ist, die in einer Bindungs-Trennungsproblematik stecken und einen Klärungsversuch mithilfe von Comediatoren, meist Psychotherapeuten und Anwälten, die speziell geschult sind, unternehmen. Das andere Projekt betrifft den außergerichtlichen Tatausgleich, der zunächst für delinquente Jugendliche etabliert wurde und im Rahmen der Bewährungshilfe erfolgreich angewendet wird. Aufgrund der günstigen Ergebnisse wurde der außergerichtliche Tatausgleich nun auch auf erwachsene Straftäter ausgeweitet. Diese zwei Modelle zeigen, daß viel ungelöste Beziehungsproblematik auf eine bessere Weise als durch Schiedssprüche und oft für beide Seiten äußerst schmerzhafte Trennungen gelöst werden kann. Die dabei auftretenden Haßgefühle sowie die damit verbundenen Ohnmachtserfahrungen können durch Mediation in vielen Fällen besser kanalisiert werden. In so manchen Fällen können neue innere Wachstumsprozesse stimuliert werden und so den Streitparteien zu neuer Lösungskompetenz verhelfen.

Die Mediation steht noch am Anfang eines Konzteptualisierungsprozesses, vieles ist noch zu klären. Dieses Buch soll Anregung und Klärung erster Grundfragen vermitteln und zu weiteren Fragestellungen anregen. Eines ist jedenfalls bereits geklärt: Mediation wird in vielen Lebenslagen gebraucht. Mediation trifft auf ein gesellschaftliches Bedürfnis, Konflikte nicht allein über Gefühlsregungen auszutragen, sondern auch kognitive Elemente in die Entscheidungen mit einzubeziehen.

Mediation bedeutet aber auch die Hoffnung, Konflikte so zu lösen, daß beide Konfliktparteien »Sieger« und nicht »Verlierer« sein können. Zu dieser Hoffnung will dieses Buch beitragen – alles Gute dazu!

Mediation global?
Vom Ideal zum Real

Harald Picker

Was fasziniert an dieser »Mediationswelle«, die nun auch in Europa immer mehr Bedeutung erlangt und in allen Bereichen des privaten und öffentlichen Lebens traditionell gewohnte Regelungsformen in Frage stellt und aufzulösen beginnt?

Die Beiträge dieses Bandes, Referate, Vorträge und Ergebnisse der »Konferenz für Mediation« in Wien 1999, knapp vor der Jahrtausendwende, machen deutlich, daß sich in offenbar allen Professionen, in immer mehr Anwendungsgebieten, hochqualifizierte Wissenschafter, Manager, Mitarbeiter aus den »psychosozialen« Berufsfeldern, Politiker und Interessenvertreter in Aus- und Fortbildung als Mediatoren engagieren. »Mediatorin-Mediator« als eigener Beruf, das »Mediationsbüro«, die »Mediationsfirma« als gewinnorientierte Existenzgrundlage ist nicht mehr ungewöhnlich. Dieses Selbstbewußtsein der Mediatoren ist – zumindest in Österreich – ungewohnt. Bislang waren solche »Weltverbesserer« in gemeinnützigen, nicht auf Gewinn orientierten Vereinen untergebracht, die es sicher und hoffentlich auch noch weiter geben wird.

Es hat sich etwas geändert: Aus dem »Ideal« der »Friedfertigkeit«, der »Gewaltlosigkeit«, des »Gutseins« – bisher etwas für Philosophen, Weltermahner, Friedensnobelpreisträger und Heilige – ist ein »Real« geworden. Es wird deutlich, daß der »Luxus der Ethik«, das Schwärmen von Gerechtigkeit und Verständigung nicht mehr ausreichen, um die Welt im kleinen und im großen zusammenzuhalten. Es geht – deutlich sichtbar an den Krisenherden der Weltpolitik – um das sogenannte »Eingemachte«. Der Mangel an Sicherheit und das zugleich steigende Bedürfnis danach können nicht mehr durch Macht und Isolation des Einzelnen oder der Staaten dieser Welt

9

bewältigt werden. »Globalisierung« heißt eben, daß mich ganz deutlich alles betrifft und alles angeht, weil es keine »weißen Flecken«, keine Fluchtorte der Sicherheit mehr gibt. Jeder einzelne – auch jeder Staat, jede Firma – muß die Bedürfnisse »der anderen« wahrnehmen, erkennen und beantworten. Und zwar nicht unbedingt aus ethischer Reife heraus, sondern weil dies immer deutlicher zur Grundlage des persönlichen und öffentlichen »Sicherheitsstandards« aller Menschen wird. Zynisch ausgedrückt: Auch das ist ein Aspekt der »Globalisierungsfalle«, das »Gute« ist nicht mehr »brav«, sondern notwendig. Vielleicht müssen wir mit »knirschenden Zähnen« Friedfertigkeit lernen, üben und in Auftrag geben, damit die Sozialbudgets stimmen, die Firmenbilanzen langfristig in Ordnung sind und damit die Kriegshandlungen die Weltwirtschaft und Weltpolitik nicht zum Explodieren bringen.

Mediation hat auch diesen »coolen« Hintergrund, und das ist – bei aller Liebe zum Enthusiasmus des Gutseins – ein verläßlicher Boden. Daher wird »Mediation« auch immer mehr zum Beruf, vielleicht auch zum »Job«, für den man – ganz cool – finanzielle Gegenleistungen fordert. Und doch: Trotz dieses »coolen« Aspekts war auf dieser »Konferenz für Mediation« sehr viel Wärme, Engagement und Begeisterung zu spüren. Prominente und weniger prominente ReferentenInnen, WorkshopleiterInnen und MitarbeiterInnen in der Organisation waren für überwiegend niedrige Honorare oder lediglich für Spesenersatz trotzdem bereit, mitzugestalten und sich zur Verfügung zu stellen.

Hätte, wie ursprünglich geplant, John Haynes dieser Konferenz vorsitzen können, wäre durch seine Person diese Haltung von Begeisterung, Wärme, »coolem Realismus« und weit ausgespanntem Horizont verkörpert gewesen. Viele Teilnehmer waren auch in der Hoffnung gekommen, ihn persönlich erleben zu können. Wegen einer Erkrankung konnte sein Eröffnungsvortrag nur verlesen und durch herzliche Genesungswünsche beantwortet werden. Es war auch John Haynes, der das Team unter der Leitung von Dr. Klaus

Rückert und Dr. Peter Geißler ermutigt und motiviert hat, diese »Internationale Konferenz für Mediation« in Wien zu organisieren. Die Mühen und das Risiko haben sich gelohnt, die hier im Buch abgedruckten Vorträge und Berichte bezeugen es. Es war eine gute, kommunikative, kreative und offenherzige Konferenz. Herzlichen Dank allen, die dazu beigetragen haben.

Es könnte ein Anfang sein, die »Wiener Konferenz für Mediation« zu einer regelmäßigen Veranstaltung zu entwickeln. Die Atmosphäre dieser ersten Wiener Konferenz läßt diese Hoffnung realistisch erscheinen.

»Impressiones« auf der Wiener Konferenz für Mediation oder: Über die Allparteilichkeit in eigener Sache

Benedikta Gräfin v. Soden

Jeder Kongreß hat seinen eigenen Geist. Die versprochenen Themen, die ReferentInnen und der Tagungsort lockten an. Form und Inhalt, das weiß man, sind nicht zu trennen und beeinflussen sich, wenn wir auch oft zu Unrecht dem Inhalt mehr bewußte Aufmerksamkeit schenken. Die Organisatoren dieser Tagung scheinen beides im Auge gehabt zu haben und das Zusammenspiel ist ihnen wunderbar gelungen. Vielleicht ist Wien wirklich die Stadt der Mediation.

Eingestimmt wurden wir jeden Morgen durch das Großklinikum AHK und das in der Eingangsetage pulsierende »andere« Leben. Eine Stadt, eine Welt für sich. Überdimensioniert und in einem unglaublichen Gemisch der verschiedensten Menschen, egal ob krank oder gesund, auf dem Weg zum Laden, zur nächsten Untersuchung, in der wie selbstverständlichen Widersprüchlichkeit überraschend leger, nonchalant, ein bißchen wie Wien, fast wie Mediation?

Über breite Rollbahnen wurden wir Kongreßteilnehmer dieser Form des Lebens enthoben, auf eine andere Ebene: Ruhe, Stille, kein einziger Patient, nur wir. Ob schon dadurch, durch die isolierte Existenz auf dem erinnerten Hintergrund des Krankenhauses dieses schnelle »Wir-Gefühl« und auch das »uns geht es eigentlich ganz gut« entstand? Ein »Wir«, das auch die Organisatoren mit einschloß. Niemand klagte wie sonst so gern über die »Imperfectiones«, die es auf jedem Kongreß gibt. Die Fensterlosigkeit der Räume, der langsame Kaffeeausschank, die Tisch- und Stuhlknappheit in den Pausen, die nicht geteilte Teilnehmerliste. Kaum einen

Ton der Klage hörte man, statt dessen gemeinsames Schlangestehen, spontane Gespräche zwischen Unbekannten, man ging aufeinander zu, man rückte zusammen an den Tischen. Wir waren viele, aber überschaubar. Die Organisatoren waren persönlich anwesend, greifbar. Alles, was ein Kongreß wirklich braucht, war da und doch gab es den Eindruck von Vorläufigkeit, von Offenheit. Dieser Kongreß hatte von vorne herein etwas Offenes und etwas Verbindliches, er vermittelte dynamische Nähe.

Es spielt ja eine Rolle, wer da vorne auf dem Podium zu sehen ist und wer im Publikum. Man schaute von Anfang an gerne nach vorn und auch zurück. Gerade auch auf dem Podium immer mehrere Mitwirkende zu sehen, sei es in der Rolle der ReferentInnen, sei es für die Technik, als Moderatoren oder als Diskussionsteilnehmer, und zwar Männer, Frauen und Jugendliche, das macht die Atmosphäre inklusiv.

Ein Mindestmaß an verfügbarer Vielfalt, das weiß man aus den Naturwissenschaften, ist für langfristiges Überleben einer Art notwendig. Den Veranstaltern ist es geglückt, eine solche Vielfalt in Form und Inhalt zum Sprechen zu bringen. Viele konnten zu Wort kommen, und ganz unterschiedliche Menschen. Viel Wissen war da anwesend und viel Erfahrung. Es waren Praktiker, die sprachen, aus TOA und ATA, aus sozialpädagogischer Praxis, Wirtschaft, Anwaltschaft und aus der Umweltmediation, Leute in Ausbildung. Ein buntes und qualifiziertes Publikum hatten die Organisatoren angelockt, und sie hatten Strukturen geschaffen, die den Austausch erleichterten, auf dem Podium, im Publikum, durch die Videoaufnahmen, in den Pausen.

Den inhaltlichen großen Themen-Bogen bildeten die verschiedenen Anwendungsgebiete der Mediation. Die Spanne war weit, man war begeistert ob der Vielzahl der Betätigungsfelder, ob der exzellenten Beispiele. Beim nächsten Mal wird man noch mehr politische Mediation diskutieren wollen und wohl auch, so meine Wette, mehr kulturelle Aspekte der Mediation. Doch auch schon jetzt waren wir sehr zufrieden mit unserem faszinierenden und expandierenden neuen Berufsfeld.

Erhitzt wurden Hirn und Gemüt aber vor allem bei den Fragen um die Qualitätssicherung der Mediation und bei Fragen rund um die Ausbildung. Schon ausgestanden scheint inzwischen die Frage des idealen Ursprungsberufes. Versöhnlich wurde festgestellt, daß weder psychologische noch juristische, sozialpädagogische oder sonstige Berufe als einzige und ideale Grundbildung für MediatorInnen zu betrachten seien. Mediation als eigener Berufsstand, das ist die neue Parole. Also muß man einen gründlichen Ausbildungsgang schaffen, der den vielfältigen Anforderungen Rechnung trägt. Am besten geschehe dies an der Universität, so sprachen die einen. Nein, auf keinen Fall, so die anderen, die Eingangsschwelle müsse niedrig bleiben zu Gunsten der Breitenwirkung der Mediation, und im Hinblick auf die ehrenamtlichen MediatorInnen, z.B. für Nachbarschafts- und Gemeinwesenmediation, aber man denke auch an die Schüler-Konfliktlotsen. Außerdem könne man die doch sehr zentrale soziale Kompetenz nicht an der Universität lernen, sondern nur in der Praxis.

Der teilnehmende Mensch fühlte sich gleich voll involviert und krempelte bereits die Ärmel auf, um mitzustreiten. Warum nur geraten wir immer wieder in diese polaren Diskussionen? Ist es wirklich die Sorge um die Qualität der Mediation? Oder hat uns dann das Goldgräberfieber gepackt, die Vorstellung, Claims ergattern und absichern zu müssen in diesem neuen Markt? Hauptberuflich, nebenberuflich oder ehrenamtlich Mediatorin, sind dies wirklich unvereinbare Alternativen? Professionell und hochbezahlt die einen – professionell und kaum bezahlt die anderen, ist das wirklich ein unauflöslicher Widerspruch ? Geht es nicht vielmehr darum, je nach Kontext die passenden Modelle zu wählen ?

In der Mediation selbst nimmt man keine eigene Position ein, ist allparteilich. Man arbeitet daran, »den Kuchen zu vergrößern«, so daß möglichst alle Klientenbedürfnisse eine Chance haben. Vielleicht müssen wir noch weiter üben, auch in eigenster Sache diese Möglichkeiten in Anspruch zu nehmen. Allparteilichkeit und Füllebewußtsein auch für unseren Beruf, das möchte ich uns allen wünschen!

Vergleiche zur interkulturellen Kommunikation fallen ein. Wie die Kommunikation im Konflikt ist sie schwierig. Es fehlen gemeinsame Werte und Normen, die sonst eine Basis für Verständigung bilden. Hier wie dort geht es ohne ein sich-über-die-Grenzen-des-Gewohnten-Hinauswagen nicht. Man spricht dort davon, in der eigenen Kultur »selektiv marginal« zu werden, also zu bewußten Grenzgängern, die an bestimmten Punkten am Rande der eigenen Kultur stehen. Das eröffnet die Möglichkeit, sich hinüber zu lehnen zu den Anderen. Ist es nicht etwas Ähnliches, was in der Mediation gefragt ist? Und wie gut, wenn Form und Inhalt sich wechselseitig unterstützen, wie gut paßt ein fest etabliertes Berufsbild der Mediation zu diesen Anforderungen an die Flexibilität der MediatorInnen?

Ein zweites Konzept fängt bei diesen Überlegungen an, mitzuschwingen. Es stammt aus östlichen Einstellungen gegenüber der Wirklichkeit. Man geht dort von einer nicht polaren, nicht dualistischen Wirklichkeit aus. Ja und Nein sind gleich wahr. Man steht mittendrin in den multiplen Realitäten, nimmt innerlich Anteil an allen scheinbaren Widersprüchen. Diesen aktiv herbeigeführten Zustand nennt man das »dynamische-dazwischen-Sein«. Ein Symbol dafür ist die in Bewegung gezeichnete Acht.

Geht es für uns nicht um solche Haltungen? Kann also unser Berufsgebäude irgendetwas Festeres als ein Zelt sein? Wenn unser Berufsbild eben nicht zu einem fest umrissenen, mit einem einzigen vorgezeichneten Werdegang würde, wenn es der Gefahr der Erstarrung in Formen entgehen könnte, wenn wir in einem dynamischen und kreativen Zwischenzustand bleiben könnten, in einem Tanz um mit Watzke zu sprechen, – mit vielen verschiedenen Werdegängen, mit vielen verschiedenen Tätigkeitsfeldern, vielleicht als Beruf auch nur in manchen Phasen des Lebens ausgeübt – würden dann unsere Kongresse nicht auch in zwanzig Jahren noch genauso aufregend, anregend, offen und lohnend sein, wie dieser wunderbare erste Wiener Kongreß für Mediation ?

Die Wiener Konferenz für Mediation – Ein erster Überblick

Peter Geißler

Infolge der Globalisierung und der Entwicklung der neuen Informationstechnologien hat sich in den letzten Jahren das Bewußtsein und die Kenntnis über die Dynamik von Konflikten weltweit intensiviert. Parallel dazu ist zu bemerken, daß Mediation, eine Form professioneller Konfliktregelung, spürbar Aufwind bekommen hat und in mittlerweile über 20 Ländern der Welt praktiziert und ausgebildet wird. Das weltweite Anwachsen der Mediationsbewegung zeigt sich in der wachsenden Zahl an einschlägigen Fachtagungen. Im deutschsprachigen Raum war es die »Wiener Konferenz für Mediation«, die vom 15. bis 18. September 1999 in den Gebäuden der Wiener Universität stattfand. Führende Experten aus den USA, aus Deutschland, der Schweiz und Österreich versammelten sich, um den aktuellen Stand der Mediation gemeinsam zu erörtern, strittige Fragen zu diskutieren und auch künftige Perspektiven zu entwickeln.

Warum findet Mediation immer weitere Verbreitung? Welche der Mediation innewohnenden Möglichkeiten und Anwendungen kommen den heutigen Anforderungen an die Gesellschaft, an Institutionen etc. im Umgang mit Konflikten im speziellen entgegen? Ohne die Inhalte der Vorträge und Referate vorwegnehmen zu wollen, sei bereits an dieser Stelle angedeutet: Die wesentlichen Einsichten und Haltungsänderungen, welche für alle Konfliktebenen – vom privaten Bereich der Familie über Nachbarschaft, Umwelt, Wirtschaft bis hin zu politischen Konflikten – gelten, sind folgende:

1. Konfliktaustragung in Form von Sieg und Niederlage sind zerstörerisch
2. diese Art der Konfliktaustragung hat für alle Konfliktparteien

(auch für die »Sieger«) mittel- und langfristige destruktive Auswirkungen
3. die destruktive Wirkung kann Zeiträume von Generationen umfassen

Daraus folgt für die Konfliktregelung:
Von der Tatsache ausgehend, daß in den industrialisierten Ländern mehr als 30% der Ehen wieder geschieden werden, müssen Maßnahmen zur Konfliktregelung geschaffen werden, damit Ehepartner nicht in zerstörerische Beziehungsdynamiken verfallen und dadurch vor allem die Kinder schädigen.

Nachbarschaftskonflikte und Konflikte zwischen Bürgern führen infolge von Kränkung und Verletzung oft zu Verbitterung und psychischen und psychosomatischen Beschwerden. Konfliktregelung zwischen den Konfliktparteien schafft hier in kurzer Zeit Lösungen von Problemen, die langjährig verhärtet und unlösbar schienen.

Konflikte in Wirtschaft und Arbeitswelt sind zeitraubend und kostenintensiv. Mediation hilft hier Geld sparen und hat darüber hinaus humanisierende Wirkung.

Umweltkonflikte und politische Konflikte bedrohen uns alle und müssen mit größtmöglicher Sorgfalt vor Ausbruch der Zerstörungsdynamik geregelt werden.

Konflikte werden heute als unvermeidlicher Bestandteil unseren Lebens und als Chance für Wachstum angesehen:

1. in persönlichen und zwischenmenschlichen Beziehungen (Partner und Familie)
2. als Möglichkeit der Emanzipation von Bürgern (z.B. in Umweltanliegen)
3. als Gelegenheit zur Intensivierung von Kundenkontakten durch Beilegung von Konflikten (Wirtschaft)
4. als Gefahrensignal für Spannungen und mißliche Lebenslagen bei ganzen Bevölkerungsgruppen

Das einzelne menschliche Leben wird im Gegensatz zu früheren Zeiten zunehmend wertvoller bei gleichzeitiger Verkleinerung der Welt und einer Tendenz des Zusammenwachsens. Wir sind über Konflikte wesentlich besser informiert, und dadurch bedrohen sie uns deutlicher. Wir brauchen daher eine neue globale Konfliktkultur. Mediation bietet sich hier als Methode der Problemlösung im Konsens an mittels Verhandlungen auf der Basis von Fairneß und Verantwortung.

In welchen Bereichen über die traditionelle Familienmediation und den außergerichtlichen Tatausgleich hinaus die Grundgedanken der Mediation zur Anwendung gelangen, war Thema der »Wiener Konferenz für Mediation«. Dabei wurde gemeinsam der gegenwärtige Stand der Mediation in den verschiedenen Bereichen im fachlich-theoretischen und im praktischen Bereich, aber auch im philosophisch-weltanschaulichen und im gesellschaftspolitischen Zusammenhang erörtert und diskutiert. Berufspolitische Belange wurden angesprochen, Zukunftsperspektiven in den Raum gestellt.

Der vorliegende Band liefert eine komplette Dokumentation der Hauptvorträge. Wichtige Punkte aus den verschiedenen Diskussionen werden themenspezifisch zusammengefaßt und im Anschluß an die Vorträge skizziert. Den Abschluß des Bandes bildet eine Übersicht der Anbieter von Mediationsausbildungen in der Schweiz, in Deutschland und in Österreich.

Mediation – Förderung von menschlichem und sozialem Wachstum

Nun zu den Hauptvorträgen. Der Verfasser des ersten Referats, *John Haynes*, Begründer und Präsident der »Academy of Family Mediators«, Mediations-Trainer in 23 verschiedenen Ländern und Autor mehrerer Bücher, der auch die wissenschaftliche Leitung der Wiener Konferenz für Mediation übernehmen sollte, mußte leider wegen einer akuten Krankheit seine persönliche Teilnahme kurzfristig absagen. Dankenswerterweise erklärte sich Harald Picker bereit, stellvertretend das bereits vorliegende Referat zu lesen. In diesem erörtert John Haynes zunächst die Schlüsselelemente der Mediation und untersucht dann deren mögliche positive Auswirkungen auf das private und gesellschaftliche Leben von Mediatoren. Seine Forderung ist, die Grundhaltung des Mediators nicht wie ein ärztliches Stethoskop am Ende des Arbeitstages in der Schublade verschwinden zu lassen, sondern in die private Sphäre mitzunehmen. Haynes geht dabei von der konstruktivistischen Auffassung aus, daß es keine Wahrheiten, sondern nur verschiedene Versionen von Geschichten gibt, zwischen denen der Mediator als vermittelnde Struktur eine dritte, neue Wahrheitsversion einführt, die eine entscheidende neue Perspektive hinzufügt. Ein weiteres wichtiges Element besteht für Haynes in einer Haltung der Balance zwischen den Konfliktparteien, ausgehend von einem fortlaufenden Reflexionsprozeß, der die eigenen Einstellungen und Vorurteile zu erfassen und zu berücksichtigen sucht (psychoanalytisch gesprochen würde man dies Reflexion der Gegenübertragung nennen). Drittens ist für ihn, im Sinne einer humanistischen Tradition, das Gute im Menschen zentraler Angel- und Bezugspunkt; er appelliert an das Gute in den Mediationsklienten und versucht, sich mit deren innerer Weisheit zu verbünden. Ein viertes Element besteht im Bemühen des Mediators, eine vergangenheitsbezogene Diskussion in Richtung zukünftiger Perspektiven und damit auch Lösungsmöglichkeiten zu verschieben – denn nur in der Zukunft liegt die Chance der Neugestaltung von Konfliktsituationen. Schließlich ist die Mediationstechnik eine ressourcenorientierte, bewußt die Fähigkeiten und Stärken des Klienten in den Mediationsprozeß mit einbeziehende Technik.

Konflikt ist für Haynes ein ubiqitäres Vorkommen im Leben. Um Konflikte zu erfassen, ist es zunächst notwendig zuzuhören. Alltägliche Konfliktsituationen, in die wir involviert sind, geraten ständig in die Mühle innerer Bewertungsvorgänge. Besonders innerhalb familiärer Konflikte spielen diese Bewertungen eine erhebliche Rolle und lassen Konflikte leicht eskalieren. Mit Hilfe des Bewußtseins, daß es keine objektive Wahrheit, sondern lediglich verschiedene Versionen subjektiver Wahrheiten gibt, und auf der Basis einer Grundhaltung von Balance zwischen fremden und eigenen Wertvorstellungen können wir Konflikteskalationen wirkungsvoll entgegensteuern. Wenn wir uns ferner auf die Stärken in unserem Streitpartner und in uns selbst konzentrieren, wenn wir das Gute im Streitpartner und in uns selbst erkennen, und wenn wir aufhören, die Vergangenheit immer wieder aufzuwärmen, sondern über zukünftige Lösungsansätze nachdenken, dann haben wir die Grundvoraussetzungen einer positiven Streitkultur geschaffen, die weit über unsere familiäre Situation hinaus in die gesellschaftliche Sphäre hineinreichen und auf diese Weise menschliches und soziales Wachstum unterstützen.

Mediation im Geschäftswesen und Wirtschaftsbereich

Der erste Teil der Wiener Konferenz für Mediation war dem Bereich Wirtschaftsmediation gewidmet. Anhand einer Mediation in einer Ärztegemeinschaftspraxis führt *Thomas Usdin*, »Attorney«-Mediator in New Orleans und Fakultätsmitglied der »Tulane Law School«, in seine mittlerweile über 300 Mediationsfälle reiche Erfahrung als Wirtschaftsmediator ein. *Stefan Kessen* ist Mitarbeiter der Mediator GmbH Oldenburg, Mediator, Trainer und Ausbilder in Umwelt- und Wirtschaftsmediation.

»Menschen bleiben in Konflikten stecken, weil sie in der Vergangenheit steckenbleiben«, ist eine der Kernaussagen Usdins. Führt man ihnen hingegen einerseits die Interessen der Konfliktparteien vor Augen und hilft man ihnen andererseits, von einer Vergangenheitsperspektive in eine Zukunftsorientierung überzuwechseln, finden sich in sehr vielen Fällen rasch neue Lösungsansätze. Usdin kann dabei nicht nur auf eine sehr breite Erfahrung in der Wirtschaftsmediation zurückgreifen, sondern auch eine respektable Erfolgsquote von über 80% gelöster Mediationsfälle vorweisen.

Er beleuchtet die Spezifika der Situation in den USA im Vergleich zu europäischen Ländern, wobei Unterschiede in den jeweiligen Rechtssystemen und Mentalitäten verständlich machen, warum Mediation in den USA mittlerweile ein in praktisch allen Bundesstaaten häufig angewendetes Verfahren ist, wohingegen die Entwicklung der Mediation in Europa viel zögerlicher verläuft.

Im Unterschied zur Familienmediation sind bei Wirtschaftsmediationen die Rechtsanwälte der Konfliktparteien praktisch immer dabei. Dies ist ein Spezifikum der Wirtschaftsmediation und erweist sich als Notwendigkeit, will man Konflikte im Wirtschaftsbereich zügig einer Lösung zuführen. Gerade die Präsenz der Rechtsanwälte hilft bei der Klärung kniffliger Rechtsfragen und bei der Erstellung eines schriftlichen Lösungsabkommens, das ein nachfolgendes Gerichtsverfahren ersparen soll.

Ferner gibt Usdin einen Überblick über häufige Anwendungsgebiete der Wirtschaftsmediation in den USA sowie anhand von Beispielen mögliche Kontraindikationen gegen Mediation. Er beschreibt, worauf es beim Eingangs-Statement des Mediators ankommt, welche Rollen der Mediator im Zuge des Mediationsprozesses einnimmt und wie man aus verfahrenen Frontenbildungen und Sackgassen herausfinden kann. Schließlich gibt er sehr praxisorientierte Anregungen hinsichtlich der ersten Schritte bei der Gründung einer Mediationspraxis.

Wirtschaftsmediation – neue Handlungsmöglichkeiten durch Perspektivenwechsel

Kessen beleuchtet in seinem Thema »Wirtschaftsmediation – neue Handlungsmöglichkeiten durch Perspektivenwechsel« die besondere Rolle des Mediators in der Wirtschaft. Einerseits strukturiert er eine vorhandene Situation neu, so daß sich neue Handlungsmöglichkeiten auftun, andererseits zielt er als Mediator auf eine Veränderung der Kommunikationsmuster in einem globalen Sinn ab. Dadurch ist für Kessen Mediation viel mehr als nur Konfliktvermittlung. Schwerpunktmäßig geht es ihm, durch soziales Lernen in oder zwischen Organisationen oder Unternehmen, um ein Wachstum im Bereich von langfristigen Beziehungen.

Dabei sind Kessen Gesichtspunkte wichtig, die einem therapeutischen Arbeitsrahmen in einigen Aspekten nicht unähnlich sind, z.B. die Herstellung eines geschützten Raumes, so daß Personen sich frei äußern können. Diese Herstellung eines geschützten Raumes ist deshalb so wichtig, weil es gerade im Felde der Wirtschaftsmediation gewöhnlich sehr schwierig ist, auf die Ebene der Bedürfnisse und Gefühle zu gelangen. Auf dieser tiefsten Ebene geht es meist um Interessen, die wie Betriebsgeheimnisse gehütet werden und an die man auf direkten Weg keinesfalls herankommt. Doch sind gerade diese Interessen wichtig, um die hintergründigen Handlungsmotive der Personen zu verstehen.

Kessen empfiehlt eine sorgfältige Unterscheidung von Sach- und Beziehungsebene, da deren Vermischung dazu führt, daß Konflikte sich auf destruktive Weise hochschaukeln. In der Wirtschaft werden Probleme, die auf einer grundsätzlicheren Ebene liegen, häufig über Sachthemen, die auf einer sachlichen Ebene effektiv und schnell gelöst werden können, aber nicht das eigentliche Problem darstellen, gleichsam abgehandelt, ohne aber aufgrund der weiterhin bestehenden grundliegenden Problematik die Effizienz der Arbeit insgesamt zu verbessern. Diese Vorgangsweise ist vergleichbar damit, wenn ein Arzt bei seelischen Symptomen Medikamente verschreibt, anstatt deren Ursachen zu entschlüsseln. Es wird dabei auf der falschen Ebene operiert, denn durch das Verschreiben der Medikamente deckt man höchstwahrscheinlich die eigentliche Ursachenebene zu. Ein anderes Beispiel: Bei einer grundlegenden Unzufriedenheit über die Verteilung von Verantwortung in einer

Partnerschaft kann man sich vielleicht rasch darüber einigen, wer z.B. den kaputten Staubsauger repariert, die zugrundeliegende Unzufriedenheit bei einem oder beiden Partnern wird dadurch aber in keiner Weise berührt und führt unweigerlich zum nächsten Konfliktschauplatz.

Die Beziehungsebene wird in Unternehmen sehr oft verleugnet – d. h. man muß die Menschen sachte für diese Ebene sensibilisieren, sie also darauf aufmerksam machen, daß sie mit den anderen Mitarbeitern auch auf persönlicher Ebene Probleme haben können und auch dürfen. Gefühle spielen als kondensierte Erfahrungen eine große Rolle in Entscheidungsprozessen, weil sie Bewertungen beinhalten, die unsere Entscheidungen beeinflussen, ohne daß wir allerdings die diesen Bewertungen zugrundeliegenden Erfahrungen in der Regel bewußt verfügbar hätten. Nichtsdestoweniger steuern sie unser Handeln und führen uns in Konflikte und Beziehungsstörungen. Wenn Beziehungsprobleme aber erst einmal angesprochen und ausgeräumt sind, dann werden Sachlösungen manches Mal sehr leicht möglich, und Vereinbarungen werden tragfähig. Man muß diese Personen also darin schulen, ihre Gefühle zu verbalisieren und Störungen anzusprechen, wie in einer Therapiesituation. Hier liegt in der Wirtschaftsmediation der größte Widerstand der einzelnen, sich auf diese Ebene einzulassen.

»... denn zu Unrecht ein Teil würd' vom anderen bedrückt« (Solon). Die letzten 2500 Jahre Mediation in Europa

Duss-von Werdt ist Theologe und Professor an der Universität Fribourg in der Schweiz. In einem philosophischen und eher kulturpessimistisch getönten Vortrag über die Geschichte der Mediation untersucht er zunächst die gegenwärtige Weltsituation und kommt dabei auf das Phänomen der »strukturellen Gewalt « zu sprechen – Formen der Gewaltausübung wie Krieg der Waffen, des Handels, der Zölle,

Verhetzung und Ausrottung, propagandistischer Terror mittels manipulierbarer Medien u. a. Gewalt beginnt im Geist, und dort setzt auch die Mediation an, eine Einheit der Gegensätze suchend. Dabei ist Mediation geschichtlich gesehen wie ein kleines Rinnsal, das manchmal zu einem Bach wird, wie es in der Gegenwart der Fall zu sein scheint.

Als ersten aktenkundigen Mediator hat Duss-von Werdt in seinen Recherchen Solon (ca. 649-560/59 v. Chr.) aufgespürt. Immer wieder einmal taucht seither die Bezeichnung »Mediator« in der Menschheitsgeschichte auf, und immer wieder in der Geschichte gab es zwei Strömungen, mit Konflikten umzugehen, die Realisten (»Falken«) und Pazifisten (»Tauben«). War es eine Errungenschaft der französischen Revolution, das Recht auf Gleichheit festzuschreiben, so ist der mediative Grundgedanke als Recht auf Ungleichheit und Verschiedenheit zu beschreiben. Mediation soll Ungleichheit nicht aufheben, sondern sie schützen. Auf diese Weise ist die Mediation, welche für Duss-von Werdt unverkennbare politische Aspekte in sich birgt, eine Grundgebärde der Demokratie.

Es hängt von der Person ab, wer Mediator ist und wer nicht. Damit ist Mediation nicht eine Methode, sondern wesensmäßig eine Haltung von Respekt, Achtung und Würde. Als zwischenmenschliche Haltung ist sie nicht direkt beschreibbar, sondern im Sinne eines Ethos nur in der Handlung vollziehbar. In einer Zeit, in der es zu zunehmenden Polarisierungen in allen Bereichen kommt, richtet sich Mediation an den einzelnen, auch wenn sie bestimmt nicht den Kontext außer acht läßt. Und sie regt zum Nachdenken über den Zusammenhang von Recht, Gesellschaft und Politik an.

Mediation – kooperatives Konfliktmanagement in der Umweltpolitik

Zweiter Schwerpunktbereich der Wiener Konferenz für Mediation war das Feld der Umweltmediation. Zu diesem Bereich eingeladen waren Horst Zilleßen, Thomas Flucher, Reinhard Sellnow und Günther Kienast. Herr Zilleßen ist Professor für Umweltpolitik und Umweltplanung an der Universität Oldenburg und wissenschaftlicher Leiter des Mediator-Zentrums für Umweltkonfliktforschung und -management. Herr Flucher ist Diplom-Kulturingeneur und Mediator mit dem Spezialgebiet Mediation und Konfliktmanagement bei Infrasruktur-Großprojekten. Herr Sellnow ist Stadtplaner und freiberuflicher Mediator. Er arbeitet seit über 12 Jahren im Themenfeld von Bürgerbeteiligung, davon in den letzten Jahren als »neutraler Mittler und Makler« zwischen den Interessengegensätzen von Bürgerinitiativen, Vereinen, Verbänden einerseits sowie Verwaltung und Kommunalpolitik andererseits. Herr Kienast studierte Pädagogik und Soziologie und leitet den Bereich Politik und Verwaltung der Niederösterreichischen Landesakademie. Er ist Universitätslektor für Kommunalpolitik an der Universität Wien und Mediator in den Bereichen Umwelt und Wirtschaft.

Im Unterschied zur Familien- und auch zur Wirtschaftsmediation betrifft Umweltmediation die Entscheidungsvorbereitung, erklärt uns *Horst Zilleßen*. Die Entscheidung über und Verantwortung für öffentliche Vorhaben verbleibt nach wie vor in den Händen der politisch-administrativ zuständigen Personen, die durch ein Mediationsverfahren nicht ausgehebelt werden sollen. In unserer so komplex gewordenen Welt kann die Entscheidungsvorbereitung durch mediative Verfahren entscheidend verbessert werden.

Zilleßen sieht in der Mediation, ebenso wie Duss-von Werdt, eine Aufforderung zur Nutzung demokratischer Rechte. Die Beteiligung von Betroffenen in umweltpolitischen Belangen sieht er bisher als höchst defizitär. Daher ist es notwendig, nach neuen Modellen der Bürgerbeteiligung zu suchen. Im Überblick stellt Zilleßen dar, was sich seit etwa zehn Jahren in diesem Bereich in Deutschland getan hat.

Die immense Heterogenität der Konfliktparteien – bis an die 60 beteiligte Parteien sind keine Seltenheit – stellt enorme Anforderungen an das Mediationsteam. Die Kenntnis gruppendynamischer

26

Prozesse ist dabei ebenso unerläßlich wie die Durchführung vertrauensbildender Maßnahmen, so daß zwischen den Konfliktparteien überhaupt ein positives Gesprächsklima entstehen kann. Wegen der Komplexität der Themen sind gutachterliche Stellungnahmen häufig mit einzubeziehen und ihr Einfluß auf den Ablauf des Mediationsprozesses zu bedenken. Ein weiterer wichtiger Einflußfaktor in der Umweltmediation ist die Öffentlichkeit, die verständlicherweise am Fortgang dieser Projekte Interesse hat, so daß sich ein Spannungsfeld zwischen dem öffentlichen Interesse und der Notwendigkeit einer vertraulichen Gesprächsatmosphäre bildet.

Vielfältige Anwendungsmöglichkeiten haben sich für die Umweltmediation aufgetan, angefangen von Naturschutz und Landschaftsplanung über Energie und Chemie bis hin zu Gentechnik – man darf in Zukunft viele interessante Verfahren erwarten. Für den Umweltmediator selbst ist diese Tätigkeit attraktiv und herausfordernd, aber ebenso anstrengend.

Aspekte der Umweltmediation am Fallbeispiel des Mediationverfahrens Gasteinertal

Über ein aktuelles konkretes Mediationsprojekt in Österreich berichtet *Thomas Flucher*. Im Gasteinertal hat sich ein Konflikt zwischen der ÖBB, die im Zuge der Einbindung Österreichs in die EU für ein europaweit geschlossenes Eisenbahnnetz zu sorgen hat, und den Ortsbewohnern ergeben, die sich gegen einen Ausbau der Eisenbahnstrecken stellen, weil sie durch ein solches Bauprojekt nachteilige Folgen für den Kurtourismus fürchten, der für viele von ihnen die Erwerbsgrundlage darstellt. Nach einem gescheiterten ersten Mediationsversuch übernahm das Team von Thomas Flucher das Verfahren. Dieses sehr praxisnahe Beispiel über den konkreten Ablauf und die Schwierigkeiten einer Mediation gibt einen Einblick in Teilaspekte der Mediation wie Konfliktanalyse, Mediationsphasen, Strategien zur Gewichtung von Lösungsvarianten sowie auch den Kostengesichtspunkt. Im Kern heißt die Frage: Können wir uns Streit überhaupt noch leisten? Eine überschlagsmäßige Berechnung hat ergeben, daß die Kosten, die sich aus dem ungelösten Konflikt im Gasteinertal über viele Jahre hinweg ergaben, tatsächlich um ein Vielfaches höher waren als jene Kosten, die für die Durchführung einer Mediation angefallen wären. Zusätzlich macht Thomas Flucher klar, daß es nicht nur um die Lösung an sich geht, sondern daß die Mediation auch eine Anleitung zum sozialen Lernen bereitstellt und damit langfristige Wirkungen erzielt, die dann zum Tragen kommen, wenn Konfliktparteien, im Rahmen von Großprojekten wie dem Eisenbahnlinienausbau im Gasteinertal, über einen Zeitraum von vielen Jahren immer wieder aufeinander angewiesen sind und zusammenarbeiten müssen.

Flucher tritt dafür ein, daß Mediatoren ihre Leistungen selbstbewußt verkaufen sollten, und dies im Bewußtsein, daß ihre Arbeit noch wesentlich mehr wert ist.

Umweltmediation auf der kommunalen Ebene – Beispiel Verkehrsforum Salzburg

Über Umweltmediation auf kommunaler Ebene berichtet *Reinhard Sellnow* am Beispiel des Verkehrsforums Salzburg. Es handelt sich dabei um eine Konfliktmoderation unter neutraler Leitung, in deren Rahmen ein gesamtstädtisches, konsensorientiertes Verkehrsleitbild mit beispielhaften Maßnahmen zu seiner Umsetzung erarbeitet wurde. Das Verkehrsforum umfaßte sowohl Bürgerinteressen als auch den Gemeinderat, die Verwaltung sowie Sachverständige, die sich gemeinsam in einem etwa vierwöchigen Rhythmus über ein Jahr lang am grünen Tisch zusammensetzten.

Ein wichtiges Grundprinzip des mediativen Vorgehens bestand darin, Mehrheitsentscheidungen, die den Ausschluß von Minderheitsinteressen zur Folge hätten, nicht anzusteuern, sondern nach Möglichkeit Konsens durch Verständigung anzustreben. Der

Konsens galt als erreicht, wenn es keine ausdrücklich abweichenden Voten mehr gab. War kein Konsens zu erreichen, wurde eine mehrheitliche Meinung mit den davon abweichenden Voten als Bandbreite des Meinungsbildes im Verkehrsforum formuliert. Richtungsweisend war die Leitidee, daß der Wert und das politische Gewicht der Arbeit des Verkehrsforums umso größer war, je mehr Konsens schlußendlich vorzuweisen war. Darüber hinaus stellte der Umweltmediator bestimmte Verhaltensregeln auf, die für ein kooperatives Zusammenarbeiten unabdingbare Voraussetzung sind, wie z.B. die Favorisierung von allgemeinen vor Einzelinteressen sowie das Einhalten eines achtsamen Dialogs mit den Konfliktpartnern.

Abschließend stellt Sellnow Überlegungen zur Evaluierung des Erfolgs einer solchen Mediation an, indem er verschiedene Fragen aufwirft. Ist es bereits als Erfolg zu werten, daß sich verschiedene Initiativen, Verbände und Vereine viele Monate lang am grünen Tisch eingefunden und auf diese Weise eine neue Streitkultur im Sinne gelebter Demokratie entwickelt haben? Kann ein auf dieser Basis erstelltes Verkehrsleitbild allein schon wegen der festgestellten Einigkeit Wert und Erfolg haben, zunächst unabhängig von der fachlichen Qualität der Ergebnisse?

Umweltmediation – Mediation in komplexen Systemen

Daß sich Umweltmediation von anderen Mediationsverfahren, v. a. der Familienmediation, doch erheblich unterscheidet, betont *Günther Kienast*. In der Umweltmediation hat man es immer mit einem öffentlichen Feld zu tun, Medien spielen eine Rolle, und es ist Mediation in bereits vorhandenen hochkomplexen Systemen. Wichtiges Werkzeug zum Verstehen der vielfältigen Dynamiken ist für Kienast die Systemtheorie, die brauchbare theoretische Modelle zur Verfügung stellt. Wenn man weiß, daß es zwischen den Einzelelementen in einem System Interaktionen gibt, die ihrerseits wiederum Auswirkungen auf das Gesamtsystem haben, kann man verstehen, daß sich z.B. die Qualität des Verhältnisses zwischen Bürgermeister und dem Gemeinderat auf das Gesamtsystem Gemeinde auswirken wird. Wichtig ist zu wissen, daß es in Systemen unsichtbare Hierarchien gibt – man denke nur an »graue Eminenzen«. Es gibt ferner formelle und informelle Regeln, wobei besonders letztere wichtig sind, um sehr spezifische Dynamiken zu verstehen. Dazu bringt Kienast anschauliche Beispiele. Systemwissen in Sozietäten hilft, hintergründige Motive (wie z.B. alte Feindschaften, Rivalitäten etc.) zu verstehen und einzukalkulieren.

In Systemen gibt es aber auch den Faktor der Selbststeuerung. Wollen Systeme lebendig bleiben, müssen sie sich eine gewisse Offenheit bewahren, was ihr ohnehin labiles Gleichgewicht unter Umständen gefährden kann. Gerade weil Systemgleichgewichte immer labilen Charakter haben, gibt es Gegentendenzen, das bestehende Gleichgewicht zu verlassen: Das System »wehrt sich« gegen Systemveränderungen.

Bei derart komplexen Prozessen, wie sie in der Umweltmediation existieren, benötigt es aus psychohygienischen Gründen Mediationsteams mit bestimmten Rollenaufteilungen. Ferner ist, anders als in der Familienmediation, eine genaue Planung und Strukturierung des Prozesses erforderlich, allein schon was die Beschaffung und Bereitstellung allen notwendigen Informationsmaterials betrifft. Umweltmediatoren sollten sich durch Supervision oder Coaching begleiten lassen, weil Systeme, mehr als Einzelindividuen, schleichend vereinnahmende Qualitäten besitzen, gegen die man sich schlecht abgrenzen kann. Ebenso ist Sachwissen erforderlich, z.B. wie ein Behördenverfahren aussieht, was unter einem zivilrechtlichen Vertrag zu verstehen ist und wie man Moderationstechniken erfolgreich anwenden kann.

Wichtig ist Kienast auch der Aspekt der prophylaktischen Mediation, jener Mediation, die verhindert, daß Konflikte überhaupt eskalieren. Um Umweltmediator zu sein, braucht man eine große Portion Menschenliebe, gerade weil man es öfter einmal mit ziemlich schwierigen Menschen zu tun hat.

»Der wahre Egoist ist immer hilfsbereit.« Zu den stammesgeschichtlichen Wurzeln von Konflikt und Kooperation

Franz Wuketits, Professor an der Universität Wien mit den wissenschaftlichen Schwerpunkten Zoologie, Paläontologie, Philosophie und Wissenschaftstheorie erkundet die stammesgeschichtlichen Wurzeln von Konflikt und Kooperation. Warum sind wir so, wie wir sind – warum geraten Menschen immer wieder in Konflikte? Seit es den Homo sapiens sapiens gibt, also seit ca. 45.000 Jahren, hat sich der Mensch nicht mehr entscheidend verändert, was u. a. an den Gehirnstrukturen nachweisbar ist. Daran änderte auch die erstmals vor ca. 7000 Jahren aufblühende Zivilisation einiger Völker nichts.

Anthropologisch bedeutsam ist, daß Menschen, ursprünglich Jäger und Sammler, in kleinen, sogenannten »Sympathie- oder Primärgruppen« lebten, bestehend aus etwa 30 bis 50 Individuen. Menschen sind geborene Kleingruppenwesen. Wie man aus dem Vergleich mit verwandten Tiergattungen (Schimpansen) und sogenannten primitiven Kulturen schließen kann, hat sich das soziale Verhalten der Menschen, einschließlich ihres moralischen Verhaltens, in diesen Primärgruppen herausgebildet.

Überleben stellt das primäre Problem in diesen Sympathiegruppen dar, das Ziel war, durch Beschaffung von Ressourcen, durch Fressen, eine möglichst lange dauernde Reproduktionsfähigkeit zu garantieren. Dadurch, daß in der Ressourcenbeschaffung immer schon ein Konkurrenzprinzip bestanden hat (einer nimmt dem anderen etwas weg), waren Konflikte zwangsläufig vorprogrammiert. Diese Dynamik hat sich jedoch verändert, seit es zunehmend größere Massen von Menschen und Menschengruppen gibt. Die Konfliktdynamik hat sich dadurch gewissermaßen verschärft.

Trotzdem sind auch kooperative Verhaltensweisen und altrustische Motive tief in uns verwurzelt. Denn das Funktionieren der Primärgruppen hing entscheidend davon ab, wie gut Einzelindividuen zusammenarbeiten konnten, z.B. bei der Jagd. Eine Gruppe von puren Egoisten wäre schon damals nicht überlebensfähig gewesen und ist auch heute noch ein Widerspruch in sich. Kooperieren zahlte sich also immer schon aus, allein schon aus ökonomischen Gründen. Allerdings waren die ursprünglichen Primärgruppen durch klare Rollenverteilungen und durch eine Überschaubarkeit aller Individuen gekennzeichnet; in den heutigen anonymen Großgesellschaften ist das nicht mehr der Fall.

Nicht aus edelmütigen Motiven oder weil der Mensch a priori »gut« ist, zeigte er immer schon altruistisches und kooperatives Verhalten. Er besaß immer schon das Wissen, daß alle davon profitieren, wenn er sich kooperativ verhält, und damit auch er selbst. Romantisch verklärte Zukunftsbilder, wie sie verschiedene Wissenschaftler entworfen haben (Darwin beispielsweise meinte, daß die Sympathie des Menschen sich auf alle Kreaturen unseres Planeten künftig ausdehnen würde), halten der Realität tief in uns verwurzelter menschlicher Motive nicht stand. Es nützt nichts, einen besseren Menschen aus uns machen zu wollen, schlußfolgert Wuketits. Der Mensch ist immer nur begrenzt zum Altruismus fähig, meinen die Vertreter einer evolutionären Ethik. Anders ausgedrückt: Die Ethik, die wir fordern, muß auch eine lebbare sein. Und sie ist angesichts der Bevölkerungsexplosion und Verknappung vorhandener Ressourcen von vornherein begrenzt.

Gesprächs- und Streitkultur in der Schule – Wege zur praktischen Partnerschafts-, Demokratie- und Friedenserziehung

Dritter Schwerpunkt der Konferenz war der Bereich Schule, Bildung und Soziales. Eingeladen dazu waren Noa Zanolli Davenport, Angela Mickley und Tilman Metzger. Frau Davenport, Schweizerin, ursprünglich Lehrerin und Ethnologin, lebt in den USA und hat sich auf das Gebiet der Mediation und Erziehung zur Konfliktregelung spezialisiert. Frau Mickley studierte Geschichte und Politik und führt Mediationen an Schulen, zunächst v. a. in Berlin, seit etwa zehn Jahren durch. Seit 1994 ist sie Leiterin der Gesellschaft für Konfliktmanagement und Mediation, seit 1995 bildet sie Sozialarbeiter an der Fachhochschule Potsdam aus; darüber hinaus ist sie in den Bereichen Jugendgewalt, Verwaltung, Umwelt und Politik tätig. Herr Metzger ist Jurist, Supervisor, Mediator und Gründungsmitglied der Mediationsstelle Brückenschlag e.V. in Lüneburg, er war bis 1999 erster Vorsitzender des Deutschen Berufsverbandes für Mediation.

Schulmediationsprogramme sind in den USA, nicht zuletzt aufgrund der Initiativen von *Noa Davenport*, mittlerweile so weit verbreitet, daß es kaum mehr einen amerikanischen Staat gibt, in dem keine Programme existieren. Sie existieren in einer Vielfalt an Variationen und werden von unterschiedlichsten Institutionen, privaten ebenso wie staatlichen, getragen und gestützt. In allererster Linie wird versucht, Schülern die Fähigkeit beizubringen, Konflikte selbst zu lösen. Als übergeordnetes Erziehungsziel steht dabei die Anleitung zur Eigenverantwortlichkeit und zu gemeinsamer Lösung von Konflikten, unter Rückgriff auf schon vorhandene Ressourcen, im Zentrum des Interesses.

Unterschiedlichkeiten machen das Wesen jeder Gemeinschaft aus, und eine demokratische Konfliktkultur besteht darin, daß diese Unterschiedlichkeiten gelten dürfen. Die Schule ist ein soziales Feld, in dem Unterschiede zwischen einzelnen Kindern und Jugendlichen besonders stark hervortreten. Konfliktlernen in der Schule stellt daher ein wirksames Fundament für eine heranreifende demokratische Gesinnung bereit. Davenport sieht darin einen wesentlichen präventiven Aspekt im Hinblick auf Gewaltminderung unter Jugendlichen.

Aber noch viele andere gesellschaftlich relevante Auswirkungen zeitigt ein frühes Konfliktlernen in der Schule, wie Davenport an Beispielen belegt. Die Beziehungsfähigkeit von Menschen wird generell dadurch wesentlich gefördert. Abschließend geht sie auf Hindernisse, die einer Mediation im Wege stehen, und auf ihre persönlichen Hoffnungen und Überzeugungen ein.

Mediation mit Jugendlichen in und außerhalb von Institutionen

»Man muß die Randbereiche erkunden, um die Mitte zu finden«, ein Slogan, mit dem *Angela Mickley* die Mediation mit Jugendlichen umreißt. Der Mediator geht dabei mit »brennender Geduld« ans Werk und stellt für Jugendliche einen Entscheidungsraum zur Verfügung, den diese nutzen können, selbst herauszufinden, was für sie paßt und was nicht. Systemisch betrachtet, findet die Mediation mit Jugendlichen in der Regel auf der Mesoebene statt, die in ständiger Verquickung mit der Mikro- und Makroebene zu sehen ist; gerade wegen dieser Verquickung können wir uns, so Mickley, darauf verlassen, daß die Wirkung der Mediation langfristig alle drei Ebenen erfaßt, in alle drei Ebenen hineinstrahlt.

Was wollen Jugendliche von Erwachsenen, und warum benehmen sie sich ihnen gegenüber oft so provokant? Mickley versucht, auf diese Fragen Antworten zu geben. Jugendliche möchten, so auch das Ergebnis einer Studie in Berlin, daß Erwachsene ihnen einfach zuhören. Und sie wollen die ganze Person, den Menschen, nicht nur seine Rolle. Wenn ein Lehrer in eine neue Klasse hineingeht, dann wird er von den Schülern die erste Zeit in vielerlei Formen ausgetestet – was kann man von ihm haben und was nicht – bis sozusagen das Feld abgesteckt ist. Jugendliche wollen nicht, daß der Lehrer seine Persönlichkeit an der Garderobe abgibt. Das lassen sie auch nicht zu.

Ein wichtiger Aspekt in Mickleys Verständnis von Jugendlichen ist der der Wirkung von Handlungen. Hier liegt ein wichtiges Überschneidungsfeld mit psychotherapeutisch relevanten Bereichen, die erst allmählich in den letzten Jahren in das Zentrum der Aufmerksamkeit geraten. Es geht um Handlungswissen, um »prozedurales« Wissen, im Gegensatz zum deklarativen Wissen, über das wir nachdenken und uns mittels Intellekt und Sprache bewußt werden können. Im Bereich des prozeduralen Wissens ist dies kaum möglich.

Zur Veranschaulichung möchte ich ein Beispiel geben. Wir wissen alle, wie wir gehen. Und doch würde es uns sehr schwer fallen, genau zu beschreiben und zu erklären, was wir im Detail tun, wenn wir gehen. Von dem komplizierten Zusammenspiel der Muskeln, die beim Gehvorgang aktiviert werden, und von den damit in Zusammenhang stehenden ganzkörperlichen Auswirkungen wissen wir im deklarativen Sinn kaum etwas, aber wir wissen es genau auf einer prozeduralen, auf einer Handlungsebene.

Genauso verhält es sich nicht nur beim Gehen, sondern bei vielen anderen Verhaltensweisen. Oft sind wir uns unklar hinsichtlich unserer Motive, die unserem Verhalten zugrundeliegen. Der Anspruch, immer zu wissen, was man tut, ist bei genauem Hinsehen nicht haltbar, weder bei Jugendlichen noch bei Erwachsenen. Über die Wirkung von Handlung und Verhalten wird jedoch häufig sehr deutlich, welche Absichten in uns verborgen sind. Dies trifft in hohem Maße bei sogenannten unvernünftigen Handlungen zu, die wir gar nicht bewußt steuern, sondern die uns einfach geschehen; weitere Beispiele sind Fehlleistungen und besonders Symptomhandlungen, die uns tatsächlich passieren, ohne jede bewußte Steuerungsmöglichkeit und auch ohne jedes Wissen über Gründe und Zusammenhänge.

Einsicht in unsere Motive über den Weg der Wirkung unserer Handlungen ist daher vor allem im Bereich unserer Schattenseiten eine notwendige Herangehensweise. Der Blick auf unseren Schatten ist nämlich unbedingt notwendig, um ihn zügeln zu können. Ein Bild dafür wäre das von Pferd und Reiter. Das Pferd steht in diesem Bild für das Animalische, Triebhafte, Schattenhafte in uns, der Reiter für unser Ich, unsere bewußte Persönlichkeit. Erst wenn Pferd und Reiter gut kooperieren, kann es im Resultat zu einem anmutigen, aber ebenso kräftigen Ritt kommen, dessen Anblick Freude und ästhetischen Genuß bereitet und Lebendigkeit vermittelt. Die Aussöhnung mit dem Schatten ist ein fundamentaler Aspekt der Mediation wie auch übrigens jeder psychotherapeutischen Arbeit. Der Blick auf den Schatten gelingt teilweise erst dadurch, wie Mickley ausführt, daß wir uns die Wirkungen unserer Handlungen bewußt machen und sie gefühlsmäßig auch wahrnehmen. Dann können wir uns allmählich über unsere tief verborgenen Motive Gedanken machen und sie akzeptieren lernen. Findet dieser Aussöhnungsprozeß bei Jugendlichen nicht statt, dann mündet die Kraft, die in ihrer Schattenseite verborgen ist und nach Ausdruck drängt, nicht selten in Gewalt, wofür es weltweit immer wieder erschreckende Beweise gibt. Wie auch Noa Davenport vertritt Mickley die Meinung, daß Mediation diesen aggressiven Entgleisungen entgegenwirken kann.

Chancen der ehrenamtlichen Mediation: Ein Vergleich der Gemeinwesenmediation in Deutschland, England und den USA

Nun zur Gemeinwesenmediation, über die Tilman Metzger berichtet. Seit den frühen 70er Jahren existieren in den USA »Community Mediation Centers«; 1976 waren es zehn, 1986 an die 100 und derzeit sind es bereits über 550. Über 19.500 ehrenamtliche Mediatoren und über 76.000 in Mediation Ausgebildete demonstrieren auf imposante Weise, wie sehr sich die Mediationsbewegung, und eben v. a. die kommunale Mediation mit ihren Schwerpunkten Nachbarschaftsmediation, Trennungs- und Scheidungsmediation, Familien- und Generationsmediation sowie Mediation in der Schule, bei Jugendlichen und im Täter-Opfer-Ausgleich in den USA verbreitet hat. Mediation in diesen Bereichen ist aber nicht nur als »Feuerwehr« bei bereits bestehenden Konflikten aufzufassen, sondern hat sich auch als »Blitzableiter« im Sinne einer Prophylaxe von Konflikten bestens bewährt.

»Community Mediation Centers« in den USA beschäftigen bis zu 20 hauptamtliche Mitarbeiter und hunderte ehrenamtliche Mediatoren. Ihr Budget von bis zu 1,5 Millionen Dollar pro Jahr wird überwiegend aus Spenden und Sponsorgeldern (»Fundraising«) bestritten und kaum aus öffentlichen Mitteln. Kleinere Zentren verfügen oft nur über ehrenamtliche Mitarbeiter und haben ein Budget von ca. 25.000 Dollar pro Jahr zur Verfügung. In der Regel gibt es neben einem Geschäftsführer ehrenamtliche Ausbilder, zumindest einen »Case-Manager« (der die Mediationsfälle an geeignete Mediatoren zuteilt) sowie Personen, die sich dem »Fundraising« widmen. Die Ausbildung zum Mediator ist in diesen Zentren sehr praxisorientiert und dauert im Schnitt an die 40 Stunden.

Während die Mediation in Großbritannien, Schottland und Wales ebenfalls eine wichtige Rolle spielt, ist ihre Verbreitung im deutschen Sprachraum im Vergleich mit den USA noch sehr gering. Gerade die Gemeinwesenmediation ist hierzulande noch kaum bekannt. Eine Vorreiterrolle spielt das von Tilman Metzger 1995 gegründete Institut »Brückenschlag e. V.« in Lüneburg, mit immerhin vier hauptamtlichen professionellen Mitarbeitern. Seine Gelder erhält es ebenfalls fast ausschließlich aus Spenden, die Mediationsfälle kommen überwiegend über persönliche Bekannte und Kontakte zustande. Weitere Initiativen gibt es in Frankfurt (ein über die EU finanziertes Projekt), in Stuttgart und in Hamburg. Metzger fordert, daß in jeder Stadt eine gemeinwesenorientierte Mediationsstelle mit ehrenamtlichen Mitarbeitern gegründet werden sollte.

Präsentation und Aktion

Erwähnen möchten wir, daß folgende Organisationen und Praktiker von Mediation im Rahmen der »Wiener Konferenz für Mediation«

Gelegenheit fanden, ihre Tätigkeit im Rahmen des Programmteils »Präsentation und Aktion« kurz vorzustellen:

- StreithelferInnen / Wiener Kinder- und Jugendlichenanwaltschaft (Kappacher / Schmid, A)
- Mediation im Strafrecht (Koblinger / Königshofer, A)
- Rahmenplanung Yppenplatz – Bürger bestimmen ihr Umfeld (Rosinak & Partner, A)
- Mediations-Zentrum für Umweltkonfliktforschung und -management GmbH (Zilleßen / Troja, D)
- Das Altenkirchener Modell (Trossen, D)
- Mediation in Gewaltbeziehungen – Mediationspraxis basis.fünf (Pöschl / Musiol, A)
- Auf in den Markt – Erfahrungen einer Mediationspraxis (Stadlmaier / Schmidt, A)
- Conflict between Azerbaijan and Nagorno Karabakh (Zargarian, R)
- Anwaltliche Vereinigung für Mediation und Kooperatives Verhandeln AVM (Allmayer-Beck / Auer, A)
- Interessensgemeinschaft Umweltmediation e.V. IGUM (Gans / Groner, D)
- Umweltmediation Bürger-Beirat-Gartenbau – Projekt Ersatzbrennstoffe beim Zementwerk Leube (Hittinger, A)
- Umweltmediation in Österreich – Erfahrung, Status, Strategie (Dörner / Ziehe, A)
- Arbeitsgemeinschaft Mediation in Bau-Planung-Umwelt AMK (Flucher / Zilleßen, CH, D)
- Institut für Mediation & Konfliktmanagement, Aufbau des Instituts – Neue Wege, Konflikt als Chance (Rangger-Hegner, A)
- Österreichischer Bundesverband für Mediation ÖBM (Velikay, A)
- Der Verein Co-Mediation (Wiedermann, A)
- The Achievements, the present-day problems and the perspectives of Mediation in Bulgaria (Tchankova, BUL, siehe Anhang)

Diskussionen und »Contradictiones«

Zusätzlich zu den Hauptvorträgen und deren anschließender Diskussion unter Beteiligung des Publikums fanden drei »Contradictiones« statt, d. h. Streitgespräche auf dem Podium, zu folgenden Themen:

1. Mediation – Die andere Streitkultur?
2. Das Interesse an der Mediation
3. Die *Macht* der Mediation in Österreich –
   Über Berufsfelder und Ausübung der Mediation

Die Beiträge aller Diskussionen bildeten einen integralen Bestandteil der »Wiener Konferenz für Mediation« und vermitteln einen Überblick über die gegenwärtige Diskussion der Mediation im deutschen Sprachraum, v. a. aber in Österreich. Wir möchten sie daher, untergliedert in bestimmte Bereiche, auszugsweise wiedergeben. Im folgenden Text sind Wortmeldungen von Referenten, Podiumsteilnehmern und Personen aus dem Publikum enthalten.

1. Diskussion einer übergeordneten Metaperspektive – Gesellschaft und Konfliktkultur

A) *Gesellschaft*

Unsere Gesellschaft verzeichnet zunehmend einen Verlust weiblicher Werte, sie verliert »Rundungen«, daher nehmen Eßstörungen, unter Frauen, und Ängste in vielerlei Gestalt zu. Panikattacken sind zur Zeit der häufigste Grund, warum Menschen den praktischen Arzt aufsuchen. Durch die zunehmende Bedeutung der Medien und des virtuellen Raumes geht die direkte Begegnung und die damit einhergehende Körpersprache mehr und mehr verloren – dadurch entstehen Ängste und Unsicherheiten in bezug auf reale Begegnungen, die sich bis hin zu Panikattacken steigern können. Individualisierung und Pluralisierung sind weitere Phänomene unserer postmodernen Gesellschaft – wir haben es mit vielen »kleinen Stämmen« zu tun, gekennzeichnet durch sehr unterschiedliche Werte. Die Widersprüche zwischen diesen führen zu Spannungen und müßten eigentlich permanent ausgehandelt werden, führen jedoch aufgrund des Verlustes an direkten Begegnungsmöglichkeiten zu den beschriebenen Symptomen. Eine megamanische Gesellschaftsentwicklung ist im Gang, *sie* ist das Problem, und *ihr* muß man entgegenwirken – der Grenzenlosigkeit und dem Werteverfall. Wir alle haben einen riesigen Tumult verschuldet. Mediation sollte eine Antwort auf diese Entwicklung sein, ist aber zur Zeit nicht mehr als ein Placebo, weil diese megamanische Entwicklung weitergeht. Aber Placebos wirken ja bekanntlich auch ein bißchen ...

B) *Umgang mit Konflikten*
Hinsichtlich der Form der Austragung von Meinungs- und Werteunterschieden befindet sich die Menschheit nach wie vor in einer »Konfliktsteinzeit«. Konflikte machen uns einerseits Angst, aber andererseits auch Lust, und diese Angst-Lust-Verquickung spielt eine wichtige Rolle in Konfliktdynamiken.

Konflikte sind wichtig, denn sie leiten Entwicklungen und Veränderungen ein; die häufigste Konfliktabwehr ist aber trotzdem immer noch Flucht, und viele von uns können Konflikte, Andersartigkeit und Unterschiedlichkeiten einfach nicht aushalten. Daher werden Konflikte und die damit verbundenen Ängste und Unsicherheiten vielfach abgewehrt und verdrängt. Auch fundamentalistische Abschottungen sind eine Form der Konfliktabwehr und kein Weg aus Konflikten heraus, sie schüren geradezu neue Konflikte.

Besonders in Österreich fehlt eine Kultur der Wehrhaftigkeit, der Vertretung von Interessen. Zivilisierte Formen der Konfrontation werden vermieden – lieber wird die Sekretärin rausgeschmissen, als daß man sie mit ihren Fehlern und Schwächen maßvoll konfrontiert

40

und gemeinsam neue Handlungsweisen überdenkt. Es fehlt an einem angemessenen Konfliktumgang, oder zynisch formuliert: Wir brauchen keine andere Konfliktkultur, wir brauchen überhaupt eine solche, denn bisher gibt es keine.

Der normale Zugang zu Andersartigkeit und Unterschiedlichkeit ist in unserer postmodernen Welt verlorengegangen. Mediation ist daher auch als Versuch zu sehen, den normalen Menschenverstand zu retten. In früheren Zeiten waren es Dorfweise, die als Vermittler herangezogen wurden, wenn es Konflikte gab. Diese Rolle der Dorfweisen versuchen heutzutage die Mediatoren einzunehmen. Wir wissen aber nicht, ob sie es schaffen. Führt Mediation tatsächlich aus dieser »Konfliktsteinzeit« heraus? Sind Mediatoren nicht Idealisten oder gar Pazifisten? Fehlt es ihnen an Aggressivität? Sollten sie nicht vielmehr durch Provokation einen guten Umgang mit Aggressionen fördern?

2. Paradigmenwechsel: Mediation ist primär eine Haltung und stellt neue menschliche und gesellschaftliche Bildungsziele in den Vordergrund

Es geht in der Bewältigung von Konflikten zunächst um das Ertragen-Können von Konflikten, nicht unbedingt um deren Lösung. Denn das Nicht-Ertragen-Können von Konflikten führt zu Entgleisungen. Wir müssen lernen, Spannungen zwischen Widersprüchen, die nicht sofort oder nicht wirklich lösbar sind, auszuhalten – darin liegt die Utopie eines reifen und weisen Menschen.

Mediation ist daher primär eine menschliche Haltung und erst sekundär eine Profession. Der gute Mediator hat sowohl Sachkenntnis als auch Intuition. Mediation können diejenigen auf besonders wirkungsvolle Weise ausüben, die die mediative Haltung zur Verfügung haben. Mediatoren sollen aber keine Gurus sein – Mediation ist etwas sehr realitätsbezogenes und nüchternes. Wer die mediative Haltung vermitteln kann, wird einfach durch seine Anwesenheit wirken, wie man dies oft erleben kann: Jemand betritt einen Raum und vermittelt unter den Anwesenden den Optimismus, daß der Konflikt lösbar sein wird. Seine Haltung ist spürbar und bewirkt in sich schon etwas Positives. Mediation »vermenschlicht die Menschen«. Mediation stellt Raum zur Verfügung, damit in Konflikte involvierte Menschen sich äußern können, sich mit ihren Konflikten auseinandersetzen können. Mediation ist eine Anleitung zum sozialen Lernen, zum Beziehungslernen, und nicht einfach eine Fortsetzung oder ein Auswuchs unserer megamanischen Gesellschaft, die immer nur möglichst rasch auf Win-Win-Lösungen abzielt.

Mediation leitet an, über die Beziehung zwischen Mensch, Gesellschaft, Recht und Politik nachzudenken. In manchen Aspekten ist unsere Gesellschaft sehr verrechtlicht, und genau dadurch werden lebendige Kapazitäten entscheidend abgeschnitten. Hier gibt Mediation Hilfen, sich autonome Bereiche zurückzuerobern, wie z.B. Nachbarschaftsbereiche zu regeln, anstatt auf die Hilfe von Polizei oder Anwälten zurückzugreifen.

Die Tendenz, die eine neue mediative Grundeinstellung aufweist, rückt außerdem den Bezug zwischen unserer Erwachsenengesellschaft und der Jugend in den Mittelpunkt des Nachdenkens. Gerade im pädagogischen Bereich fehlt es immer wieder an Bereitschaft, etwas zu riskieren, sich einzulassen auf einen Prozeß, dessen Ausgang ungewiß ist. Diese Risikobereitschaft haben Jugendliche viel eher zur Verfügung, von ihnen können wir Erwachsenen lernen. Viele Lehrer betreten einen wichtigen pädagogischen Raum nicht, den sie aber betreten sollten. Sie überlassen ihn der Polizei, die diesen pädagogischen Raum zwar gut meistern kann, aber eigentlich nicht meistern will, weil es im Grunde genommen nicht ihr Bereich ist. In bestimmten Situationen, v. a. in der Arbeit mit Jugendlichen, ist in erster Linie die rasche Handlung gefragt. Wichtig ist dann, wer was regelt und durch seine Handlung die Situation gestaltet. Mediation kann helfen, solche schon verlorenen Bereiche zurückzuerobern, v. a. auch jene, die durch Überregelung bereits verkrustet sind.

Überregelung ist lebensfeindlich, und Jugendliche kämpfen mit allen Mitteln gegen Lebensfeindlichkeiten an – sie tun dies auch für uns. Man kann die Bereitschaft zum Risiko bei Jugendlichen gut beobachten, und sie ist wichtig, denn sie ist ein Ausdruck von Lebendigkeit und Freude am Leben. Fehlt diese Lebendigkeit, dann sollte man daran arbeiten, sie wieder zurückzuerobern, sich Herausforderungen zu verschaffen, um an ihnen zu wachsen und Lebendigkeit zurückzugewinnen. Manches Mal ist dabei die Grenze zwischen vernünftigen und unvernünftigen Handlungen nicht eindeutig und scharf zu ziehen – unsere Unvernunft, unser Schatten, braucht Möglichkeiten des Selbstausdrucks, um ihn in die Gesamtpersönlichkeit integrieren zu können. Menschen, die das Gute und das Böse in sich selbst bewußt zur Verfügung und integriert haben, sind lebendige und kräftige Menschen. Mediation ist eine der Möglichkeiten, bereits verlorene Lebendigkeiten zurückzugewinnen.

3. Zur beruflichen Situation in der Mediation – Wer soll mediieren dürfen?

A) Berufliches Feld

Es wird immer ein Spannungsfeld geben zwischen mediativer Haltung auf der einen und Professionalisierung auf der anderen Seite; dies wurde in vielen Diskussionen sehr deutlich. Vielfalt ist in einer pluralistischen Gesellschaft gefragt, daher sollte Mediation keiner Berufsgruppe allein vorbehalten sein; Mediation sollte vielmehr qualitätsvoll gemacht werden – und hier kommt die Frage der Ausbildung wieder ins Spiel. Das Faktum einer akademischen Ausbildung hat im übrigen mit der Anwendung gesunden Menschenverstandes nicht viel zu tun. In den USA gibt es mittlerweile über 500 »Community Mediation Centers«, mit über 76.000 in Mediation ausgebildeten Bürgerinnen und Bürgern, und diese sollten auch weiterhin Mediation machen können, nicht nur Akademiker. Mit dieser Forderung steht Mediation im Dienste eines Paradigmenwechsels: Nicht die fachliche Ausbildung hat Priorität, sondern die menschliche.

Man muß auch aufpassen, daß sich in der Mediation nicht die Geschichte der Psychotherapie in Österreich und in anderen Ländern wiederholt, bei der es hauptsächlich um Methodenfragen geht. Dabei wurde vergessen, daß Psychotherapie schwerpunktmäßig eine bestimmte Haltung, ein bestimmtes Beziehungsangebot Menschen gegenüber darstellt, unabhängig von ihrer Profession. Gescheitsein ist dabei sicher nicht der wichtigste Aspekt. Gleiches könnte sich in der Mediation wiederholen.

Professionalisierung im Sinne von Versachlichung ist eine neue Phase in der Mediation, deren gute Seite darin bestehen kann, der Gefahr von Ideologisierungen (z.B. der Bildung einer »neuen Kirche«) entgegenzuwirken. Für manche hochkomplexe Fachbereiche wie Umweltmediation mag Sachwissen sehr notwendig sein. Denn Menschen, die mit riesigen Menschenmassen unterschiedlicher Interessen arbeiten, müssen hohen Anforderungen gerecht werden, eine extrem hohe Belastungsfähigkeit aufweisen und über ein genügendes Ausmaß an Lebenserfahrung verfügen, ein Anforderungsprofil, das nicht jeder aufweisen kann. Ein akademisches Studium ist in manchen Bereichen der Mediation vorteilhaft. Insgesamt ging jedoch die Meinungsbildung in der Diskussion in die Richtung, daß die fachliche Qualifikation sekundär ist im Vergleich zur mediativen Grundhaltung.

Sicher gibt es Fälle, wo Mediation scheitert. Wir haben eine Vielzahl möglicher Gründe gehört und diskutiert. Für die Umweltmediation gilt: Mediation scheitert, wenn zu niederrangige Verantwortliche aus der Verwaltung anwesend sind; wenn die Arbeitskreisstrukturen nicht gut gewählt sind. Mediation scheitert, wenn die Mediatoren fachlich, aber auch von ihrer menschlichen Grundhaltung her nicht kompetent sind. Fachliche Qualifikation regelt sich jedoch von selbst über den Markt, egal welche Zertifikate man besitzt.

B) *Wer macht Mediation?*
Mediation üben diejenigen aus, die Mediationsfälle haben. Dabei gibt es bereits etablierte Bereiche, wie den außergerichtlichen Tatausgleich und gerichtsnahe Scheidungsmediation. Und es gibt einen gut florierenden Fort- und Ausbildungsmarkt, dem ein Hoffnungsmarkt gegenübersteht, den es erst zu erobern gilt. In der Ausbildung Stehende lernen oft ohne Praxisfälle. Es gibt Projekte (z.B. Schulmediation), und viele Ausgebildete in Deutschland, der Schweiz und Österreich, die mediieren könnten, aber keine Mediationsfälle haben. Der Konkurrenzdruck ist enorm, Nischen werden gesucht, und diejenigen, die solche Nischen gefunden haben, lassen sich nicht in die Karten schauen. Daher agiert die Mediationsszene nicht so homogen, wie sie sollte, um die Nachfrage zu erhöhen. Es ist daher zusätzlich zu Marketingmaßnahmen ein immenser Anteil an politischer Arbeit nowendig, um Mediation mehr zu etablieren, leichter zugänglich und auch bezahlbar zu machen.

In Österreich gibt es eine Plattform für Mediation, die aber unverbindlich ist und nach Meinung mancher – nicht aller(!) – verbindlicher werden sollte, um eine gemeinsame Sprache hinsichtlich einer klaren politischen Ausrichtung sprechen zu können. Dadurch entstünde ein größerer Druck auf den Staat, im Bereich der Mediation aktiv zu werden.

Die Anwälte meinen: Wichtig ist nicht, wer Mediation macht, sondern wer bedeutend ist, und da wäre die Anwaltsgruppe besonders hervorzuheben, obwohl diese auf der »Wiener Konferenz für Mediation« nicht so deutlich hervortrat. Nimmt Mediation den Anwälten das Geschäft weg? Anwälte waren die ersten, die gesetzlich eine verbindliche Verhaltensrichtlinie in der Mediation geschaffen haben. Vor allem in der Wirtschaftsmediation sind Anwälte wichtig und kraft ihrer Fachkompetenz fähig, von der Ebene des Rechts zu jener der Realität zu gelangen. Sie beklagen die ihrer Meinung nach eher mangelhafte fachliche Qualifikation vieler nichtjuristischer Mediatoren: »Man hat den Eindruck, wenn sich zwei freundlich grüßen, machen sie schon Mediation.« – Mediation sollte aber wesentlich mehr als Kompromißbereitschaft sein.

Die Psychologen meinen: »Psychologen sind anders« und »Zu viele Köche verderben den Brei«. Sie verteidigen das Lernen an Universitäten. Denn Lernen ist nicht – wie die Psychotherapeuten es unterstellen – ein Produkt langfristiger Prozesse, sondern vollzieht sich in Form sogenannter »Aha«-Momente, geschieht also rasch und kurzfristig. Außerdem spielt auf Universitäten soziales Lernen eine große Rolle. Mediation sei mitnichten Anwaltssache, und ein guter Mediator ist der, bei dem man im Erstkontakt den Herkunftsberuf nicht erkennt; denn ein Mediator wird herangezogen, weil er Mediator ist und nicht Rechtsanwalt oder Psychologe oder etwas anderes. Es ist von jedem etwas – menschliche Qualifikation, Beruf, Ausbildung, soziale Kompetenz, Lebenserfahrung usw. – und die Mischung macht es aus, ob man glaubwürdig ist, ob man beeindrucken kann.

Die Psychotherapeuten meinen: Ausreichende Selbsterfahrung und Eigentherapie ist wichtig, um ein Gefühl für Entwicklungsprozesse zu bekommen, die ja Zeit brauchen; und der Entwicklungsgedanke sei in der Mediation grundlegend enthalten. Es ist auch ein Unterschied, Konflikte rasch zu lösen, oder ihre Dynamiken auf tieferer Ebene zu durchschauen, was gewöhnlich eine langjährige Ausbildung, in deren Zentrum die Eigentherapie steht, erfordert. Als Psychotherapeut macht man immer Mediation, auch wenn man es nicht so nennt. Es sollte also eine Erfahrungshierarchie geben, nicht um andere auszuschließen, sondern in Hinblick auf die Qualität.

Fazit: Jede der genannten Berufsgruppen spricht sich also, aus unterschiedlichen Gründen, für eine Hierarchisierung unter jenen Berufen, die Mediation durchführen dürfen, aus. Sind die Psychologen bessere Mediatoren oder die Anwälte? Wie gesagt: Die besten

Mediatoren sind Menschen, denen man ihren Ausgangsberuf nicht mehr anmerkt. Zur Qualitätssicherung ist notwendig, daß man individuell genau hinschaut, wer mediationsbegabt ist und wer nicht. Und daß es eben auch normale, »gestandene« Menschen gibt, die das sehr gut können. Gerade Hausfrauen haben ein Tätigkeitsfeld, das dem der Mediation in wichtigen Aspekten gleicht. Eine Hausfrau braucht gesunden Menschenverstand, muß mehrere Dinge gleichzeitig koordinieren (auf das Kind aufpassen, kochen, telefonieren...), muß entscheiden können, was gerade wichtig ist, muß auch auf sich selbst schauen können, muß handlungsorientiert sein. Es sind gerade bei Hausfrauen dieselben Fähigkeiten angesprochen wie in der Mediation! Es kommt also sehr auf die soziale, kommunikative und handlungsbezogene Kompetenz an und nicht so sehr auf den Herkunftsberuf.

Es besteht die Gefahr, daß eine Berufsgruppe privilegiert wird. Das Interesse der einzelnen Berufsgruppen an der Mediation ist unter einem finanziellen Gesichtspunkt – mit Mediation kann in manchen Bereichen viel Geld verdient werden – zu sehen. Hier stehen also die monetären Interessen, meist unausgesprochen, im Mittelpunkt, daneben auch das Prestige und die Ausübung von Macht. 300 Menschen gleichzeitig zu mediieren, hat viel mit Machtausübung zu tun, und das muß man in der eigenen Selbstreflexion erkennen und für sich durcharbeiten. Berufsprivilegien und Machtausübung sind das eine, gekonntes Mediieren das andere, wie die eindrucksvolle »Live«-Demonstration einer Mediation von AHS-Schülern zeigte. Offensichtlich können auch Schüler sehr gut Mediation machen, obwohl sie nicht speziell fachlich dafür ausgebildet wurden.

C) *Ausbildungssituation*
Im Moment steht im deutschen Sprachraum nicht die Frage im Vordergrund: »Wer macht Mediation?«, sondern: »Wer macht Mediationsausbildungen?« Mediationsausbildungen sind ein gutes

Geschäft, die Motive der Kandidaten sind vielfältig. In der industrialisierten Gesellschaft glauben wir durch Psychotechnik unser Leben zu ändern – in diesem Kontext ist die Mediation (wieder) aufgetaucht und zieht viele Menschen an. In Österreich gibt es an die 20 Ausbildungsinstitute, eine Zahl, die ob ihrer Größe auch kritisch zu sehen ist, weil sich die Ausbildungsinstitute in der Regel nicht fragen, wie die Absolventen ihre Ausbildung beruflich umsetzen können. Für Ausbilder ist das Zustandekommen der Kurse vorrangig, der Vorwurf der Verantwortungslosigkeit steht im Raum.

Ein (überwiegend unbewußtes) Motiv für eine Ausbildung in Mediation ist für manche der Wunsch, daß Mediation für Gerechtigkeit sorgt, daß Friede ins eigene Leben und in die Welt einkehrt. Darin liegt allerdings die Gefahr einer Ideologisierung der Mediation, die Gefahr einer »neuen Kirche«, einer »Sekte«. Eine gründliche Reflexion über die Ausbildungsmotive und über das Selbstverständnis des Mediators sollte daher integraler Bestandteil der Ausbildung zum Mediator sein.

4. Spezielle Aspekte der Mediation

A) Der Unterschied zur Psychotherapie
Im Unterschied zur Psychotherapie werden in der Mediation keine tiefen und vergangenheitsbezogenen Fragen gestellt, die tiefliegendere Problemfelder aufdecken würden. Es wird lösungsbezogen und zukunftsorientiert gearbeitet. Man kann als Mediator schon im Erstgespräch feststellen, was der Kunde wirklich will: Mediation oder eine aufdeckende Psychotherapie? Die Motive des Kunden/Klienten sollte man als Berater anerkennen und darauf das Angebot abstimmen.

B) Der Vergleich USA – Europa
Warum hat sich die Mediation in den USA so stark ausgebreitet und in Europa nicht? Ein wichtiger Unterschied besteht darin, daß im

Rechtssystem der USA das Risiko z.B. für Versicherungen, Prozesse zu verlieren, anders als in Europa ein hohes ist, und dadurch die Mediation schon aus ökonomischen Überlegungen so wichtig wurde. In Frankreich ist ein Mediationsgesetz mitterweile Teil des Rechtswesens.

C) *Wie kommt man an Mediationsfälle heran?*
Nach den Erfahrungen erfolgreicher Mediatoren muß man an Mediationsverfahren ganz sensibel herangehen. Viel Vertrauenswerbung und das Wecken von Interesse ist notwendig, z.B. durch das Halten von Vorträgen. Darüber hinaus ist viel unentgeltliche »Knochenarbeit« und Überzeugungsarbeit zu leisten. In Gruppen geht das besser als allein.

Mediation ist etwas Eigenes, Mediation ist kein Zwitter zwischen Rechtsanwalt und Psychotherapeut – Mediation ist dabei, eine eigene Identität zu finden. Zum mediativen Grundgedanken gehört zentral die Eigenverantwortlichkeit. In Anwendung auf die Frage »Wie kommt man an Mediationsfälle heran?«, kann dies nur heißen: Wir dürfen als Mediatoren nicht bei der Hoffnung stehenbleiben, daß uns jemand Mediationsfelder eröffnet, sondern wir sollten eigenverantwortlich und kreativ Felder für Mediationen schaffen.

Perspektiven der Mediation

Gerade darin, daß wir *nicht wissen*, wie wir zu Mediationsfällen kommen können, liegt das Spannende, ist unser Pioniergeist gefordert. Der Ruf nach den Leuten, die die Mediationsszene für uns regeln sollen, entspricht nicht dem Geist der Mediation. Wir können als Praktiker überzeugen, das wirkt viel besser. Und genau dadurch können wir schließlich auch Entscheidungsträger überzeugen, anstatt auf die »Macher« von oben zu warten. Gleiches gilt für die Ausbildung – wichtig ist, den Kandidaten ihre Eigenverantwortlichkeit klarzumachen, sie in die Eigenverantwortung zu entlassen.

Bei einer nächsten Konferenz könnte der intervenierende Charakter der Mediation noch mehr betont werden. Beispielsweise existiert derzeit in der OECD eine große Bereitschaft, an Dinge neu heranzugehen. Überhaupt wäre es wichtig, auf Konferenzen die politische Mediation mehr als bisher zu gewichten – positive Beispiele für politische Mediation gibt es bereits: in Südafrika, Palästina und Israel.

Künftig sollte auf die Publikation gelungener Mediationsfälle auch außerhalb der Familienmediation Wert gelegt werden. Trotz aller angeklungenen Meinungsverschiedenheiten besteht die gemeinsame Hoffnung, daß die Mediation künftig den Platz einnehmen wird, der ihr gebührt. Denn wie sagt ein altes tibetanisches Sprichwort: »Wenn es für einen Konflikt eine Lösung gibt, braucht man sich weiter nicht darüber aufzuregen. Wenn es für einen Konflikt keine Lösung gibt, braucht man sich weiter nicht darüber aufzuregen.«

Mediationsanbieter und -ausbilder im deutschen Sprachraum

Im zweiten Buchteil haben wir, wie schon erwähnt, Mediationsausbildungsstätten und Mediationsanbietern Gelegenheit gegeben, sich zu präsentieren. Das Buch schließt mit einer überblickshaften Zusammenstellung der Anbieter von Mediationsaus- und Weiterbildungen im deutschen Sprachraum. In Österreich und Deutschland gibt es im Zuge der zunehmenden Professionalisierung öffentlich zugängliche Listen von Mediationsausbildungeinrichtungen; die Angaben in diesem Buch sind diesen Listen entnommen. In der Schweiz war eine derartige Liste zum Zeitpunkt der Zusammenstellung der Buchbeiträge nicht auffindbar, die schweizerischen Angaben beruhen auf eigenen Recherchen und sind daher als unverbindlich anzusehen. Wir hoffen dennoch, einen gewissen Überblick über die Mediationsausbildungsszene im deutschen Sprachraum vermitteln zu können.

Mögliche Schnittstellen zwischen Mediation und Psychotherapie – Überlegungen

Peter Geißler

Psychotherapie und Mediation weisen, wie die in diesem Sammelband abgedruckten Referate belegen, einen Überschneidungsbereich auf. Besonders augenfällig wird dies, wenn die Rede von einer »mediativen Haltung« ist, deren Parallele zur psychotherapeutischen Grundhaltung unmittelbar ins Auge springt. Alfred Pritz, Präsident des Österreichischen Bundesverbandes für Psychotherapie, meinte in den »Contradictiones« sogar, daß Psychotherapeuten immer Mediation machen, auch wenn sie es nicht so benennen. Ich möchte daher, aus meiner Perspektive als »analytischer Körperpsychotherapeut«, ein paar Worte zu einigen Überschneidungsfeldern sagen, wie sie sich aus meiner Perspektive darstellen. Auf die Unterschiede werde ich im Rahmen dieser Darstellung nicht eingehen.

Mein psychotherapeutisches Vorgehen ist stark darauf ausgerichtet, die therapeutische Beziehung zwischen Therapeut und Klient zum Gegenstand der gemeinsamen Untersuchung zu machen, d. h. zu analysieren und auch zu verstehen, wie sich die Problematik des Klienten in der »Hier-und-Jetzt« Situation der therapeutischen Beziehung abbildet. Diese psychoanalytisch orientierte Perspektive wird wesentlich ergänzt durch ein Zentrieren auf die nicht-sprachlichen, nonverbalen Anzeichen, Ausdrucksformen und Signale, die in der therapeutischen Beziehung den Dialog in erheblichem Maße regulieren. Wir sprechen von einem »dialogischen Körper« und meinen damit den Niederschlag der nonverbalen Kommunikation im Rahmen des therapeutischen Dialoges, über die sprachlich-inhaltliche Verständigung hinaus.

Da ich mich dem großen Felde der Mediation zunächst von außen her nähere – ich selbst bin nicht in Mediation ausgebildet – verstehe ich die folgenden Gedanken als Überlegungen und nicht als Behauptungen. Ich hoffe jedoch, auf diese Weise einen kleinen Beitrag zu einem differenzierten Prozeßverständnis des mediativen Vorgangs leisten zu können.

Folgende Aspekte der therapeutischen Situation scheinen mir, übertragen auf das Feld der Mediation, bedeutsam:

1. Was in der Psychotherapie wirkt, ist die Beziehung zwischen Therapeut und Patient – auch in der Mediation »wirkt« die Beziehung mit.
2. Analytische Körperpsychotherapie geht von einer konflikthaften Natur des Menschen aus – Mediatoren arbeiten mit Konflikten.
3. Die Lösung von Konflikten verlangt eine trianguläre Struktur – Mediatoren arbeiten zwangsläufig mit einer zumindest triangulären Struktur.
4. Empathie ist ein wichtiges Verstehensinstrument – auch Mediatoren müssen sich in die jeweilige Konfliktseite einfühlen können.
5. Diskursregeln entwickeln sich in zirkulären Austauschprozessen und bilden den Rahmen der Interaktion – auch in der Mediation bilden Diskursregeln und das wiederholte Durchlaufen von Austauschprozessen einen Leitrahmen.
6. Der nonverbale Dialog determiniert wesentlich das Beziehungsgeschehen und läuft für beide Interaktionspartner weitgehend unbewußt ab – auch der Mediator und die Konfliktparteien kommunizieren unbewußt über die Körpersprache.
7. Das Unbewußte stellt sich häufig szenisch dar und kann szenisch verstanden werden – in den bewußt etablierten szenischen Rahmen in der Mediation fließen laufend unbewußte szenische Elemente und Veränderungen ein.
8. Therapeutische Konstruktionen sind subjektiver Natur – Konfliktrealitäten und Lösungsmöglichkeiten sind ebenfalls prinzipiell

subjektiver Natur.

9. Der Therapeut ist mit seinen Werthaltungen und Glaubensvorstellungen ein wichtiger Teil des Kontextes – auch der Mediator wirkt mit seinen Werthaltungen und Glaubensvorstellungen auf den Mediationsprozeß ein.

Was in der Psychotherapie wirkt, ist die Beziehung zwischen Therapeut und Klient

Aus der Psychotherapieforschung wissen wir, daß die Wirksamkeit von Psychotherapie stark mit psychotherapie-schulenübergreifenden, unspezifischen Faktoren zusammenhängt, wie positive Wertschätzung, Akzeptanz, Förderung einer »arglosen Atmosphäre« und Empathie, und daß dabei die Grundhaltung des Therapeuten und seine spezifischen Persönlichkeitsmerkmale eine weitaus größere Rolle zu spielen scheinen als technisch-methodische Parameter. Es ist die Beziehung, die heilt, soweit sind sich die meisten Psychotherapieforscher einig. Es besteht daher Grund anzunehmen, daß *ein* wichtiger Faktor der Wirksamkeit von Mediation in ähnlicher Weise wie in psychotherapeutischen Verfahren im Beziehungsbereich liegt.

Wenn John Haynes in seinem Referat davon spricht, wie bedeutsam die mediative Grundhaltung ist, und wenn er an anderer Stelle feststellt, daß der Mediator nichts anderes als Prozeßwissen benötigt, um Mediationen erfolgreich durchzuführen, heißt dies für mich nichts anderes, als daß er kraft sein Person, seiner menschlichen Fähigkeiten und seiner Intuition ein genaues Gespür dafür entwickelt hat, wie konflikthafte Prozesse zwischen Menschen zu steuern für alle Beteiligten zu einer positiven Lösung führbar sind.

Die »Psychotherapeutenvariable« auf der einen Seite und die »Technik« auf der anderen sind wie zwei Pole auf einem Kontinuum vorhandener Wirkfaktoren. Die Referate im vorliegenden Band werden aufzeigen, daß in bestimmten Mediationsbereichen durchaus auch der Pol der »Technik« bzw. Sachkenntnis von großer Bedeutung sein kann.

Erstaunlich ist, daß manche Menschen eine große Begabung im intuitiven Erfassen psychodynamisch wirksamer Vorgänge besitzen. Der bekannte Psychoanalytiker Otto Kernberg hat in seinen Schriften zur psychoanalytischen Ausbildung darüber geschrieben, ebenso wie Carl Rogers, der Begründer der klientenzentrierten Psychotherapie, den Ausspruch gemacht haben soll, daß es weniger darum gehe, Psychotherapeuten auszubilden, sondern mehr darum, die besonders Begabten auszuwählen. Vielleicht trifft dies auch für das Feld der Mediation zu.

Analytische Körperpsychotherapie geht von einer konflikthaften Natur des Menschen aus
Der Mensch ist im Menschenbild analytischer Körperpsychotherapie, ebenso wie der Psychoanalyse und der tiefenpsychologisch orientierten Psychotherapien, wesensmäßig ein konflikthafter. Seit Anbeginn seines Lebens steht er in einem ständigen Spannungsfeld zwischen Impulsen und Bedürfnissen, die immer wieder an die Grenzen der realen Verwirklichungsmöglichkeiten kommen. Schon der Säugling spürt den Aufeinanderprall von Lust- und Realitätsprinzip. Später bilden sich der psychoanalytischen Persönlichkeitstheorie zufolge seelische Instanzen aus – das Es, das Ich und das Über-Ich, zwischen denen fortwährend konflikthafte Dynamiken ablaufen. Wie es den Eltern auf der einen Seite und dem Kind mit den ihm zur Verfügung stehenden Fähigkeiten auf der anderen Seite gelingt, die alltäglichen kindlichen Konflikte zu regulieren, trägt entscheidend dazu bei, wie sich die psychische Struktur des heranwachsenden Menschen entwickelt. Im positiven Fall gelingt es auf dem Wege »optimaler Frustration«, daß sich schrittweise ein starkes Ich herausbildet, welches eine gute und realitätsangemessene Balance findet zwischen Bedürfnisbefriedigung und Impulshemmung. Dazu trägt ebenso die Strukturierung eines intakten Über-Ichs bei, einer moralischen Instanz in uns, die auf verläßlichen Werten beruht, die uns dabei hilft, den Verzicht auf Bedürfnisbefrie-

digung vor uns selbst als sinnvoll zu legitimieren. Ein starkes Ich ist darüber hinaus in der Lage, Konfliktspannungen zu ertragen und wichtige Konflikte in sich selbst zu erledigen.

Im negativen Fall gelingt eine gute Bedürfnisregulierung nicht oder nur mangelhaft, und es bildet sich eine Persönlichkeitsstruktur heraus, die chronisch von schwer zu bewältigenden Konflikten heimgesucht wird und mangels ausreichend starker Ich-Struktur sowie verläßlicher und stabiler Über-Ich-Werte seine Mitmenschen ständig in die eigenen Konflikte hineinzieht und darin verwickelt.

Grundsätzlich jedoch werden Konflikte als Entwicklungsmotor angesehen. Entwicklungen werden erst durch Konflikte angeregt. Das Menschenbild, das der Mediation zugrunde liegt, geht offensichtlich ebenso von dieser Grundannahme aus, wie in den Diskussionen der Wiener Konferenz für Mediation deutlich erkennbar wurde.

Die Lösung von Konflikten verlangt eine trianguläre Struktur
Um Konfliktsituationen, in denen sich Klienten befinden, verstehen zu können, ist einerseits empathisches Verstehen wichtig; auf der anderen Seite benötigt es ebenso einen gewissen Abstand, damit man – sozusagen aus einer Außenperspektive – ein Auge für diejenigen Teile im Klienten behält, die dieser selbst nicht bemerken kann, weil sie ihm unbewußt sind. Ein wichtiger Schritt für den Klienten im fortschreitenden Therapieprozeß besteht darin, diesen beobachtenden Abstand zu konflikthaften Verwicklungen selbst herstellen zu können, um den Eigenanteil an Konfliktmustern besser sehen, spüren und verstehen zu können. Diesen Sachverhalt kann man sich folgendermaßen vorstellen:

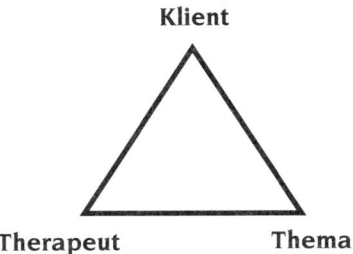

Klient

Therapeut **Thema**

Die therapeutische Situation besteht wesensmäßig also in einer triangulären Struktur. Durch das Wahren einer optimalen Distanz zum Klienten als auch zum Thema kann der Psychotherapeut eine Haltung der »technischen Neutralität« einnehmen. In der Mediation kommt noch ein weiterer (zumindest) triangulärer Raum hinzu:

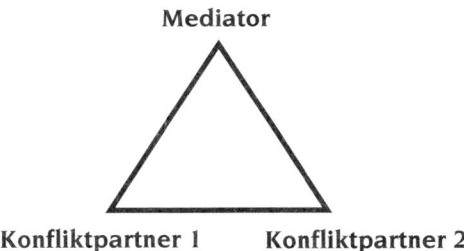

Mediator

Konfliktpartner 1 **Konfliktpartner 2**

Die Triangulation besteht im letzteren Fall darin, die emotionalen Distanzen zwischen allen beteiligten Interaktionspartnern immer wieder in einen ausgeglichenen Zustand zu bringen.

John Haynes verwendet dafür ebenso den Begriff »Neutralität«. Da jedoch mit »Neutralität« nicht gemeint ist, daß man sich in einem wertfreien Raum aufhält, sondern sich eigener Bewertungen bewußt ist und durch dieses Bewußtsein den Prozeß in förderlicher Weise für beide Konfliktpartner steuern kann, entscheidet sich Haynes dafür, anstelle von »Neutralität« vom Einhalten einer »optimalen Balance« zu sprechen.

Am Rande sei vermerkt, daß die Psychoanalyse die Fähigkeit, die

Spannungsverhältnisse in Dreiecksbeziehungen positiv zu bewältigen, entwicklungsgeschichtlich mit der Überwindung des Ödipuskomplexes in Zusammenhang bringt. Der Ödipuskonflikt, nach Freud Kernkonflikt aller Neurosen, ereignet sich in einem Drei-Personen-Gefüge (Vater-Mutter-Kind), ist also an eine triadische Struktur gebunden, und seine positive Bewältigung führt das Kind aus einem diadischen Beziehungsraum (Kind-Elternfigur) in einen triadischen.

Neue Ergebnisse aus den modernen Entwicklungspsychologien weisen allerdings darauf hin, daß die Fähigkeit zum triadischen Beziehungserleben schon zum angeborenen Interaktionsrepertoire des Säuglings dazugehört, unter ungünstigen Entwicklungsbedingungen jedoch verlorengehen kann bzw. mangelhaft stimuliert wird.

Empathie ist ein wichtiges Verstehensinstrument
Ein zentrales Instrument des Psychotherapeuten, gleichgültig welcher schulischen Ausrichtung, besteht im Einfühlen-Können in die emotionale Lage des Klienten. Empathie ist beziehungsfördernd und bildet die Voraussetzung dafür, daß Klienten sich schrittweise öffnen und mehr von ihren verborgenen seelischen Bereichen zeigen. Empathie ist aber auch der erste und wichtigste Schritt in Richtung eines Verständnisses für die spezifische Situation des Klienten. In der Mediation scheint mir die Rolle des empathischen Zuhörens und Verstehens ebenso zentral zu sein wie in der Psychotherapie.

Diskursregeln entwickeln sich in zirkulären Austauschprozessen und bilden den Rahmen der Interaktion
Neben szenischen Elementen sind die sich im Interaktionsgeschehen stillschweigend einschleichenden Interaktionsregeln ebenfalls von besonderer Wichtigkeit. Sie sind sozusagen in der Therapie ein unbewußter Faktor neben den gültigen Behandlungsregeln, z.B. dem freien Assoziieren des auf der Couch liegenden Patienten in der

klassischen Psychoanalyse. Unbewußte Interaktionsregeln führen gewissermaßen ein Eigenleben, in der Psychotherapie ebenso wie in der Mediation. Das unbewußte Regelsystem wird zum therapeutischen Kontext, von dem beide Interaktionspartner ganz wesentlich bestimmt werden, während sie bewußt aber den Eindruck haben, in ihren Handlungen und Entscheidungen eher frei zu sein. Es geht hier nicht um einen absoluten Zwang, aber doch um einen zwingenden Einfluß auf die weitere Ausgestaltung der therapeutischen Situation. Diese Regeln wirken wie ein Magnet: das gesamte Verhalten richtet sich nach ihnen aus. Es entsteht ein zirkulärer Prozeß in der Form, daß Interaktion unbewußte Diskursregeln schafft, die ihrerseits wieder auf die Interaktion zurückwirken.

Der Interaktionsstil, der sich eingestellt hat, bewirkt Erfahrungen bei beiden Interaktionspartnern, die die bestehende Struktur bestätigen und vertiefen – wie in einem geschlossenen System, das sich durch autopoietische Vorgänge bis zu einem gewissen Ausmaß selbst wieder erzeugt, weil seine Elemente und seine Struktur so beschaffen sind, daß sie durch ihre Tätigkeit Prozesse in Gang bringen, die ihrerseits wiederum diese Elemente erzeugen. Das psychoanalytische Konzept des Wiederholungszwanges beschreibt im wesentlichen analoge Vorgänge, die Resistenz von Systemen, wie schon erwähnt, den gleichen Vorgang aus systemischer Perspektive.

Der nonverbale Signalaustausch determiniert das Beziehungsgeschehen und läuft für beide Interaktionspartner weitgehend unbewußt ab
Psychotherapie ist in hohem Grade ein interaktives Geschehen. Der nonverbal und unbewußt ablaufenden Interaktion kommt dabei ein dominanter Stellenwert zu, sie macht den Löwenanteil des interaktiven Geschehens zwischen Patient und Psychotherapeut aus und begleitet sämtliche inhaltliche Äußerungen. Jeder Psychotherapeut weiß, wie wichtig es ist, sich auf seinen Patienten und die ihm eigenen Probleme, aber auch auf die ihn charakterisierende Sprache, sei sie verbal oder in Form körperlicher Botschaften, abzustimmen; auf

der verbalen Ebene mag ihm dies bewußt leichter gelingen als auf der nonverbalen Ebene, die sich auf einer tieferen Schicht unbewußter Vorgänge vollzieht. Ob der Prozeß gut voranschreitet, hängt aber wesentlich von nonverbalen Regulierungsvorgängen zwischen beiden Interaktionspartnern ab.

Beispielsweise reagieren beide Interaktionspartner – das zeigen Forschungsergebnisse – auf positive und negative Äußerungen des Gegenübers mit Veränderungen der Pupillenweite, die ganz automatisch stattfinden und vom Gegenüber registriert werden, ohne daß einer der beiden Interaktionspartner bewußt auch nur irgendetwas davon wahrnehmen würde. Wichtige interaktive nonverbale Signale sind demnach beiden Interaktionspartnern nicht bewußt und wirken dennoch sehr stark auf den Ablauf des therapeutischen Prozesses ein. Eine wechselseitige Abstimmung und Angleichung ist eine wichtige Voraussetzung dafür, daß Psychotherapie positive Effekte haben kann. Experimente zeigten, daß sich diese nonverbale Angleichung zwischen Patient und Therapeut im Regelfall sehr rasch einstellt. Körpersprachliche Botschaften tragen dazu wesentlich bei. Diese Abstimmungs- und Angleichungssignale, die im übrigen bei allen »normal-neurotischen« Menschen, nicht aber bei schizophrenen Patienten nachzuweisen sind, betreffen z.B. die Länge und Art der Äußerungen des Gesprächspartners, die Art der verwendeten Wörter und die Gestaltung der Gesprächspausen und Unterbrechungen. Der Prozentsatz der Zeit, die der Patient spricht, bleibt über die Therapiesitzungen hinweg relativ konstant. Spricht der Patient einmal weniger als gewöhnlich, was häufig ein Anzeichen von Angst ist, kompensiert dies sein Therapeut durch hilfreiche Deutungen oder andere Maßnahmen, um die Angst des Patienten zu reduzieren.

Konversations- und inhaltsanalytische Untersuchungen der Interaktion im psychotherapeutischen Erstgespräch machen deutlich, daß bereits die ersten drei Redebeiträge der Beteiligten wesentliche Elemente des wechselseitigen Beziehungsangebots enthalten. Während psychotherapeutischer Eröffnungssequenzen werden unbewußte Erwartungsmuster, Rollen- und Situationsdefinitionen sowie Themen in einem beidseitigen Aushandlungsprozeß abgeklärt. Beide Interaktionspartner versuchen, eine Art »thematisches Gleichgewicht« herzustellen. Die jeweiligen Grenzen des Gesprächspartners werden sensibel gespürt und geachtet. Es entsteht ein Gleichgewichtszustand zwischen Patient und Therapeut. Ist dieser einmal erreicht, wird er sogar von beiden unbewußt verteidigt. Untersuchungen zeigen, daß der einmal hergestellte Interaktionsstil schwer veränderbar ist. In einem der Hauptreferate wird auf den Umstand hingewiesen, daß Systeme – und die Therapeut-Patient-Beziehung ist ein System – resistent gegen Veränderungen sind.

Gerade in Konfliktsituationen – dem Normalfall der Mediation also – könnte ein Miteinbeziehen der nonverbalen Signalsprache hilfreich sein, bestimmte, schwer beeinflußbare Dynamiken zwischen den Konfliktparteien, aber auch zum Mediator hin, wie z.B. Sackgassen im mediativen Prozeß, besser zu verstehen und durch die Miteinbeziehung dieser Informationsquelle neue Bewegungsimpulse zu ermöglichen.

Das Unbewußte stellt sich häufig szenisch dar und
kann szenisch verstanden werden
Das Unbewußte in uns zeigt sich häufig dadurch, wie wir uns verhalten, was wir tun, was wir vermeiden, wie wir auf andere Bezug nehmen. Jedes Verhalten kann als szenischer Hinweis auf unbewußte Vorgänge aufgefaßt werden. Bereits bei der Begrüßung zwischen zwei Personen werden sehr viele szenische Elemente aktiv und bestimmen die Art und Weise, wie wir uns verhalten und wie unser Verhalten von anderen erlebt wird. Aber auch, was der Mediator tut und wie er es tut – jeder hat hier seinen eigenen Stil, in den ganz viele szenische Elemente einfließen, die man in Evidenz halten kann. Wenn man den eigenen Beitrag an Dynamiken versteht, gelingt es leichter, den Überblick zu halten.

Dieser letzte Punkt ist besonders wichtig, denn unser Erleben von dem, was wir tun, weist Trübungen und blinde Flecken auf. Nichtsdestoweniger spürt unser Gegenüber unsere Absichten, auch wenn sie uns selbst gar nicht bewußt sind, und reagiert darauf. Es gilt also das Prinzip, daß das, was einem immer wieder geschieht, selbst gestaltet, selbst inszeniert ist, auch wenn man nicht weiß wie und warum.

Die szenische Sicht des sich »Miteinander-Verhaltens« könnte eine wichtige Perspektive in mediativen Prozessen sein. Eines der Hauptreferate widmet sich z.B. der Herangehensweise in der Mediation, wer welche aktiven Schritte wann setzt. Dies kann, wie darin beschrieben, durch Planung eines bestimmten Einstiegs bzw. durch entsprechende Vorgaben an die Konfliktparteien geschehen. Die andere Variante besteht darin zu erkennen, wie sich der mediative Prozeß von selbst inszeniert, z.B. wer den ersten Schritt tut, und wie er ihn tut. Für den weiteren Verlauf der Mediation könnte dieses szenische Verstehen des Prozesses eine wichtige zusätzlich Informationsquelle darstellen – zumindest für den Mediator, der besser verstehen kann, was unterschwellig abläuft und sich dadurch auf die Situation besser einstellen kann.

Therapeutische Konstruktionen sind subjektiver Natur
Ein weiterer Gesichtspunkt ist von großer Wichtigkeit für den psychotherapeutischen und vermutlich ebenso für den Mediationsprozeß: nämlich die subjektive Natur der Konstruktionen, die wir im therapeutischen Vorgang vornehmen, in unserem Bemühen, sinnvolle Lösungen zu finden. Objektivität erweist sich angesichts der subjektiven Beiträge sowohl des Klienten als auch des Therapeuten als Illusion. In der Psychoanalyse hat dies Ferenczi, ein wichtiger Querdenker, sehr früh erkannt, als er schon 1928 bedauerte, daß die Bedeutsamkeit der persönlichen Note des Analytikers durch die Einführung eines rigiden psychoanalytischen Technikverständnisses, das bereits in der Lehranalyse voll wirksam sei, immer mehr schwinde. Die damalige psychoanalytische Meinung war: Jeder, der

gründlich analysiert wurde, der seine unvermeidbaren Schwächen und Charaktereigenheiten voll zu erkennen und zu beherrschen gelernt hat, wird bei der Betrachtung und Behandlung desselben psychischen Untersuchungsobjekts unvermeidlich zu denselben objektiven Feststellungen gelangen und logischerweise dieselben taktischen und technischen Maßnahmen ergreifen.

In der letzten Zeit sind in der Psychoanalyse und Psychologie immer mehr Tendenzen erkennbar, eher von einem sozial-konstruktivistischen als von einem positivistischen Ansatz auszugehen. Dieser Idee zufolge kann keiner von beiden Interaktionspartnern eine von ihnen vorgefundene und unabhängige Wirklichkeit erkennen. Die Wirklichkeit zwischen beiden wird konstruiert, und zwar aufgrund neurophysiologischer und lernabhängiger Gesetzmäßigkeiten. Objektive Erkenntnis ist gar nicht möglich, weil jede Erkenntnis das Produkt eines äußerst komplexen Informationsverarbeitungsvorgangs ist.

Eine objektive Erkenntnis über einen objektiven Sachverhalt gibt es daher weder in der therapeutischen Situation noch im Mediationsprozeß. Es gibt allenfalls objektive Fakten, wie z.B. Setting, Honorar, die jedoch sofort in innere Erlebnismuster oder Schemata eingeordnet werden und damit einen subjektiven Bedeutungsgehalt gewinnen. Die Wirklichkeit, wie sie von den Beteiligen erlebt wird, ist eine konstruierte.

Der Therapeut ist mit seinen Werthaltungen und
Glaubensvorstellungen ein Teil des Kontextes
Auch der Therapeut befindet sich unter dem Einfluß dieses Kontextes. Neutralität ist daher eine Fiktion. Das kommunikationstheoretische Axiom ist gültig: daß man nicht nicht kommunizieren kann, daß also selbst das Bemühen des Therapeuten, Neutralität zu wahren, eine Handlung und damit einen kommunikativen Akt darstellt, der einen Effekt auf den Patienten hat und dessen Beziehung zum Therapeuten unweigerlich beeinflußt.

62

Der Analytiker als Person ist eine dieser Kontextbedingungen, und dies bedeutet, daß seine Erkenntnisleistung wesentlich von seiner Persönlichkeit geprägt wird. Werthaltungen des Therapeuten und des Mediators beeinflussen seine impliziten Entscheidungen, die sein therapeutisches/mediatives Vorgehen mehr oder weniger lenken. Diese Werthaltungen, wie beispielsweise seine Einstellung des Therapeuten zu Partnerschaft und Trennung, oder seine Meinung, ob menschliche Aggression angeboren oder erworben ist, sind häufig ichsynton (d.h. sie werden als selbstverständlich erlebt) und entziehen sich weitgehend der Reflexion.

Fazit: Der Einfluß dieser Bewertungsprozesse auf den therapeutischen Vorgang ist nicht wegzudenken oder zu eliminieren – man sollte sich ihrer Wirkung bewußt sein und ihre möglichen Folgen reflektieren. Dies könnte in Anwendung auf Mediationsprozesse heißen: Man sollte sich auch als Mediator darüber bewußt sein, daß das Ergebnis der Mediation Folge eines wechselseitigen Aushandlungsprozesses und damit eine höchst subjektive Angelegenheit ist, die unter anderen Kontextbedingungen und mit einem anderen Mediator zu einem ganz anderen Ergebnis hätte führen können, und daß die Werteinstellungen des Mediators in die Prozeßentwicklung unweigerlich einfließen.

Ferner ergibt sich aus dem Gesagten die Schlußfolgerung, daß der Grad der Reflexionsfähigkeit des Mediators wesentlich dazu beitragen wird, wie umfangreich und effizient er sich Kenntnis über die in ihm subtil und unbewußt ablaufenden Vorgänge verschaffen und deren Auswirkung auf den mediativen Prozeß erkennen und damit zumindest teilweise steuern kann. In der Ausbildung zum Mediator sollte daher der Selbsterfahrung und Eigentherapie ein hoher Stellenwert zukommen, sicherlich abhängig davon, wie viel an bereits vorhandenen Fähigkeiten und Potentialen der werdende Mediator bereits mitbringt oder nicht. Denn von der Fähigkeit zur Reflexion und Selbsterkenntnis hängt entscheidend ab, ob Mediation als menschliche Haltung tatsächlich *gelebt* werden kann.

John Haynes
Ein Hauptbegründer der Mediation

Mediation – Förderung von menschlichem und sozialem Wachstum

John Haynes

Das Thema meines Beitrages läßt vermuten, daß ich Veränderungen im menschlichen und sozialen Bereich der Klienten, die zu uns zur Mediation kommen, meine. Natürlich ist dies ein Teil der Mediation, obwohl ich der Meinung bin, daß dies eine Art Nebenprodukt des Mediationsprozesses ist und nicht sein eigentliches Ziel. Davon handelt der vorliegende Beitrag jedoch nicht. Vielmehr möchte ich den Fokus auf einen anderen Punkt richten: Wenn wir gute Mediatoren werden, werden wir gleichzeitig bessere Menschen, und genau dadurch bewirken wir soziales Wachstum. Dazu möchte ich einige Ideen ausführen, z. B. wie wir aus unserer Praxis für unser eigenes Leben lernen können und wie sich dieses Lernen auf den Umgang mit anderen Menschen, mit denen wir zu tun haben, auswirkt. Ich möchte besonders nützliche Mediationsstrategien und -konzepte identifizieren und sie dann in Beziehung setzen zu unserem persönlichen Verhalten. Da dies ein große Aufgabe ist, möchte ich zunächst aufzeigen, worin ich die Schlüsselelemente guter Mediation sehe. Dann werde ich untersuchen, wie jedes dieser Elemente dazu beitragen kann, daß wir bessere Menschen werden, wenn wir sie auf unser persönliches Verhalten übertragen.

Mediation besteht im Management der Konflikte anderer Menschen. Mediation beinhaltet, daß wir uns die Geschichten dieser Menschen anhören. Jeder Mediationsklient kommt zu uns mit einer sorgfältig erzählten Geschichte, die aus drei allgemeinen Komponenten besteht (der linguistischen Einfachheit halber beziehe ich mich auf eine Zwei-Klienten-Situation; das Folgende gilt aber genauso für Vielparteienkonflikte):

1. Die Geschichte ist eine Version der Ereignisse des Klienten und wird in einer Weise dargebracht, die demonstrieren soll, wie gut der Klient ist.
2. Das Leiden des Klienten wird in einer Weise dargestellt, die den Eindruck erwecken soll, wie schlecht der andere Konfliktbeteiligte ist.
3. Der Vorschlag zu einer Konfliktlösung besteht lediglich in der Forderung, auf welche Weise sich der andere Konfliktbeteiligte ändern soll, und die stets zum eigenen Vorteil ist.

Aufgabe des Mediators ist es, sich die beiden Versionen der Geschichte und der Klagen anzuhören, mit den gegenseitigen ausschließlichen Schuldzuweisungen, um in der Folge gemeinsam mit den Konfliktpartnern eine einzige und von beiden geteilte Version desselben Problems zu konstruieren. Erst wenn beide Konfliktpartner diese neue Problemversion akzeptieren, können sie allmählich beginnen darüber zu verhandeln, wie eine Problemlösung aussehen könnte, die für beide ein Vorteil ist.

Dies klingt vielleicht zu einfach. Ich möchte daher die Problematik bewußt komplizieren, um den Skeptikern unter uns mehr Raum zu geben. Der Mediator kann für beide Parteien dann von Nutzen sein, wenn er in der Lage ist, sich beide Geschichten aufmerksam anzuhören und zusätzlich darauf achtet,

1. jegliche Bewertungen, eine der beiden Geschichten oder Klienten betreffend, zu unterlassen,
2. sich nicht verführen zu lassen und zu glauben, daß eine der beiden Geschichten die absolute Wahrheit darstellt,
3. eine Haltung der Wertschätzung und Akzeptanz aufrechtzuerhalten in bezug auf alles, was die Klienten vorbringen, ohne sich von einer der beiden Geschichten angezogen oder abgestoßen zu fühlen,
4. eine Balance zwischen den Klienten und ihren Geschichten

aufrechtzuerhalten – ich verwende lieber den Begriff »Balance« als jenen der »Neutralität«, denn ich bin der Überzeugung, daß es unmöglich ist, beim Zuhören dieser Geschichten neutral zu bleiben.

Um all dies leisten zu können, braucht der Mediator folgende Grundhaltung:

1. Es gibt keine absolute Wahrheit und nur wenige Lügen, jedoch zwei verschiedene Versionen ein und derselben Geschichte.
2. Es gibt kein »richtig« oder »falsch«, es gibt lediglich verschiedene Arten und Weisen, an die gleiche Sache heranzugehen.

Deshalb hat der Mediator ein »Set« an Strategien zu entwickeln, die es ihm ermöglichen, die Balance zwischen den Konfliktparteien einzunehmen und während des Mediationsprozesses aufrechtzuerhalten. Wenn ich mediiere, dann reflektiere ich fortwährend meine Beziehung zu jeder der beiden Konfliktparteien und frage mich immer wieder »Wem von beiden stimme ich am meisten zu?« sowie »Wen von beiden mag ich mehr?« Noch eine weitere Frage finde ich hilfreich: »Wer von beiden vermittelt mir mehr Sensibilität?«

Eine ehrliche Antwort auf diese Fragen ermöglicht mir, meinen »Bias«, mein Vorurteil, deutlicher zu sehen und erleichtert es mir, die richtigen Korrekturen in meinem Vorgehen vorzunehmen, so daß ich insgesamt in einer Haltung der Balance bleiben kann. Denn wenn ich in Balance bleibe, ist es leichter für mich, die Beziehungen zu meinen Klienten zu steuern und dabei sicher zu sein, beide zu mögen. Ich muß das, was sie mir erzählen, nicht billigen, ich muß es lediglich in Beziehung bringen zu ihrer eigenen inneren Weisheit. Dies führt viel rascher zu einer neuen Geschichte, als der Versuch, irgendetwas an ihrer Geschichte zu verändern.

Wenn ich eine gute Beziehung zu meinen Klienten aufgebaut habe, dann kann ich in dem Glauben arbeiten, daß Gott in jedem von uns ist, und meine Aufgabe als Mediator darin besteht, den Klienten mit dem Gott in sich in Verbindung zu bringen. (Es ist natürlich im Englischen ebenso möglich, ein zweites »o« zu »God« hinzuzufügen, und damit aus »God« den Begriff »good« zu machen – das »Gute«).

Das nächste Konzept, von dem ich glaube, daß es den erfahrenen Mediator vom Lernenden unterscheidet, besteht darin, daß Mediation nur mit Bezug auf die Zukunft durchgeführt werden kann. Über die Vergangenheit zu sprechen ist Zeitverschwendung, denn vergangenheitsorientierte Gespräche fokussieren fortwährend Probleme und nicht deren Lösungen. Lösungen aber werden nur dann gefunden, wenn wir die Zukunft einbeziehen. Machen wir uns dies noch klarer, indem wir über die Phänomene nachdenken, die sich auf Vergangenes vs. Künftiges beziehen:

Vergangenheit	Zukunft
Probleme	Problemlösungen
Klagen	Ziele
Gleichheit	Unterschiede
Unveränderbarkeit	Wandel
Hoffnungslosigkeit	Hoffnung
Nicht-Wollen	Wollen
Unlösbarkeit	Lösbarkeit
Blockade	Fluß
Widerstand	Öffnung

Wenn Klienten zur Mediation kommen, wollen sie nur über Probleme und über die Vergangenheit sprechen. Natürlich muß ein gewisses Maß an vergangenheitsbezogener Diskussion möglich sein. Um einen Wandel einzuleiten, muß der Mediator jedoch die Diskussion zu einer zukunftsbezogenen machen.

Der Vergangenheitsfokus wird immer mit den Klagen des Klienten zu tun haben und mit dem, was er glaubt, daß früher geschah oder nicht geschah. Um die Ziele der Klienten kennenzulernen, muß sich das Mediationsgespräch in die Zukunft bewegen.

Vergangenheitsbezogene Diskussionen werden sich immer wieder um die gleichen Dinge drehen – die gleichen Probleme, Klagen, Geschichten und Enttäuschungen. Neue Perspektiven tauchen erst dann auf, wenn wir über die Zukunft sprechen.

Die Vergangenheit ist nicht veränderbar. Was immer der Klient zuletzt tat oder versäumte zu tun, es kann daran nichts verändert werden. Jedoch haben beide Streitparteien die Möglichkeit, ihre jeweilige Zukunft zu verändern. Wenn Klienten zum ersten Mal zur Mediation kommen, sehen sie nur eine Zukunft vor sich, die von der Vergangenheit bestimmt und geformt ist. Die wichtige Zutat, die der Mediator beisteuern kann, besteht darin, die Möglichkeit der Veränderung in der Zukunft zu verdeutlichen.

Über die Vergangenheit zu sprechen beinhaltet meistens ein großes Maß an Hoffnungslosigkeit. In der Tat ist es die Hoffnungslosigkeit, die viele Klienten überhaupt dazu bringt, sich in eine Mediation zu begeben. Andererseits ist es die Zukunft, die alle Hoffnungen trägt. Wieder können wir den Stellenwert erkennen, der in einer Fokussierung der Zukunftsperspektiven besteht, anstatt in Vergangenem zu schwelgen.

Wenn Klienten über die Vergangenheit sprechen, dann immer deswegen, um auszudrücken, was sie nicht wollten. Dadurch wird das Gespräch in seiner Essenz ein negatives. Sobald wir die Klienten dazu bewegen können, darüber zu sprechen, *was sie wirklich wollen*, bewegen wir uns schon in die Zukunft hinein und damit in eine positive Richtung. Denn die Vergangenheit hat ständig damit zu tun, was fehlschlug; anders die Zukunft.

Wenn die Klienten nach ihrem ersten Gespräch in ihrer Vergangenheit steckenbleiben, dann gerät das gemeinsame Gespräch in eine Blockade, und es setzt ein Teufelskreis aus Scham, Beschuldigung und Hoffnungslosigkeit ein. Sobald über die Zukunft gesprochen wird, kommt wieder Bewegung ins Gespräch, und Veränderung scheint möglich zu werden.

Schließlich glaube ich nicht daran, daß Klienten so etwas wie Widerstand haben, außer einen Widerstand gegen eine ständige Wiederholung von Vergangenem. Ich glaube, daß widerständiges Verhalten auf seiten des Klienten ein eindeutiges Signal für den Mediator darstellt, daß der Mediationsprozeß in der Vergangenheit steckengeblieben ist. Zu einer Öffnung kann es erst dann wieder kommen, wenn wir uns der Zukunft zuwenden.

Michael White, der bekannte australische Familientherapeut, macht uns darauf aufmerksam, daß wir die problembehafteten Anteile der Geschichten unserer Klienten vermeiden und statt dessen ihre lösungsnahen Anteile fokussieren sollten.

Fassen wir zusammen: Die Aufgabe des Mediators besteht darin, unsere Klienten auf eine *Zukunft mit einer signifikanten Differenz zum Vergangenen* zu fokussieren; auf eine Zukunft, die von der Vergangenheit entlastet und befreit ist. Die Veränderung, die im Klienten geschieht, entspricht einem Wechsel von einer defensiven Zentrierung auf die Vergangenheit hin zu einer Öffnung hinsichtlich der Zukunft.

Der nächste Bereich der Veränderung, der durch einen erfolgreichen Mediationsprozeß ausgelöst wird, hat damit zu tun, daß wir uns auf die Stärken des Klienten konzentrieren. Wenn mir Klienten zum ersten Mal ihre Geschichte erzählen, achte ich sorgfältig auf jedes Anzeichen, was sie bereits versucht haben, um das Problem einer Lösung näherzubringen. Das hilft mir, ihre Ressourcen ebenso wie Wege, die sie selbst einschlagen können, zu identifizieren. Vor zwei Jahren habe ich in Regensburg mit einem Ehepaar gearbeitet. Die beiden nun getrennten Partner hatten einen fünf Jahre alten Sohn mit einer aggressiven Verhaltensstörung. Im ersten Abschnitt des Gesprächs hatte ich sie gefragt, was sie bisher unternommen hatten, um mit ihrem Problem fertigzuwerden. Sie hatten die Besuchskontakte bei den Großeltern reduziert, da die Aggressivität des Jungen immer dann am größten zu sein schien, wenn er von seinen Großeltern nach Hause kam. Zusätzlich hatte der Vater neuerdings mehr Zeit mit seinem Sohn verbracht. Als ich dies herausgefunden hatte, war es mir sofort möglich, den beiden Eltern zu bestätigten, daß sie mit diesen Vorgehensweisen bereits auf dem richtigen Weg waren und daß es weise von ihnen war, herausgefunden zu haben, was das beste für ihren Jungen war. Beide waren über meine Bestätigung sehr glücklich und berichteten mir zehn Tage später, daß sich das Verhalten ihres Sohnes durch unser Mediationsgespräch weiterhin in sehr in positiver Weise verändert habe.

Ich hätte natürlich eine Menge anderer Dinge anführen können, was sie hätten tun können. Statt dessen hatte ich an ihre innere Weisheit appelliert und die These unterstützt, daß sie beide am besten wüßten, wie sie ihre Fähigkeiten in der Problemsituation einsetzen konnten.

Ich habe bereits erwähnt, daß der Mediator die Verhandlungen zwischen den Konfliktpartnern managt: aber er leitet sie nicht. Als Manager des Prozesses ist der Mediator am effektivsten, wenn er das Gespräch in Richtung Zukunft steuern kann, und je rascher wir diese Bewegung einleiten können, umso effektiver arbeiten wir. Genau deswegen müssen wir Mediatoren aber auch auf unserem Recht insistieren, *nicht alles wissen zu müssen*. Statt dessen müssen wir verhindern, daß jedes Detail aus der Vergangenheit aufgegriffen wird. Wir müssen die Vermutung des Klienten, daß sie uns alles aus ihrer Vergangenheit erzählen können, zurückweisen. Wir müssen gerade so viel über die Vergangenheit und das Problem wissen, um in die Zukunft voranzuschreiten und in dieser eine Lösung finden zu können.

Jeder denke hier an seine gegenwärtigen Mediationsprozesse. Wann fühlte er sich produktiver – dann wenn er über Probleme der Vergangenheit sprach, oder aber über künftige Lösungsmöglichkeiten? Wann ist er am meisten engagiert – wenn er den Klagen der

Klienten zuhört, oder aber Verhandlungen in Richtung einer Problemlösung managt?

Wir können also sehen, daß der Mediator mit einem hohen Maß an Ambiguität auskommen können muß, fähig sein muß, die Suche nach der Wahrheit sein zu lassen, Bewertungen beiseite zu lassen und großes Vertrauen in das essentiell Gute der Konfliktkontrahenten zu haben – in ihre Fähigkeit, den Konflikt zu lösen und auf die Zukunft hin orientiert zu sein.

Wie wirkt sich all dies auf unser persönliches Leben aus? Ich möchte mit der Behauptung beginnen, daß die Aufgabe des Mediators darin besteht, sich die beiden Geschichten mit ihren unterschiedlichen Definitionen des Problems anzuhören und daraus eine neue gemeinsame Problemdefinition zu entwickeln. Es sollte dies eine Definition sein, die von beiden Konfliktkontrahenten geteilt werden kann, denn dann können Lösungen daraus entstehen, die auch von beiden geteilt werden.

Konflikt ist ein natürlicher Bestandteil des Lebens. Wir können sogar sagen, daß Konflikte in allen menschlichen Beziehungen unvermeidbar sind. Wenn dies so ist – können wir aus Konflikten einen produktiven Teil unseres Lebens machen? Wir können dies, wenn wir akzeptieren, daß die Geschichte der anderen Person genauso valide ist wie unsere eigene. Wir sollten daher den Geschichten anderer Menschen genauso intensiv zuhören, wie wir es in der Mediation gewohnt sind.

Ein Mann betrat ein Restaurant und sagte zu dem Kellner, daß er den Besitzer sprechen wolle. Als dieser erschien, erklärte der Mann, daß er etwas vom Gastgewerbe verstehe und daher wisse, daß Küchenschaben eine rechte Plage sein konnte. Er erklärte, er wisse eine Möglichkeit, Küchenschaben loszuwerden und er würde sein Wissen dem Besitzer mitteilen, wenn er als Gegenleistung dafür ein gutes Essen bekäme. Der Besitzer stimmte zu, und nachdem er dem Gast ein vorzügliches Mahl serviert hatte, fragte er nach dessen Geheimnis.

»Also«, erklärte der Mann, »wenn Sie eine Küchenschabe den Flur entlang laufen sehen, heben Sie sie hoch, zwingen Sie sie vorsichtig, ihr Maul zu öffnen, um ihr dann mit einem kleinen Löffel reines Leitungswasser einzuflößen; das wird sie umbringen.« Der Besitzer war irritiert. »Das würde doch auch nichts anderes bringen, als sie mit einem Ziegelstein zu erschlagen!« Der Mann sah zu dem Besitzer auf, nickte zustimmend und sagte: »Ja, das wäre auch eine Möglichkeit!«

Wenn wir davon ausgehen, daß die Geschichten anderer Menschen ebenso glaubwürdig sind wie unsere eigenen – wenn wir also sagen könnten: »Ja, das ist auch eine Möglichkeit!« –, dann würden sich Konflikte in ganz anderer Weise entwickeln als üblich – mit unseren Ehepartnern ebenso wie mit unseren Kindern, Mitarbeitern, Nachbarn etc.

Zuhören ist ein sehr bedeutsamer Teil erfolgreicher Mediation. Wir müssen zuhören können, ohne zu urteilen. In unserem privaten Leben führen wir ununterbrochen Bewertungen durch, sie laufen ständig mit. Alles messen wir daran, inwieweit es mit unseren persönlichen Erfahrungen übereinstimmt oder nicht. Besonders in unseren familiären Beziehungen spielen diese Bewertungen eine Rolle, in welcher wir die Kultur und die Werte unserer eigenen Eltern weitertragen möchten. Wie würde sich unser Leben verändern, wenn wir diese Bewertungen beiseite legen könnten? Ohne den Streit, der dadurch zustande kommt, daß jeder der beiden Ehepartner sich auf die Werte seiner Herkunftsfamilie stützt? Es würde auf einmal sehr viel weniger Ehekrach geben.

Die Beziehungen zu unseren Kindern würden sich auf dramatische Weise verändern, wenn wir aufhören würden zu bewerten und genauso viel Energie aufbringen würden, unsere Kinder zu verstehen. Wie viel weniger Konflikte würden wir dann mit unseren Kindern austragen müssen, wenn wir versuchen, sie zu verstehen, anstatt sie zu bewerten? Ich möchte nicht behaupten, daß wir wichtige moralische Werte völlig unter den Tisch fallen lassen sollten.

Wir müssen sie aufrechterhalten und in unsere Kinder einpflanzen, wenn wir uns selbst gegenüber wahrhaftig sein und das Verantwortungsbewußtsein unserer Kinder fördern wollen.

Ich behaupte, daß nicht-wertendes Zuhören zu einer nicht-wertenden Antwort auf seiten der Eltern führt. Eine respektvolle Antwort ermöglicht es wiederum dem Kind, die elterliche Botschaft klar aufzunehmen, wodurch die Bereitschaft größer wird, daß dieses Kind die seit Generationen bestehenden Wertvorstellungen wirklich verinnerlicht.

Niemand sollte sein Wertesystem aufgeben, bevor er ein besseres gefunden hat. Mir ist aufgefallen, daß der Reifungsprozeß Jugendlicher darin besteht, mit einem höheren Grad an Ambiguität leben zu können, sowie darin, daß andere Wertsysteme, die sich als nützlich für das eigene Leben erweisen, in die schon bestehenden integriert werden können. Wenn ich also, in der Mediation oder im privaten Leben, in einen Konflikt eintauche, muß ich mir meines eigenen Wertesystems bewußt bleiben und mich gleichzeitig öffnen für andere Bewertungen, anstatt rigide an den eigenen Überzeugungen festzuhalten.

Wir sollten unsere Werte nicht aufgeben, wir sollten sie lediglich in unserem Bewußtsein behalten. Dies hilft uns zu bedenken, daß ein Konflikt kaum dadurch gelöst werden kann, wenn wir uns in rigider Weise an unsere Wertvorstellungen klammern. In Beziehungen wird mein Wertesystem dadurch deutlich, wie ich mich selbst verhalte, und weniger dadurch, wie ich mir wünsche, daß der andere sich verhält. Ich bevorzuge auch hier den Begriff der Balance und nicht so sehr den der Neutralität. In meinem persönlichen Leben versuche ich, die gleiche Art einer Balance aufrechtzuerhalten wie bei einer Mediation.

In der Mediation versuchen wir alles zu akzeptieren, was im Moment gerade auftaucht, ohne etwas zurückzuweisen, weder vom Klienten noch von der von ihm erzählten Geschichte. In unserem persönlichen Leben versuchen wir, v. a. in einer engen Beziehung, die Fehler unseres Partners zu katalogisieren und aufzuzählen. In jedem Konflikt erinnern wir uns genau, wann und wie oft unser Partner dies und das gemacht hat. Immer wieder wärmen wir die Vergangenheit auf, auch wenn es um einen gegenwärtigen Konflikt geht, den wir gerade lösen wollen. Wenn wir diese Auflistungen machen, dann bewegen wir uns nicht in der Gegenwart, sondern in der Geschichte unserer Beziehung. Nützlicher ist es, beim gegenwärtigen Konflikt zu bleiben und miteinander Vorgehensweisen zu entwickeln, wie man die Gegenwart nutzen kann, um eine neue Zukunft zu entwerfen. Was ist es eigentlich, was wir wollen, und wie können wir zusammenarbeiten, um es zu erreichen?

Ich muß also die Mediationsgrundsätze auf mein eigenes Leben übertragen: daß es keine objektive Wahrheit gibt und nur wenige Lügen, sondern nur zwei verschiedene Geschichten, keine richtige und keine falsche, sondern nur unterschiedliche Arten, das gleiche zu tun. Das ist harte Arbeit. Wie oft hat man schon zu seinen Kindern gesagt: »*Ich möchte die Wahrheit wissen. Wer hat dies getan?*« – oder ähnliches. Wir beharren auf dem Konflikt, um die Wahrheit herauszufinden. Wir können aber eine Lösung finden, indem wir die Frage stellen »*Wie können wir sichergehen, daß dies oder jenes nicht wieder geschieht?*« Diese Frage setzt an der Zukunft an und an einer Hoffnung, neue Möglichkeiten für neue Lösungswege zu entdecken und damit eine neuartige Beziehung zu initiieren, wie sie beide Partner wünschen.

Wenn wir also die Idee aufgeben können, daß wir wissen, was die *Wahrheit* ist oder wo die Wahrheit im gegenständlichen Konflikt liegt, dann beginnen wir den Konflikt miteinander zu teilen. Wenn wir dadurch auch die Verantwortlichkeit für den Konflikt teilen, dann können wir uns leichter in die Richtung einer geteilten Konfliktlösung bewegen.

Im täglichen Leben können wir entweder an den Stärken oder Schwächen einer Person ansetzen. Der Machtmensch versucht, die Schwächen des anderen herauszufinden. Der Mediator hingegen versucht, mit den Stärken des Klienten zu arbeiten. In unserem

Leben ist es wichtig, daß wir uns immer wieder an unsere Stärken erinnern, an das, was wir in der Vergangenheit erfolgreich gemeistert haben. Dies sind die nützlichen Teile der Vergangenheit. In Gesprächen zeigt sich, daß vergangenheitsbezogene Fragen dann von Nutzen sind, wenn sie darauf abzielen herauszufinden, wie die Person ähnliche Situationen in der Vergangenheit erfolgreich bewältigen konnte. Und wenn ich mich mit den Stärken meiner Klienten in der Mediation befasse, dann denke ich auch daran, wie ich selbst ähnliche Situationen wie jene, von denen sie mir erzählen, gelöst habe. Dann kann ich meine eigenen Stärken erkennen.

Schon weiter oben habe ich angemerkt, daß ich mir selbst Fragen in bezug auf die Balance stelle, wie z. B. »Wer von beiden vermittelt mir mehr Sensibilität?« Auch in meinen privaten Angelegenheiten finde ich eine solche Frage hilfreich. In einem Konflikt, in dem ich mit einem der beiden Konfliktpartner mehr involviert bin als mit dem anderen, muß ich mir klar machen, daß es zu einfach wäre, mich mit dem einen gegen den anderen zu verbünden. Wenn ich eine Allianz mit einem Gleichgesinnten eingehe, dann wird der andere mich schnell als jemand erleben, der gegen ihn ist, und der Konflikt wird eskalieren.

In einem Konflikt ist es nicht nötig, die andere Geschichte zu billigen, aber es ist notwendig, sie mit der inneren Weisheit des Erzählers zu verbinden. Bevor ich dies versuche, muß ich mir im klaren sein, daß ich mit meiner eigenen inneren Weisheit verbunden bin. Ich muß also eine Metaidee haben, wie ich mit meiner eigenen inneren Weisheit verbunden bleiben kann. Diese Metaidee hat zu tun mit dem Glauben, daß etwas Gutes (oder Gott) in jedem von uns ist und daß mein Versuch darin besteht, das Gute in der anderen Person aufzuspüren in all dem, was sie mir darbietet. Wie funktioniert das?

Zunächst ist eine Voraussetzung, daß wir an das Gute im Anderen glauben und uns auf dieses beziehen, und nicht auf unser Vorurteil über den Anderen. Es bedeutet, daß wir Gutes vom Anderen erwarten – als Ausgangspunkt in unserer Interaktion – und nicht

Feindseligkeit oder Opposition.

Ein Mann mähte Gras mit seinem Rasenmäher, als dieser den Geist aufgab. Alle Versuche, ihn wieder in Schwung zu bringen, schlugen fehl, er wollte aber mit dieser Arbeit im Laufe des Nachmittags fertig werden. »Ich werde zu meinem Nachbarn gehen, zu Frank«, dachte er, um sich dessen Rasenmäher auszuborgen. Aber aus Ärger über das Mißgeschick mit seinem eigenen Rasenmäher hielt er inne und dachte: »Oh, Frank hat einen ganz neuen Rasenmäher. Sicher fühlt er sich mir gegenüber überlegen, weil er einen neuen hat. Dann wird er sich weigern und darauf bestehen, mir zu zeigen, wie gut seiner funktioniert und wie gut ich auf ihn aufpassen muß, damit ich nichts kaputt mache. Dann wird er an den Zaun kommen und mich die ganze Zeit beobachten, und dann wird er allen anderen Nachbarn erzählen, was für ein großartiger Bursche er selbst und was für ein Trottel ich bin, unfähig meinen eigenen Rasenmäher zu reparieren.«

Mittlerweile war der Mann bei Franks Tür angekommen und läutete, noch immer innerlich aufgebracht. Als Frank die Tür öffnete, schrie der Mann: »Du weißt, was Du mit Deinem Rasenmäher machen kannst. Du kannst ihn dir ausstopfen!«, und er drehte sich um und marschierte zurück zu seinem Haus. Immer dann, wenn ich in ähnliche Situationen gerate, denke ich an diesen lustigen Witz vom Mann mit dem Rasenmäher.

Viele Leute präsentieren sich unfreundlich und unzugänglich. Wenn ich so jemandem begegne, dann setze ich mir das Ziel, einen Grund zu finden, ihn oder sie zu mögen und ihm oder ihr so zu begegnen, als wären er oder sie nicht unfreundlich. In meiner Heimatstadt gibt es einen Geschäftsmann, der nie lächelte und sehr verschlossen wirkte. Als Ziel setzte ich mir, ihn anzulächeln, immer wenn ich ihn traf. Nach einer Weile stellte ich ihm einfache Fragen, wie z. B. »Hatten Sie ein schönes Wochenende?« Es dauerte zwei Jahre, bis er schließlich auch lächelte und ein Gespräch mit mir begann. Anstatt nun das Geschäft zu betreten und mich zu wundern, daß ich es betrat, nur um einen schlechtgelaunten Mann anzutreffen, konnte ich nun in dieses Geschäft gehen und willkommen geheißen und als ganze Person angenommen werden – weil ich ihn als ganze Person behandelt hatte, mit einer Menge an Gutem in sich.

Ich habe bis hierher aufgezeigt, wie man Mediationstechniken in unseren familiären und interpersonellen Beziehungen nutzen kann. Wie können wir sie innerhalb unseres weiteren gesellschaftlichen Umfeldes einsetzen? Wie können wir das, was wir wissen, zum Nutzen des sozialen Wachstums unseres Umfeldes einsetzen? Zunächst müssen wir an das glauben, was wir als Mediatoren tun und es auf alle Felder unseres Lebens ausdehnen. Überrascht bin ich darüber, wie oft (v. a. in den USA) Mediatoren mit einer rechtlichen Klage drohen, wenn etwas falsch läuft.

Überrascht bin ich auch, wie viele von uns Mediatoren unbedingt immer gewinnen wollen. Ich besitze ein Zeichen auf meinem Tisch, das besagt »Lieber erfolgreich sein als gewinnen«. Dieser Spruch erinnert mich daran, mein Mediationswissen überallhin mitzunehmen, egal wo ich mich befinde. Es erinnert mich ebenso daran, daß gewinnen öfter leichter ist als erfolgreich zu sein, weil das letztere beinhaltet, daß auch die andere Partei gewinnt. Wenn wir uns in unserem gesellschaftlichen Umfeld bewegen, ob es nun ein Stadtratssitzung ist, die sich mit ökologischen Problemen auseinandersetzt oder mit jugendlicher Kriminalität oder mit dem Streit um den Bau einer neuen Autobahn, immer dann können wir unsere mediatorischen Fähigkeiten anwenden. Oder, noch wichtiger, wir bringen unsere mediatorische Grundhaltung mit. Unsere mediativen Fähigkeiten sind nicht so wie ein ärztliches Stethoskop, das man am Ende des Arbeitstages liegenläßt.

Die Grundhaltung des Mediators ist sein wertvollstes Instrument, das wir in die gesamte Welt mitnehmen können. Man denke nur einen Moment lang an alltägliche Situationen, in denen man die mediative Grundhaltung verliert und ärgerlich reagiert. Vor einigen Wochen fuhren Gretchen und ich nach New York zu einem Abendessen, um anschließend ein Konzert im Lincoln Center zu besuchen. Das Verkehrsaufkommen war ungewöhnlich stark, und hilflos sahen wir zu, wie die Zeit verstrich. Allmählich fragte ich mich, ob wir pünktlich eintreffen würden, und meine Nervosität steigerte sich. Mein Fahrverhalten wurde ein wenig aggressiv, ebenso wie meine Worte über andere Autofahrer, besonders über jene, die mir unmittelbar in die Quere kamen. Die Worte, die ich dann verwendete, entziehen sich Gott sei Dank der Übersetzung ....

Als ich im Zuge eines verzweifelten Bremsmanövers vor einer auf rot gestellten Ampel losbrüllte, was für ein Idiot die Ampel genau jetzt auf rot gestellt hatte, berührte mich Gretchen sachte an der Schulter und fragte: »Was würde jetzt Thich Nath Hanh sagen?« Ich tat einen tiefen Atemzug und sagte ein Mantra: »Danke, rotes Licht, für diese Gelegenheit, an diesen Moment zu denken«. Als ich wieder zu mir gekommen war, fand ich auch allmählich zurück in meine mediatorische Grundhaltung, und wir erreichten pünktlich und in Frieden das Restaurant.

Wir können ebenso helfen, soziales Wachstum zu unterstützen, und jeder von uns kann seine mediativen Fähigkeiten als Hilfestellung für die anderen einbringen, wenn es um Konflikte in unserem gesellschaftlichen Umfeld geht. Etwa 10% meiner professionellen Zeit widme ich solchen Angelegenheiten. Auf diese Weise weiten wir die Mediation auf verschiedene Lebensbereiche aus und demonstrieren jedermann ihren Wert. Damit können wir beweisen, wie Mediation uns allen hilft, ein besseres Leben zu führen.

Wenn sich beispielsweise zwei Nachbarn in einen Konflikt um ihre Grundstücksgrenzen verwickelt haben, dann können wir unsere Dienste anbieten und ihnen helfen, eine Lösung zu finden. Immer wenn wir in Konflikten vermitteln, leisten wir einen weiteren Beitrag und bestärken den Wert der Mediation. Dadurch helfen wir, daß auch in unserer gesellschaftlichen Umwelt der Gedanke, erfolgreich zu sein anstatt zu gewinnen, Fuß fassen kann.

Lächle, und die ganze Welt lächelt mir dir; weine, und du weinst allein. Ich

79

glaube, wir können diesen Satz in folgender Weise abändern: Liebe, und die gesamte Welt liebt mir dir. Hasse, und du wirst in deinem Haß allein sein. Wenn es für uns Menschen noch irgendeinen Sinn auf diesem Planeten gibt außer dem, zu überleben, dann besteht er darin, Gottes Willen nach außen zu tragen und alle zu lieben, denen wir begegnen. Ja, auch Wege zu finden, um die Serben zu lieben. Dies können wir nur dann tun, wenn wir einen klaren Blick auf die Zukunft haben anstatt auf die Vergangenheit.

Wir können zwar nicht lieben, was die Serben im letzten Jahrzehnt angerichtet haben, aber wir können ihnen liebevoll dabei helfen, eine andere Zukunft zu erbauen. Wir können nicht lieben, was die Nazis in den schrecklichen Jahren des Holocaust angerichtet haben, aber wir können das lieben, was die Deutschen geleistet haben, um ein neues Europa zu gründen, in welchem ein neuerlicher Krieg kaum mehr möglich sein wird. Liebe hat die wunderbare Eigenschaft, uns von der Vergangenheit in die Zukunft zu befördern.

Kein Konflikt wurde je beigelegt, wenn nur über die Vergangenheit gesprochen wurde. Die Verhandlungen in Irland, mit dem Resultat der zu Ostern in Belfast erreichten Vereinbarungen, führten erst dann zu einer Lösung, als alle Konfliktparteien damit aufhörten, die von den jeweils anderen verübten Scheußlichkeiten der Vergangenheit zu verdammen. Keine der Konfliktparteien konnte das ändern, was geschehen war. Aber alle halfen dabei, die Zukunft Irlands zu verändern. Die Oslo-Vereinbarungen zwischen Palästina und Israel kamen durch Mediation zustande, indem den Konfliktparteien verdeutlicht wurde, daß ein Blick auf ihre gemeinsame Zukunft wichtiger war als ein Sprechen über vergangene Fehler.

Immer dann, wenn wir Mediation im internationalen und kommunalen Feld sehen, können wir bemerken, daß Erfolg sich einstellt, wenn sich die Kontrahenten auf die Konstruktion einer neuen Zukunft einlassen, anstatt in der Vergangenheit herumzuwühlen.

Und genauso ist es in Familien und in zwischenmenschlichen

Beziehungen. Konflikte werden dann gelöst, wenn eine neue Zukunft gefunden werden kann. Wie ich schon vorher sagte: die Wahrheit darüber wissen zu wollen, wer was getan hat, löst einen Konflikt nicht. Jedoch die Frage *Wie können wir vermeiden, daß uns dies wieder geschieht?* ist er erste Schritt in Richtung einer Lösungsfindung.

Das große Problem in der menschlichen Interaktion besteht darin, daß so viel Aufwand betrieben wird, sich mit der Vergangenheit zu beschäftigen, sich über die Vergangenheit zu beschweren, die Vergangenheit wiederzubeleben, bei dem stehenzubleiben, was geschehen ist und warum. Das Leben verändert sich so schnell, wenn wir in der gegenwärtigen Erfahrung leben, was geschieht, wenn es geschieht. Konflikte werden dann bedeutungslos und lösbar, wenn wir daran denken, was dazu notwendig ist die Zukunft zu ändern.

Wir kontrollieren die Zukunft, wenn wir gewillt sind, sie von der Vergangenheit loszulösen. Dies geschieht nur dann, wenn wir erkennen, daß das Brüten und Sich-Beschweren über die Vergangenheit nicht produktiv ist. Wenn wir einmal diesen Schnitt getan haben, die Vergangenheit loszulassen, dann können wir eine Zukunft planen, die eine andere ist – eine Zukunft, in der das, was uns Schmerz bereitet hat, nicht mehr geschieht; eine Zukunft, in der unerfreuliche Beziehungen erfreulicher werden. Eine Zukunft, in der Familien, Gruppen und Gemeinschaften eine gemeinsame Übereinstimmung hinsichtlich bestimmter moralischer Werte erzielt haben. Eine Zukunft, die wir kontrollieren können. Daher ist der einzig vernünftige Prediger der, der sagt: *Lieber Gott, was kann ich anders machen?*

In der Mediation achten wir auf die Fähigkeiten des Klienten. Wir können ebenso auf unsere eigenen Stärken schauen und auf die Stärken der uns nahestehenden Menschen. Diese Stärken zu nutzen hilft uns dabei, diese andere Zukunft für unsere Familien und Gemeinschaften aufzubauen. Wenn wir dies tun, werden wir die Welt verändert haben. Dies ist das Versprechen der Mediation.

Aus dem Englischen übersetzt von Peter Geißler

Mediation im Geschäftswesen und Wirtschaftsbereich

Thomas Usdin

Thema meines Beitrags ist die Wirtschaftsmediation, einerseits im Hinblick auf Überschneidungen mit anderen Mediationsfeldern, andererseits in bezug auf Unterschiede zu ihnen, und Besonderheiten der Wirtschaftsmediation.

Hinzu kommen Überlegungen zum Aufbau einer Praxis für Wirtschaftsmediation einschließlich der dafür notwendigen Infrastruktur.

Ein Bild soll zur Verdeutlichung des Wesens der Mediation dienen. Wenn sich zwei Menschen gegenüberstehen, ihre Arme heben, mit den zueinander gerichteten Handflächen Kontakt aufnehmen und nun aufeinander Druck ausüben, dann geht es in dieser Situation darum, wer den anderen schließlich in die Knie zwingen und ihn besiegen kann.

Es ist sicher eine menschliche Reaktion, einen Konfliktpartner in einer Auseinandersetzung in die Knie zwingen zu wollen. Ein wichtiges Mediationsprinizp besteht nun darin, genau dies *nicht* zu tun. In der Mediation suchen wir nach Lösungen, bei denen es eben *nicht* darum geht, Gewinner und Verlierer ausfindig zu machen, sondern wir suchen nach einer gemeinsamen Lösung, die für beide bzw. alle Beteiligten von Vorteil ist. Diese Vorstellung, daß es Lösungen gibt, die für beide Seiten von Vorteil sein könnten, ist zumindest in den USA nicht weit verbreitet.

Die Grundideen der Mediation sind folgende:

1. Je früher ein Konflikt gelöst wird, umso weniger Schaden richtet er an – in emotionaler ebenso wie in finanzieller Hinsicht.
2. Personen oder Personengruppen, die künftig für beide Seiten vorteilhafte Beziehungen knüpfen oder ausbauen möchten,

können die Qualität ihrer Zusammenarbeit dadurch steigern, daß sie ihre Konflikte und Differenzen gemeinsam lösen, anstatt sich in negative und zerstörerische Dynamiken zu verwickeln.

3. Wenn Personen in Konflikte verwickelt sind, können die mit dem Konflikt verbundenen Gefühle dazu führen, daß ihre Fähigkeit zur Kommunikation und zur Erkennung von Lösungsmöglichkeiten beeinträchtigt wird.

Zu diesen Grundideen der Mediation möchte ich auch auf den Beitrag von Haynes im vorliegenden Buch hinweisen. Für die Wirtschaftsmediation gelten darüber hinaus besondere Aspekte, die ich zunächst anhand eines Fallbeispiels demonstrieren möchte.

Es handelte sich bei meinem Beispiel um eine Ärztegemeinschaftspraxis, in welcher die Ärzte, nach jahrelanger guter Kooperation, plötzlich nicht mehr zusammenarbeiten konnten, aus welchen Gründen auch immer. Streitigkeiten zwischen den Ärzten gab es um die Aufteilung der Praxis, und Meinungsverschiedenheiten eskalierten hinsichtlich der Zuweisung von Patienten – welche Patienten an welche Ärzte der Gemeinschaftspraxis zugewiesen werden sollten. Es hieß z. B.: Ja, dieser Patient mag vielleicht deinetwegen gekommen sein, aber eigentlich ist es mein Patient, ich bin für diesen Fall zuständig. Der Streit war also auch einer um die zugrundeliegenden Kriterien für die Aufteilung und Zuweisung von Patienten.

Diese Ärzte aus der Gemeinschaftspraxis kamen zu mir als Mediator, und im ersten Mediationsgespäch stellte sich heraus, daß der Konflikt sich in destruktiver Weise entwickelt hatte und daß die Patienten mittlerweile die Praxisräume nicht mehr betreten konnten, denn der Konflikt war bereits so weit entgleist, daß von einigen Ärzten Schlösser ausgetauscht worden waren, ohne Absprache mit den anderen Kollegen, so daß die Patienten zeitweilig daran gehindert wurden, die Gemeinschaftspraxis überhaupt zu betreten.

In der Mediation ging es zunächst darum, von der Grundeinstellung der Ärzte wegzukommen, die Schuld beim jeweils anderen zu

84

suchen. Es ging darum, zu ermitteln, was das gemeinsame Ziel für alle Ärzte in der Zukunft sein sollte. Sollte der Streit durch Mediation oder vor Gericht gelöst werden? Wir rangen zunächst um eine gemeinsame Definition des Problems. Das Anliegen der Ärzte war, daß sie in Zukunft wieder praktizieren konnten, und zwar ohne Hindernisse durch andere, ohne Beeinträchtigungen, ohne Störungen. Ein weiteres Ziel war, daß die Patienten wieder eine gute medizinische Betreuung erhielten. In dem Moment, als die Problematik auf diese Zukunftsperspektiven verlagert werden konnte, war es sehr einfach, zu einer Lösung zu kommen. Die Ärzte beschlossen, die Patienten nach einer gewissen Formel ihrer Bedürfnisse nach Behandlungsmethoden aufzuteilen, und es ging nun darum, wer künftig für welchen Patienten das beste tun konnte.

Dies ist einer von vielen Bereichen in der Wirtschaftsmediation, und ich bringe dieses Beispiel deswegen, weil es ein guter Beweis dafür ist, wie man in der Vergangenheit steckenbleiben und die wahren Interessen aus dem Auge verlieren kann. Wenn man sich hingegen die wahren Interessen der Konfliktbeteiligten vor Augen führt, findet man die Lösung relativ rasch und leicht.

Es gibt sehr viele Bereiche, die man durch Wirtschaftsmediation positiv bewältigen kann: Vertragsverhandlungen, Probleme zwischen Einzelnen und Gesellschaften, Probleme innerhalb von Gesellschaften und Unternehmen, Probleme mit Lieferanten, Probleme mit Konkurrenten. In den USA passiert es recht häufig, daß Mitarbeiter entlassen werden und dann vor Gericht gehen, weil sie glauben, daß das Arbeitsrecht verletzt wurde. Ich nehme an, daß dies in den USA häufiger vorkommt als in Österreich oder in anderen Ländern Europas.

Viele Streitigkeiten in den USA sind solche wegen Unfällen, wegen Arbeitsunfällen oder simplen Unfällen wie das Ausrutschen in einem Geschäft. Solche Streitigkeiten sind gute Gelegenheiten, Mediation anzuwenden. Viele Streitigkeiten, die durch Mediation geregelt werden können, gibt es auch zwischen Banken und Bankkunden, zum Beispiel bei Wertpapierangelegenheiten, wenn bei deren Veräußerung der Verdacht auf Vorspielung falscher Tatsachen besteht. Viele solcher Konflikte versucht man mittlerweile durch Mediation zu lösen. Ebenso häufig sind Konflikte zwischen Versicherungsunternehmen und Versicherungsnehmern.

Mediationsprozesse in unterschiedlichen Bereichen haben viele Gemeinsamkeiten. Immer wieder geht es darum, daß Menschen, die in Konflikte verstrickt sind, kommen, um Auswege aus ihren Probleme zu finden. Dies gilt in der Wirtschaft ebenso wie in jedem anderen Mediationsbereich. Mediation hilft ferner, langfristige Beziehungen aufrechtzuerhalten, und dies ist sehr wichtig, nicht nur im Familienzusammenhang, sondern auch bei Unternehmen. Firmen, die miteinander weiterhin Geschäfte machen wollen, werden Probleme miteinander haben, wenn sie gegeneinander prozessieren. Denn sie wollen ja auch in Zukunft miteinander Geschäftsbeziehungen aufrechterhalten, sind also auf Kooperation und guten Willen von beiden Seiten her angewiesen. Wenn Gerichtsverfahren zu verhärteten Fronten oder gar Feindschaften zwischen den Personen in den Unternehmen oder zwischen den Unternehmen selbst führen, dann wird es sehr schwierig, Geschäftsbeziehungen weiterhin aufrechtzuerhalten und zusammenzuarbeiten. Die Mediation ermöglicht also eine friedliche Einigung, so daß es nicht unbedingt zu einem Verfahren vor Gericht kommen muß.

Ein wichtiges Prinzip für den Mediator in der Wirtschaft, wie in jedem anderen Bereich, besteht darin, sich mehr auf das Aufwerfen wichtiger Fragen zu konzentrieren und einseitige Bewertungen auf alle Fälle zu vermeiden. Ich sage dies mit einer gewissen Einschränkung: natürlich braucht jede Mediation einen gewissen Grad an Objektivität. John Haynes hat dafür den Begriff »Neutralität« verwendet – damit ist das Einhalten einer gewissen Distanz sowohl zum Problem als auch zu den verschiedenen Konfliktparteien gemeint. Wir alle haben eine Neigung zu Werturteilen, aber es erweist sich für den Mediationsprozeß als günstiger, wenn wir uns an Fragen halten, anstatt Bewertungen zu treffen.

Dabei ist zu berücksichtigen, daß man auch Fragen offen und nicht-wertend oder aber in subtil wertender Weise stellen kann, z. B. in Form von Suggestivfragen. Wir müssen sicher gehen, daß wir unsere Fragen so stellen, daß wir nicht bereits Werturteile unterstellen, wir also den Mediationsteilnehmern nicht eine bestimmte Parteilichkeit vermitteln. Denn sonst kommt es zu einem Verlust an Vertrauen in den Mediationsprozeß. Dadurch kann unter Umständen die Konfliktlösung unmöglich werden.

Die Fragen sind also wichtig, aber ebenso wichtig ist es, daß immer objektiv und neutral gefragt wird. Was man nicht oft genug betonen kann: Wir dürfen nicht vergessen, daß das Zuhören ganz wichtig ist. Die meisten Menschen haben die Tendenz, sich selbst reden hören zu wollen. Als Mediatoren müssen wir immer daran denken, daß die Fähigkeit zuzuhören unser wichtigstes Vermögen ist. Aktiv können wir uns am Gespräch beteiligen, indem wir immer wieder Feed-back geben, die Beteiligten also wissen lassen, daß wir zuhören, indem wir z. B. das eben Gesagte paraphrasieren. Dies nenne ich aktives Zuhören. Wenn man Informationen erhält, muß man auch sicherstellen, daß die Beteiligten das Gefühl haben, daß sie verstanden werden. Auch das schafft Vertrauen.

Wirtschaftsmediation ist von ihrer Struktur her anders als z.B. Familienmediation. In den USA gibt es verschiedenste Variationen von Familienmediationsprogrammen in den einzelnen Bundesstaaten, und ich bin mit der Art und Weise, wie in Europa Familienmediation praktiziert wird, zugegebenermaßen nicht vertraut. Vermutlich gibt es aber große Ähnlichkeiten zwischen den Praktiken in den USA und in Europa. In der Wirtschaftsmediation sieht das Verfahren folgendermaßen aus: Der Mediator stellt zunächst in einer Einführungspräsentation seine eigene Qualifikation vor. Er erklärt das Verfahren Schritt für Schritt, hebt die Vertraulichkeit des Verfahrens hervor und erläutert, was passiert, wenn keine Einigung erreicht wird.

Als nächstes kommen die Vertreter der Konfliktparteien zu Wort. In einem Wirtschaftsumfeld werden die Parteien meistens von Anwälten vertreten, die als Vertreter und auch Berater mit dem rechtlichen Hintergrundwissen ausgestattet sind. Nach der Präsentation der Positionen der verschiedenen Parteien – dies können natürlich mehr als zwei Parteien sein – ziehen sich diese zurück, um sich mit bestimmten Perspektiven bzw. Themen in der Angelegenheit zu beschäftigen. Dies ist sozusagen der Test der Wirklichkeit, der wirklichen Situation im konkreten Fall. Manche Positionen sind bei näherer Betrachtung nicht haltbar oder zeigen sich bei eingehender Befragung als nicht so stark, wie eine Seite geglaubt hat. Die Mediatoren sind dazu da, zu helfen, die Stärken und Schwächen der jeweiligen Positionen herauszuarbeiten und kreative Lösungen für die Probleme zu finden.

Sobald die Fragen geklärt sind, erhält der Mediator Angebote von beiden Seiten, die er/sie jeweils an die andere Seite weitergibt. Natürlich geht es in der Wirtschaftsmediation in erster Linie um Geld. Das Geld ist aber nicht die einzige Währung, die ausgetauscht wird, allerdings ist es die wichtigste. Wenn nun Verständigung und Einigung erzielt wird, dann wird in den meisten Fällen – jedenfalls in den USA – schriftlich und damit verbindlich niedergelegt, worauf man sich geeinigt hat, damit es später keine Abweichungen gibt. Vielleicht geht jede der Parteien ein wenig unglücklich aus der Mediation heraus, aber dies ist manchmal unvermeidlich.

Was die Fälle, die für Mediation geeignet sind, angeht, kann man allgemein sagen, daß jede Art von Konflikt, der mit einem Vergleich enden kann, der Mediation zugänglich ist. Es gibt drei Ausnahmen – zurückgehend auf die Definition, die ich gerade präsentiert habe: Ein Konflikt kann dann nicht gelöst werden, wenn eine der beiden Seiten absolut unzugänglich für Argumente ist. Die eine Seite will Geld, die andere Seite ist absolut nicht bereit, Geld zu bezahlen. Wenn hier die Zielsetzungen nicht geändert werden, kann Mediation nichts ausrichten. Es gibt allerdings nur sehr wenige Fälle, die in diese Kategorie passen. Zwar könnte eine solche starre Position die Ausgangsposition sein, meistens aber erklärt sich die betreffende Seite während des Verfahrens bereit, von ihrer starren Position abzugehen. Oft kommt es zu dem Ergebnis, daß die eine Seite sich bereit zeigt, Geld zu bezahlen, und die andere weniger Geld zu verlangen. In nur sehr wenigen Fällen bestehen total verhärtete Fronten.

In einem zweiten Fall von Konflikt, der für eine Mediation unzugänglich ist, geht es darum, daß eine der beiden Parteien aus politischen Gründen keinen Vergleich schließen will. Ein Beispiel dafür ist WalMart, eine große Supermarktkette in den USA, hunderttausende Menschen gehen dort täglich einkaufen. Es gehört zur Firmenpolitik von WalMart, keine Vergleiche zu schließen, da Ansprüche auf betrügerische Anzeigen zurückgehen könnten. WalMart steht daher auf dem Standpunkt: So leicht wollen wir es den Menschen nicht machen, Geld auf dem Prozeßweg von uns zu bekommen, sonst löst dies nur eine weitere Prozeßwelle aus. Manche Firmen bestehen darauf, keinesfalls auf Mediation zurückzugreifen, sie gehen grundsätzlich und immer vor Gericht, weil sie meinen, daß dies die Leute abschrecken könnte. Viele Firmen greifen aber genau deswegen gern auf Mediation zurück, weil sie die Unsicherheiten, die mit einem Gerichtsverfahren verbunden sind, vermeiden möchten.

Eine dritte Art von Fall, der der Mediation unzugänglich ist, besteht darin, daß ein Präzedenzfall geschaffen werden muß. D. h., nach amerikanischem Recht muß man vor Gericht gehen, um tatsächlich einen Präzedenzfall zu schaffen, so daß eine Entscheidung über den Konflikt zum Gesetz wird. Dies ist allerdings sehr, sehr selten. Oft frage ich meine amerikanischen Kollegen, bei wie vielen von ihnen ein Fall aufgrund der Präzedenzfallsregelung wirklich vor Gericht mußte. Nur bei etwa einem von hundert Kollegen ist das der Fall.

Zusammenfassend gesagt: Es gibt einzelne Fälle, die für Mediation nicht geeignet sind, aber dies sind wirklich nur sehr, sehr wenige Fälle.

Wichtig bei der Mediation im Wirtschaftsbereich ist die Frage, wer beteiligt ist. Im Familienbereich kommt es durchaus vor, daß die Menschen anwältlich vertreten sind. In diesen Fällen kommen jedoch die Anwälte meistens zur Mediationssitzung nicht mit, weil die Menschen das Gefühl haben, daß die Anwälte alles verderben. In der Wirtschaftsmediation sind die Anwälte immer dabei. Wenn eine Firma anwältlich vertreten ist, sollte der Anwalt auch immer dabei sein, denn er kann für seinen Klienten eintreten, er kann seinen Mandanten im Hinblick auf die rechtliche Position, auf die rechtlichen Möglichkeiten oder auch die Entscheidungen, die vor Gericht zu erwarten sind, aufklären und informieren. Die Anwälte können die Angebote, die ausgetauscht werden, überprüfen und mit dem Ausgang eines Gerichtsverfahrens vergleichen. Es ist also wirklich wichtig, daß bei der Wirtschaftsmediation Rechtsvertreter dabei sind.

Die Anwesenheit der Rechtsvertreter hilft auch bei der Errichtung einer schriftlichen Vereinbarung am Ende der Mediation. In der Familienmediation mag dies anders sein, in der Wirtschaftsmediation ist es aber immer wieder so: Man muß mit getroffenen Vereinbarungen zuerst zu Anwälten gehen und diese von ihnen prüfen lassen; derartige Verzögerungen würden einer Vereinbarung eher im Wege stehen, während bei Anwesenheit der Anwälte, wie dies in der Wirtschaftsmediation mittlerweile allgemein üblich ist, sofort eine schriftliche Vereinbarung geschlossen werden kann, die damit verbindlich ist. Es existiert nun ein Rechtstitel, der exekutierbar ist, und man hat damit tatsächlich etwas Verbindliches in der Hand.

Eine wichtige Facette der Wirtschaftsmediation ist, daß unbedingt alle Entscheidungsträger anwesend sein müssen. Es ist wichtig zu wissen, wer in welchem Fall anwesend sein muß, weil *er/sie allein* entscheidungsberechtigt ist. Zum Beispiel muß bei einem Mediationsverfahren zwischen einem Kläger und einer Versicherung jene Person anwesend sein, welche die Entscheidung darüber treffen kann, wieviel die Versicherung zu zahlen bereit ist. In anderen, privaten Fällen ist es oftmals notwendig, daß nicht nur die betroffene und klagende Partei bei der Mediation anwesend ist, sondern auch jenes Familienmitglied, das in der Familie der Entscheidungsträger ist, also der Ehegatte oder die Ehegattin. Wenn man bei einer Mediationssitzung herausfindet, daß ein Entscheidungsträger nicht anwesend ist, sollte man auf die Möglichkeit einer Telefonkonferenz zurückgreifen. Es blockiert den Mediationsprozeß, wenn man mit einer Person, die dazu gar nicht befugt ist, eine Vereinbarung schließen möchte. Es kann dann nicht zu einer verbindlichen Vereinbarung kommen.

Oft hat man es mit Institutionen, mit Gesellschaften oder mit Unternehmen zu tun, und viele der Entscheidungen können nicht durch eine einzelne Person, sondern müssen durch ein Komitee getroffen werden. Es muß also bereits vorher feststehen, daß ein entsprechendes Komitee sein Einverständnis gegeben hat, denn sonst wird es nicht zu einer Vereinbarung kommen.

Eine weitere Besonderheit in der Wirtschaftsmediation hat mit folgendem zu tun: wenn es um einen Vergleich geht, der eine Geldzahlung erforderlich macht, beginnen die Konfliktparteien häufig oft von zwei sehr verschiedenen Punkten des Spektrums aus ihre Verhandlungen. Die einen fordern viel, die anderen wollen wenig geben. Man muß den Beteiligten dann klarmachen, daß es nicht so entscheidend ist, wo sie mit ihren Positionierungen beginnen; wichtig ist vielmehr, an welchem Punkt sie sich treffen können. Wenn es am Anfang also sehr große Differenzen in den jeweiligen Vorstellungen gibt, heißt dies nicht, daß der Abstand am Ende ebenso groß sein muß. Ich habe in meiner Arbeit mit Wirtschaftsmediationsfällen eine Erfolgsquote von 80-90 %, also Fällen, die zu Lösungen führen, und diese Quote ist ziemlich hoch. In manchen Fällen kann man allerdings tatsächlich nicht zu einer Konfliktlösung kommen. Hier ist es vielleicht wichtig, den Gründen auf die Spur zu kommen, herauszufinden, warum der Prozeß nicht zufriedenstellend beendet werden konnte.

Ich möchte nun einen kurzen Überblick über einige wichtige Elemente einer Mediationssitzung geben:

Worauf weist der Wirtschaftsmediator in seiner Eingangserklärung hin?
1. Er/sie gibt einen kurzen Überblick über die Grundelemente des Mediationsverfahrens.
2. Er/sie macht darauf aufmerksam, daß der gesamte Mediationsprozeß eine vertrauliche Angelegenheit ist.
3. Er/sie fordert jede Konfliktpartei zu einem Eröffnungs-Statement auf.
4. Der Mediator regt den Austausch wechselseitiger Angebote zur Konfliktlösung an.
5. Der Mediator sichert sein Bemühen zu, sämtliche Unklarheiten in Fragen der Autoritätsangelegenheiten im Hinblick auf Entscheidungsprozesse entwirren zu helfen.

Welche Rollen nimmt der Mediator ein?
1. Er/sie prüft die Realität.
2. Er/sie filtert die Kommunikation.
3. Er/sie klärt die Interessen und spürt frühere Positionen auf.
4. Er/sie erleichtert das Auffinden von Lösungsoptionen.
5. Er/sie hilft dabei, den Konfliktparteien ihre Haltungen in bezug auf externe Bedingungen klarzumachen.
6. Er/sie hilft den Konfliktparteien ihre bestmögliche Verhandlungsbasis zu finden.
7. Er/sie hilft die Auswertungsprozesse möglichst objektiv ablaufen zu lassen.
8. Er/sie hilft beim Herausfinden aus Sackgassen.
9. Er/sie hilft, wenn die Konfliktparteien Verpflichtungen eingehen.

Welche Gesichtspunkte sind zu berücksichtigen, wenn der Mediationsprozeß in eine Sackgasse geraten ist?

1. Welche Lösungsmöglichkeiten werden immer wieder präsentiert – und wie kann man aus diesen wiederkehrenden Lösungsmustern herausfinden und andere erkennen?
2. Wer ist der tatsächliche Entscheidungsträger? Besteht eine Möglichkeit darin, den Entscheidungsträger zu wechseln?
3. Wie kann man das Problem gemeinsam neu definieren, um daraus einen für beide Seiten akzeptablen Lösungsvorschlag zu machen;
4. eine Hierarchie der Interessen der Konfliktparteien zu erstellen, so daß letztendlich zumindest ihre wichtigsten Bedürfnisse befriedigt werden können;
5. Wertigkeiten und Imagefaktoren in den Lösungsfindungsprozeß einzubeziehen?

Meine abschließenden Überlegungen widme ich dem Aufbau einer Mediationspraxis und der zugehörigen Infrastruktur. Eine der ganz wichtigen Komponenten in einer Mediationspraxis besteht darin, daß man über eine genügend hohe Anzahl an Mediatoren verfügt. Dies ist wichtig, denn man kann unter Umständen sehr viele Mediationsaufträge haben; wenn man nicht genügend Mediatoren an der Hand hat, wird man mit all diesen vielen Fällen nicht wirklich zurechtkommen. In den USA gibt es einige Gegenden, wo es eine geringe Dichte von Mediatoren gibt, und daher können viele Konflikte nicht so gelöst werden, wie sie gelöst werden sollten – oder umgekehrt: Es kann zu viele Mediatoren geben und zu wenige Fälle, die eine Mediation benötigen. Dies führt zu einem Ungleichgewicht und zu Unzufriedenheit; denn Personen machen die Ausbildung zum Mediator und erwerben die notwendigen Qualifikationen, sind aber frustriert, wenn sie ihrer Arbeit nicht nachgehen können, und verlieren dann verständlicherweise schnell das Interesse.

Mein Bruder ist Anwalt, und ich habe ihn ermutigt, eine Ausbildung zum Mediator zu machen. Er hatte sehr viele Fälle, für die eine Mediation in Frage gekommen wäre, und darum befand ich es für wichtig, daß er eine entsprechende Ausbildung erhält. Eines Tages, nach absolvierter Ausbildung, rief mein Bruder bei mir an und fragte mich: »Was ist los, ich warte jetzt schon eine ganze Weile auf Mediationsfälle, aber ich habe noch keinen einzigen Fall zu Gesicht bekommen!« Dazu möchte ich sagen, daß es in der Regel einige Zeit dauert, bis sich ein passender Fall findet. Ich glaube, wenn ein Mediator eine Praxis gründet, ist es seine Verantwortung, eine entsprechend große Praxis aufzubauen und die notwendigen Schritte zu unternehmen. Natürlich ist die Ausbildung ein ganz entscheidender Faktor, aber ebenso wichtig sind die Werbung und der Besuch von geeigneten Seminaren. Meine Erfahrung hat mir allerdings gezeigt, daß allein die Qualifikation nicht ausreichend ist. Man muß schon selbst hinausgehen in die Welt, man muß sich Mediationsfälle suchen, muß sich mit praktischen Fällen auseinandersetzen. Man kann nicht erwarten, daß die Leute automatisch zu einem selbst kommen. Man muß sich wirklich engagieren, damit die Sache ins Laufen kommt.

Mein Vorschlag ist, daß man sich richtig ins Zeug legt und sich selbst an den Ort der Auseinandersetzungen begibt. Man muß zu den Streitparteien hingehen und ihnen zeigen, daß Mediation eine gute Lösung wäre. In den USA sind die Institutionen mit den meisten Streitigkeiten Versicherungsfirmen, und zwar die großen. Einige Kollegen haben in bestimmten Bundesstaaten dadurch Mediationspraxen aufbauen können, indem sie sich direkt an die Entscheidungsträger in diesen Institutionen gewandt haben. Sie haben sich mit den Vertretern dieser großen Institutionen an einen Tisch gesetzt und sie ganz direkt gefragt, ob sie nicht eine Mediation ausprobieren wollten. Es wurde erfolgreich versucht, die Entscheidungsträger davon zu überzeugen, daß Mediation ein gangbarer Weg und vor allem ein effizienter Weg ist, um rasch zu einer sinnvollen Lösung zu gelangen. Man muß sich also sehr engagieren, und man muß die Leute, die Entscheidungen tatsächlich treffen, von vornherein einbeziehen.

Man kann aber auch Beiträge in einem Firmenblatt veröffentlichen und so die Idee der Mediation unter den Leuten verbreiten. Und dann ist es wichtig, gute Fragen aufzuwerfen. Im Bundesstaat Lousiana haben wir uns mit den Richtern zusammengetan und sie einfach direkt gefragt, ob sie sich nicht gemeinsam mit ihren Klienten mit uns an einen Tisch setzen und nach solche Lösungen suchen wollten, die nicht wiederum neue Probleme schaffen. Und sie haben alle geantwortet: Natürlich würden sie gern nach solchen Lösungen suchen. Wir haben die Richter ermutigt, ihre Fälle an Mediationspraxen zu verweisen, oft noch bevor die Richter den Prozeß eingeleitet haben. Das hat gut funktioniert. Zusätzlich gibt es tausende von Fällen im Feld von Versicherungsfirmen, die im Rahmen eines Mediationsprozesses positiv bearbeitet werden können.

Immer wieder kommt der Einwand und die Frage, ob die Inanspruchnahme von Mediation nicht ein Zeichen von Schwäche sei. Aber auch dieser Einwand läßt sich ausräumen, denn tatsächlich sind die Konfliktparteien vor einer Mediation in einem Zustand, der sie schwächt. Mediation hilft dabei, wieder zu den vorhandenen Ressourcen zurückzufinden. Wenn man geschickt argumentiert, dann ist es sehr schwierig für die Streitparteien, Einwände gegen eine Mediation zu finden.

Von Kollegen höre ich immer wieder, daß viele eine Ausbildung als Mediator erhalten haben, das Problem jedoch darin besteht, daß es nicht sehr viele Fälle gibt, in denen ein Mediator aktiv werden könnte. Meine Meinung dazu ist, daß man auf dem Fundament einer guten Ausbildung die meisten Menschen von der Notwendigkeit einer Mediation überzeugen kann. Man muß sich eben aktiv an die wichtigsten Entscheidungsträger wenden, Engagement zeigen und Geduld haben – nach und nach werden Fälle für eine Mediation zustande kommen.

Übersetzung aus dem Englischen: Peter Geißler

Wirtschaftsmediation – neue Handlungsmöglichkeiten durch Perspektivenwechsel

Stefan Kessen

Einleitung

Unterscheidet man bei der Mediation nach Anwendungsfeldern, so weist die Wirtschaftsmediation im deutschsprachigen Raum bisher die geringsten Erfahrungen auf. Das derzeitige Interesse an der Thematik und das Angebot an Trainings und Ausbildungen steht (noch) im krassen Mißverhältnis zu konkreten Verfahren in diesem Bereich.

Auf der anderen Seite lassen die oftmalige Langwierigkeit wirtschaftlicher Auseinandersetzungen, die damit ver- und gebundenen Ressourcen Zeit und Geld sowie die mit verschleppten, unausgesprochenen Problemen verknüpften negativen Synergieeffekte hinsichtlich des Arbeitsklimas, der Arbeitsprozesse und der persönlichen Beziehungen das Potential für eine verstärkte Nutzung von Mediation in den unterschiedlichen Konfliktbereichen der Wirtschaft erkennen. So bezeichnen Henry und Lieberman Mediation als »the sleeping giant of business dispute resolution« (1985).

Der Bereich der Wirtschaftsmediation umfaßt eine Vielzahl von Anwendungsgebieten, die sich grob in unternehmensinterne und unternehmensexterne Konflikte untergliedern lassen. Zu den internen Konflikten zählen z. B. solche innerhalb oder zwischen Abteilungen, zwischen Arbeitgebern und Betriebsrat oder Streitigkeiten bei der Unternehmensnachfolge. Als externe Konflikte sind jene zu bezeichnen, die zwischen Unternehmen, Unternehmen und Kunden bzw. Verbrauchern, Herstellern und Zulieferern, Mutter- und Tochtergesellschaften, Unternehmen und anderen gesellschaftlichen Anspruchsgruppen (hier ist v.a. im Bereich von Bau und Planung der Übergang zur Umweltmediation fließend) auftreten.

Potentiale und Ziele von Mediation

In der Literatur und erst recht in der Praxis wird offensichtlich, daß Mediation als eine Variante alternativer Konfliktregelungsverfahren überaus vielseitig sein kann, insbesondere hinsichtlich der Potentiale und Ziele, die mit Mediation verbunden sind. Nachdem man jahrelang kaum jemand etwas mit dem Begriff »Mediation« anfangen konnte, wird er mittlerweile insbesondere im Bereich der Wirtschaft auch dann verwendet, wenn das entsprechende Verfahren besser als Schlichtung oder Konfliktberatung zu bezeichnen wäre. Derartige Konfliktregelungsansätze mit einzelnen kooperativen Verhandlungselementen sollten deshalb nicht gleich mit Mediation gesetzt werden, weil sie möglicherweise falsche Erwartungshaltungen bei den Konfliktbeteiligten wecken und zum zweiten das Potential von Mediation nur unzureichend ausschöpfen.

Dieses liegt im Kern in der Verbindung zweier Elemente: der Veränderung von Kommunikationsmustern und der Strukturierung der Konfliktkommunikation durch die vorgegebenen Phasen und Schritte eines Mediationsverfahrens (Troja u. Kessen 1999). Ein Mediationsverfahren ermöglicht zum einen eine konfliktbearbeitende Kommunikation, wobei allein die Existenz einer neu hinzugekommenen und, bezogen auf den Konflikt, externen und allparteilichen Person festgefahrene und auf den unversöhnlichen Austausch von Positionen beschränkte Kommunikationsmuster verändert. Diesen Moment der Irritation durch die Anwesenheit eines Dritten gilt es zu nutzen, da sich ansonsten die klassischen Konfliktmuster, die kooperatives Verhandeln und argumentative Diskurse im Keim ersticken, erneut verfestigen würden. Die Steuerung des Ablaufs durch die Mediatoren ermöglicht zum anderen eine strukturierte und problembezogene Auseinandersetzung. Dabei sind Inhalt und Form der Mediationsphasen stets variabel, fallspezifisch und werden von den Konfliktparteien selbst bestimmt. Die Eigenverantwortlichkeit der Beteiligten bei der Erarbeitung gemeinsamer Konfliktregelungen stellt ein wesentliches Prinzip der Mediation dar.

Die Mediatorin unterstützt die Streitenden darin, neue Perspektiven zu gewinnen, indem jeder Konfliktbeteiligte die Sichtweisen der anderen erkennen und anerkennen (nicht im Sinne von gutheißen) lernt. Damit bietet sich die Möglichkeit, neue Handlungsoptionen zu entdecken und gemeinsam akzeptierte Konfliktregelungen zu finden.

Mediation ist sicherlich kein geeignetes Verfahren, um sämtliche Konflikte in der Wirtschaftswelt zu lösen. Sie ist jedoch von den Betroffenen als Chance zu begreifen, durch die professionelle Vermittlung in Konflikten mit diesen wieder konstruktiv umgehen zu können.

Entsprechend vielfältig können auch die Zielvorstellungen aussehen, die jeder einzelne mit Mediation in Verbindung bringt. Um nur zwei wesentliche (und dabei sehr unterschiedliche) zu nennen: Neben dem Ziel der Konfliktregelung stellt das soziale bzw. Organisations-Lernen in meinen Augen ein wesentliches Ergebnis von Mediation dar. Der gesamte Kontext des sozialen Lernens beinhaltet nicht nur ein Voneinander-Lernen, sondern auch ein Miteinander-Lernen. Im Kontext von Unternehmen stellt hingegen das Organisationslernen einen bedeutsamen Aspekt für die Entwicklung und Überlebensfähigkeit marktorientierter Systeme dar. Zum Selbstverständnis lernender Organisationen gehört das Bewußtsein, daß sie ständig in der Lage sein müssen, neuen Herausforderungen zu begegnen, da auch gute Lösungen rasch veralten (Senge 1997).

Besondere Aspekte der Wirtschaftsmediation

Ohne Anspruch auf Vollständigkeit skizziere ich im folgenden einzelne Aspekte der Wirtschaftsmediation, die meiner Erfahrung nach in diesem Feld im Vergleich zu anderen Bereichen der Mediation besonders beachtenswert sind.

Wer sind die Konfliktparteien?
Eine wesentliche Voraussetzung für eine erfolgreiche Mediation ist die umfassende Berücksichtigung und Teilnahme aller von einem Konflikt betroffenen Personen. Insbesondere in Konflikten innerhalb der Arbeitswelt ist es nicht immer leicht zu erkennen, welcher Personenkreis unmittelbar darin einbezogen ist und deshalb unbedingt an einer Mediation teilnehmen sollte. Eine besondere Problematik – beispielsweise bei Konflikten innerhalb von Abteilungen oder zwischen gleichrangigen Mitarbeitern – ergibt sich, wenn der Mediator erkennt, daß ein Vorgesetzter ebenfalls eine wesentliche Rolle in dem Konflikt spielt, er selber diese aber nur unzureichend erkennt. Damit wird bereits ein zweiter Aspekt sichtbar:

Hierarchische Strukturen
Sind unterschiedliche Hierarchieebenen am Mediationstisch versammelt, behindert dieses zunächst die Dynamik der Konfliktbearbeitung, da sich die untergeordneten Mitarbeiter deutlich schwerer damit tun, ihre eigentlichen Interessen und Gefühle zu offenbaren. Trotz eines offensichtlich vorhandenen Konflikts vermeiden sie Aussagen, die ihnen im nachhinein vom Vorgesetzen als nachteilig ausgelegt werden könnten. Die Mediatorin muß nun bemüht sein, eine vertrauliche und von gegenseitigem Respekt bestimmte Atmosphäre zu schaffen, in der eine von allen getragene Konfliktbearbeitung im Vordergrund steht und die Beteiligten der

Auffassung sind, daß eine offene Diskussion von Problemen besser sei als deren Vermeidung. Die Integration unterschiedlicher Hierarchieebenen in einen Mediationsprozeß wird wesentlich durch einen gemeinsamen Perspektivenwechsel erleichtert, um möglicherweise das Problem von einem neuen Blickwinkel aus und losgelöst von den bestehenden Machtstrukturen betrachten zu können.

Offenlegung von Interessen

Eine der zentralen Anforderungen an die Mediation besteht darin, daß die Konfliktbeteiligten die hinter den Positionen liegenden Interessen und Bedürfnisse für sich selbst benennen und den anderen darlegen. Da Positionen häufig nur aus einem »Ja« vs. »Nein« oder »Ich bin dafür« vs. »Ich bin dagegen« bestehen, ist es oft sehr schwierig und meist sogar unmöglich, auf dieser Basis zu einer im Konsens getragenen Regelung zu gelangen, die Vorteile für alle Konfliktbeteiligten bringen kann oder mit der zumindest alle leben können.

Wie schwierig es sein kann, in komplexen Problemlagen die eigentlichen Interessen hinter den Positionen zu erkennen und offen darzulegen, erleben wir häufig in unseren Ausbildungen und Trainings. Oftmals schildern die Teilnehmer selbst als Beispiel für die Unterscheidung von Positionen und Interessen den bekannten Streit zweier Schwestern um eine Orange. Aufgrund der unterschiedlichen Interessen benötigt das eine Mädchen den Saft der Orange (um ihn zu trinken), das andere hingegen die Schale (um einen Kuchen zu backen), so daß eine Win-Win-Lösung erreichbar ist, sobald die eigentlichen Interessen hinter den Positionen (»Ich will die Orange«) sichtbar werden. Dieses Beispiel verwenden wir als Grundlage für ein Rollenspiel. In unserer Version geht es um die gesamte Ernte einer speziellen Art von Grapefruits, die ausschließlich auf einer entlegenen Insel wachsen, deren Besitzer zudem dubioser Natur ist. Die Grapefruits sind für zwei Unternehmen aus unterschiedlichen Gründen von enormer Bedeutung, und die Rollenspieler vertreten jeweils eines dieser Unternehmen. Das Rollenspiel ist wesentlich komplexer angelegt, aber im Kern geht es darum, daß der eine den Saft und der andere die Schalen der Grapefruits benötigt. Überwiegend wird von den Teilnehmern diese Win-Win-Lösung jedoch nicht gefunden; und auch nicht von denjenigen, die das Orangenbeispiel kennen. In einer anschließenden Reflexion berichteten einmal zwei Rollenspieler, daß der eine sich während des Spiels versprochen habe und die gesamte Orangenernte für sich forderte und sein

Spielpartner, hellhörig geworden, nachfragte: »Moment mal, Orangen? Da war doch was!« – »Oh, Entschuldigung, Grapefruits natürlich...« – »Ach so, nein, dann kann das ja nicht sein...«.

Gerade mit der offenen Darlegung ihrer Interessen tun sich Konfliktpartner in der Wirtschaft besonders schwer. Bei ihnen herrscht zumeist die Annahme eines Nullsummenspiels vor, bei dem jede Partei davon ausgeht, daß ihre Interessen diametral mit den Interessen der Gegenpartei konfligieren. Nach dieser Vorstellung eines begrenzten »Kuchens«, den es aufzuteilen gilt, kann eine Partei nur in dem Maße gewinnen, wie die andere Partei verliert. Tatsächlich bietet dagegen gerade die Auf- und Entdeckung der eigentlichen Interessen die Chance, gemeinsame Optionen für eine Win-Win-Lösung zu entwickeln.

Ein von Andrea Budde (1998) geschildertes Beispiel verdeutlicht diesen Aspekt. In einer Druckerei verstirbt der Firmengründer und -inhaber , ohne ein Testament zu hinterlassen. Die Druckerei ist hoch verschuldet, allerdings ist für die unmittelbare Zukunft ein Großauftrag zu erwarten. Die Ehefrau und drei erwachsene Kinder streiten sich sowohl um das Erbe wie um die Zukunft des Unternehmens. Um ihre jeweiligen Positionen durchzusetzen, schalten alle Beteiligten ihre Rechtsanwälte ein, über die schließlich die gesamte Kommunikation läuft. Im Zuge dieser Auseinandersetzungen ist das Unternehmen stillgelegt, der Auftraggeber für den Großauftrag hat eine andere Druckerei gefunden , und die Firma muß letztlich Konkurs anmelden. Schließlich bleibt weder von der Firma noch von dem erhofften Erbe etwas übrig.
In unseren Mediationsausbildungen verwenden wir den Druckerei-Fall, um daran zu zeigen, wie für alle Familienmitglieder akzeptable und vorteilhafte Lösungsoptionen durch eine auf die Interessen der Beteiligten fokussierende Mediation entwickelt werden können.

Sach- und Beziehungsebene

Die kommunikative Austragung von Konflikten findet grundsätzlich auf zwei Ebenen statt: auf der inhaltlichen bzw. sachlichen und auf der Ebene der Beziehung zwischen den Beteiligten. Bei der Beschreibung von Konflikten in der Wirtschaftswelt läßt sich oftmals eine Unterdrückung der Beziehungsebene zugunsten angeblich reiner Sachkonflikte beobachten. Tatsächlich ist es aber meistens so, daß in einem Konflikt sowohl Sachfragen wie Gefühle eng miteinander verflochten sind und gerade der Anteil persönlicher Konflikte eine konstruktive Kommunikation erheblich beeinträchtigt. Zumeist gehen in konfliktreichen Auseinandersetzungen Aussagen auf der Sach- und Beziehungsebene häufig durcheinander. Die Konfliktparteien streiten sich um eine Sache, thematisieren aber explizit oder zwischen den Zeilen auch Probleme ihrer Beziehung zueinander.

Der angemessene Umgang mit Gefühlen und Emotionen ist somit ein bedeutsamer Teil der Konfliktbearbeitung und insbesondere dann, wenn es nach Aussagen der Beteiligten nur um Sachfragen geht.

In einem mittelständischen Unternehmen entzündete sich ein Konflikt an der Gestaltung eines Organisationsplans, der von der Geschäftsführung so konzipiert wurde, wie sie annahm, daß er für alle Mitarbeiter akzeptabel sein sollte. Dennoch herrschte in der Belegschaft eine permanente Unzufriedenheit, und es kam ständig zu Streit und Diskussionen über einzelne Inhalte des Plans. In der daraufhin anberaumten Mediation wurde jedoch deutlich, daß die Unzufriedenheit der Mitarbeiter in der aus ihrer Sicht unzureichenden Beteiligung an der Entwicklung des Plans begründet war. Als mit Unterstützung der Mediation die Führungsebene und die Mitarbeiter gemeinsam einen Organisationsplan unter Berücksichtigung und Abwägung der jeweiligen Interessen aufstellten, wurde dieser von allen Beteiligten nachhaltig akzeptiert. Bis auf wenige kleine Abweichungen war der neue Plan dem alten, strittigen sehr ähnlich. Eindeutig ging es in dem Konflikt für die Mitarbeiter nicht primär um die sachlichen Inhalte, sondern vielmehr um den Wunsch nach stärkerer Selbstverantwortlichkeit und zusätzlicher Mitsprachemöglichkeit.

Unterschiedliche Wahrnehmungen

Eine der häufigsten Konfliktursachen liegt darin begründet, daß Menschen den gleichen Sachverhalt sehr unterschiedlich und in komplexen Zusammenhängen auch nur selektiv wahrnehmen. Bewußte subjektive Erfahrungen und Erlebnisse prägen das Bild von der Wirklichkeit, welches sich jeder einzelne individuell ausmalt. Das menschliche Gehirn arbeitet mit mentalen Modellen, in welche zusätzliche Informationen so eingearbeitet werden, daß sie für den einzelnen einen Sinn ergeben.

Was ist auf diesem Schaubild zu sehen?
Die meisten Menschen erkennen in dem Bild zwei Dreiecke, wobei das obere weiße Dreieck drei schwarze Kreise teilweise überdeckt. Tatsächlich sind auf dem Bild aber weder Dreiecke noch Kreise zu sehen. Es existiert auch kein weißes Dreieck, sondern diese Fläche ist völlig frei. Diese scheinbar unvollständigen Informationen werden im Gehirn »sinnvoll« ergänzt.

Wahrnehmung bedeutet folglich, daß Menschen sich die Welt vor allem so konstruieren, wie es zu ihren Erfahrungen zu passen scheint. Wenn Gerhard Roth (1998) Gefühle als »konzentrierte Erfahrungen« beschreibt, kennzeichnet das erneut die besondere Bedeutung von Gefühlen und Emotionen, die entscheidend darüber bestimmen, was und wie etwas im Gedächtnis gespeichert wird. Darüber hinaus sind unsere Wahrnehmungen nicht reflexiv auf uns selbst gerichtet, sondern auf unsere Außenwelt. Die eigene Subjektivität wird deshalb nicht als solche wahrgenommen, so daß es zu Wahrnehmungsverzerrungen in der räumlichen Beziehung zwischen »Innen-« und »Außenwelt« kommt. Das eigene Empfinden einer Situation ist lediglich eine Abstraktion, keineswegs eine Replikation der realen Welt. Daher läßt sich immer nur etwas über die subjektiven Wirklichkeiten sagen, nicht aber über eine objektive, äußere Realität, auch wenn diese existieren mag. Entsprechend konfliktreich prallen die Reaktionen auf die so bedingten Differenzen zwischen Selbst- und Fremdwahrnehmung aufeinander (Troja u. Kessen 1999). Diese unterschiedlichen Sichtweisen gilt es in der Mediation zunächst aufzudecken, was dadurch erschwert wird, daß die in dem jeweiligen Unternehmen vorherrschenden und von ökonomischen und rechtlichen Sichtweisen geprägten mentalen Modelle die individuellen Wirklichkeiten der an einem Konflikt beteiligten Personen oft überlagern.

Organisationen als Einheiten – wie insbesondere einzelne Ebenen von Unternehmen – zeichnen sich meist durch spezifische Handlungslogiken aus, die einen eindeutigen Funktionszusammenhang widerspiegeln, der dieses System an die eigenen Handlungsrationalitäten bindet. Daneben existieren jedoch weitere Rationalitäten und Logiken, die durch die verschiedenen Mitarbeiter des Unternehmens eingebracht, mitunter aber erst in einem Konfliktfall erfahrbar werden.

In einem kleinen Unternehmen kam es permanent zu Streitigkeiten zwischen einzelnen Mitarbeitern, so daß der Geschäftsführer mehr Zeit in die Bearbeitung dieses Konflikts investierte als in seine eigentlichen Tätigkeiten. Zu diesem Zeitpunkt beauftragte er Markus Troja und mich als Mediatoren. Zunächst war in der Mediation kein Vorankommen zu erkennen, denn jede kleine Annäherung über strittige Punkte war relativ schnell wieder hinfällig. Dies lag daran, daß die Mitarbeiter zunächst nur über jene Konfliktpunkte stritten, die ihnen allen bekannt waren. Durch unsere Unterstützung gelang es ihnen jedoch zusehends, ihre eigentlichen Interessen und Bedürfnisse zu offenbaren. Die dabei genannten Aspekte stellten zumeist eine Überraschung für die jeweils anderen Beteiligten dar, da es sich dabei nahezu ausschließlich um Themen handelte, die für sie völlig neu waren und entsprechend von ihnen bis zu diesem Zeitpunkt nicht wahrgenommen worden sind. Erst durch die Veränderung des Konfliktrahmens und die Erreichung eines gemeinsamen Perspektivenwechsels wurde letztlich eine nachhaltige Konfliktregelung ermöglicht.

Rahmeneffekte

Für Mediationsverfahren haben Rahmeneffekte eine beträchtliche Bedeutung. Eine frühzeitige Reduktion der Konfliktbearbeitung durch eine voreilige Rahmensetzung, sei es durch eine thematische Zuspitzung, eine ausführliche Analyse der Rechtsansprüche, eigene Vorschläge des Mediators oder durch die Vernachlässigung der Beziehungsebene, birgt die Gefahr in sich, eine Lösung vorwegzunehmen und damit anderen denkbaren Alternativen bereits die Möglichkeit zur Zustimmung zu verweigern. Eine noch gravierendere weitere Konsequenz eines solchen Vorgehens ist die zumindest partielle Ausblendung jener Interessen und Bedürfnisse, die außerhalb des verankerten Rahmens liegen und deshalb bei der Konfliktbearbeitung keine Beachtung finden, tatsächlich aber entscheidend für eine einvernehmliche Konfliktregelung sein können.

Insbesondere bei Auseinandersetzungen zwischen Unternehmen ist die Anwesenheit von Anwälten während des Mediationsverfahrens eine häufige Begleiterscheinung. Es ist jedoch deutlich festzuhalten, daß das Recht auch in der Wirtschaftsmediation keineswegs eine Schlüsselrolle einnehmen sollte, sondern diese fällt den Interessen und Bedürfnissen der Konfliktbeteiligten zu.

Wenn in Beschreibungen von Wirtschaftsmediationen dagegen die Rede davon ist, daß die beteiligten Anwälte die Phase der Konfliktbearbeitung durch eine Darstellung der Sachlage eröffnen oder sogar längere Plädoyers halten, so kann man aus Sicht einer Mediation, die die Eigenverantwortung der Konfliktbeteiligten als fundamentales Prinzip begreift, nur fragen: Was unterscheidet ein solches Vorgehen von einer gerichtlichen Auseinandersetzung, außer daß sie nicht vor Gericht stattfindet? Es muß jedem Mediator bewußt sein, daß er durch eine derartige Rahmensetzung das Denken und die Darstellungen der Konfliktparteien entscheidend prägt und möglicherweise eine Präjudizierung in eine Richtung vornimmt, in welcher er selber von Beginn an Lösungsoptionen vermutet.

Eine der zentralen Herausforderungen für die Mediatorin ist es, nachdem eine Konfliktpartei ihre Sichtweise geschildert hat, diese nicht als Rahmen für die Darstellung der anderen Konfliktpartei zu verwenden (»Was sagen Sie denn dazu?«), sondern im Geiste wieder einen Schritt zurückzugehen und sich von dem gleichen Ausgangspunkt wie bei der ersten Partei nun dieser neuen Sichtweise zuzuwenden und dabei auch diese zweite Partei darin zu unterstützen, den Konflikt aus ihrer ursprünglichen eigenen Sicht zu schildern und eben nicht als Antwort auf die Darstellung zuvor (»Schildern Sie doch bitte mal von Anfang an, was für Sie das Problem ist!«).

Leitbilder der Mediation

Die aufgeführten Aspekte und Beispiele haben die Bedeutung eines Perspektivenwechsels im Rahmen einer Mediation verdeutlicht. Um deren Einordnung in die Mediation zu zeigen, erscheint es notwendig, zuvor einen kurzen Blick auf die Leitbilder der Mediation zu werfen.

Das jeweilige Selbstverständnis und die Arbeitsweise der Mediatoren wird insbesondere durch zwei Leitbilder geprägt:
– den verhandlungs- und lösungsorientierten Ansatz und
– den Transformationsansatz.

Im Zusammenhang des verhandlungs- und lösungsorientierten Ansatzes wird zumeist das Harvard-Konzept genannt, welches als Alternative zu einem distributiven Feilschen um Positionen die Interessen der Kontrahenten durch ein sachorientiertes Verhandeln in den Mittelpunkt der Konfliktregelung stellt (Fisher, Ury u. Patton 1997). Diesem Ansatz liegen die folgenden vier Prinzipien zugrunde:
1. Trenne Sache und Person;
2. auf Interessen konzentrieren, nicht auf Positionen;
3. entwickle Optionen zu beiderseitigem Vorteil;
4. bewerte Optionen nach objektiven Kriterien.

Ziel dieses Ansatzes ist es, auf der Basis der verschiedenen Interessen und ihrer unterschiedlichen Gewichtungen durch integratives Verhandeln (Erweiterung des Kuchens, finanzielle und unspezifische Kompensationen, Stimmentausch (Logrolling) und Verbindung von Themen (Bridging); vgl. dazu auch Pruitt 1983) zu Win-Win-Lösungen zu gelangen.

Neben diesem verhandlungs- und lösungsorientierten Vorgehen gewinnt der Transformationsansatz zunehmende Bedeutung, indem er die beteiligten Personen selbst und nicht die Problemlösung in den Mittelpunkt der Mediation stellt (Bush u. Folger 1994, Folger u. Jones, 1994). Aus der Sicht der Vertreter der Transformation in der Mediation tendiert der lösungsorientierte Verhandlungsansatz dazu, sich auf jene Problembereiche eines komplexeren Konflikts zu konzentrieren, die Optionen für Lösungen bieten, und gleichzeitig jene zu vernach-

Befähigung (Empowerment)
der Konfliktparteien zur Formulierung
eigener Interessen und Bedürfnisse

Anerkennung (Recognition)
der gegenseitigen Interessen und
Bedürfnisse

lässigen, die sich vorrangig durch Beziehungsprobleme oder vielschichtige Interessenebenen (beispielsweise unterschiedliche Bewertungen der Ergebnisse, des Prozesses, des Erfolgs und der Zielorientierung einer Mediation) auszeichnen. Durch die Neigung des lösungsorientierten Mediators, Gemeinsamkeiten zu finden und zu formen, Elemente einer Einigung zu steuern und weniger konkrete Aspekte wegzulassen, beeinflußt er wesentlich den Konfliktrahmen und insbesondere die Interessen und Bedürfnisse der Beteiligten.

Der transformative Ansatz sieht Konflikte nicht nur als Widerstreit von Interessen, sondern auch als Auseinandersetzung um gegenseitige Anerkennung, Identität und gesellschaftliche Stellung. Ein Konflikt ist keine unveränderliche Größe, sondern nur in einem dynamischen, sich ständig verändernden sozialen Kontext zu begreifen. Transformation zielt zum einen auf die Entwicklung stabiler und dauerhafter Beziehungen zwischen den Konfliktbeteiligten, zum anderen auf bewußte Veränderungsprozesse. Das eigentliche Potential von Mediation wird darin gesehen, die Menschen in ihrem Diskursverhalten zu ändern und Prozesse des sozialen Lernens zu initiieren.

Zentrale Zielgrößen dieses Ansatzes sind Befähigung (Empowerment) und Anerkennung (Recognition):
In diesem wechselseitigen und sich permanent wiederholenden Prozeß werden die Verfahrensteilnehmer einerseits befähigt, ihre eigenen Konflikte selbstverantwortlich zu regeln, und sie gewinnen dadurch an Selbsterkenntnis und Selbstbewußtsein. Darüber hinaus lernen sie, sich gegenüber Andersdenkenden zu öffnen, deren Situation nachzuvollziehen und deren Einstellungen anzuerkennen und zu respektieren.

Der Mediator unterstützt die Konfliktbeteiligten, über jene kommunikativen Möglichkeiten und Mittel zu verfügen, die in einer bestimmten Situation notwendig sind, um ihren Interessen, Bedürfnissen und Wünschen Ausdruck zu verleihen und dabei von den anderen Konfliktbeteiligten verstanden zu werden.

Auf der anderen Seite zielt die Anerkennung der gegenseitigen Interessen und Bedürfnisse weder auf eine Form des harmonischen Ausgleichs noch auf eine Variante der Schlichtung. Die Wahrnehmung anderer Perspektiven als Bestandteile des gleichen Konflikts eröffnet den Konfliktparteien hingegen ein größeres Spektrum effizienter Handlungsoptionen für sich selbst und alle anderen Beteiligten.

Sowohl für den verhandlungs- und lösungsorientierten als auch für den Transformationsansatz spielen die Interessen der Konfliktparteien eine wesentliche Rolle, doch unterscheiden sich beide darin, welches Veränderungspotential sie ihnen zuschreiben. Während Verhandlungsansätze davon ausgehen, daß die Ziele und Interessen der Konfliktparteien relativ stabil bleiben (es gilt vor allem sie zu entdecken und ihre jeweiligen Gewichtungen festzustellen, um sie dann in einen gemeinsamen Win-Win-Zusammenhang zu stellen), zeigt sich in sozialen Kontexten, daß sich Interessen im Diskurs mit anderen Menschen durchaus verändern. Der wechselseitige und sich wiederholende Prozeß der Formulierung eigener Interessen und Bedürfnisse und der Anerkennung der Interessen und Bedürfnisse anderer Konfliktbeteiligten kann dazu führen, die eigenen Interessen zu reflektieren und im Kontext neuer Erkenntnisse und Sichtweisen zu verändern. Aus der wachsenden Fähigkeit, eigene Interessen, Wünsche und Bedürfnisse zu benennen und diese in einem Prozeß des sozialen Lernens in einen Bezug zu den Ansichten und Bedürfnissen anderer Personen und Gruppen zu setzen, ergibt sich das Potential eines grundlegenden Perspektivenwechsels, der nicht nur den gleichen Kontext einmal von einer anderen Seite her beleuchtet, sondern ihn auf einer anderen Ebene in einem völlig veränderten Rahmen wahrnimmt. Der Aspekt des gemeinsamen Lernens findet im verhandlungs- und lösungsorientierten Ansatz weitgehend keinen Raum, da die Entwicklung von Optionen zu beiderseitigem Vorteil nicht auf gegenseitiges Lernen angewiesen ist, sondern vorrangig auf einen möglichen und zu entdeckenden Interessenausgleich durch die Beseitigung von Informationsdefiziten.

In der Praxis der Wirtschaftsmediation eröffnet die komplementäre Beachtung von Empowerment und Recognition – neben einem auf sachorientierten Interessenausgleich konzentrierten Verhandlungsansatz – zusätzliche Perspektiven bei der Vermittlung in komplexen Problemlagen mit vielschichtigen Interessenebenen, in der konsensuale Konfliktregelungen nur über Perspektivenwechsel und neue Argumentationsräume gefunden werden können. So tritt neben die ökonomische Rationalität der Verhandlung die kommunikative Rationalität des argumentativen Diskurses.

Der geschilderte Druckerei-Fall zeigt die jeweilige Bedeutung beider Leitbilder auch unter zeitlichen Gesichtspunkten auf. Angesichts der unmittelbaren Notwendigkeit für den Fortbestand des Unternehmens, kurzfristig den möglichen Großauftrag zu erhalten, ist eine Mediation auf eine schnelle und lösungsorientierte Vorgehensweise angewiesen. Es ist allerdings zweifelhaft, ob eine so erfolgte Einigung, die lediglich das unmittelbare und gemeinsame Ziel (Erhalt des Auftrags) zum Gegenstand hat, aufgrund der vielschichtigen Konfliktsituation mittel- und langfristig zwischen den Konfliktbeteiligten tragfähig wäre. Hier könnte eine Fortführung der Mediation durch die vorrangige Berücksichtigung der vielschichtigen Interessen und Bedürfnisse sowie deren gegenseitige Anerkennung zu einer langfristig stabilen Kooperation zwischen den Familienmitgliedern beitragen.

Perspektivenwechsel

Die Veränderung von Konfliktmustern sowie die Entwicklung neuer Handlungsmöglichkeiten durch einen kommunikativen Verständigungsprozeß in der Mediation erfordert einen grundlegenden Perspektivenwechsel auf seiten der Konfliktbeteiligten.

Perspektivenwechsel in der Mediation bedeutet keineswegs, dem Konflikt eine harmonische, sondern vielmehr eine konstruktive Wendung zu geben, was grundsätzlich sein Durchschreiten erforderlich macht.

Die nachfolgende Übersicht zeigt einige Übergänge auf, um zu einem Perspektivenwechsel zu gelangen:

– Von Positionen zu Interessen.
– Von Urteilen (über Personen und Sachverhalte) zu Problembeschreibungen.

111

- Von einer Schuldzuweisung zu einem Bedürfnis (durch Ich-Botschaften).
- Von der Vergangenheit in die Zukunft.
- Von einem individuellen Problem zu einem gemeinsamen Problem.

Beim Perspektivenwechsel lassen sind zwei Ebenen unterscheiden:
- Sichtweise des anderen erkennen.
- Gemeinsame neue Sichtweise entwickeln.

Ein erster Perspektivenwechsel findet statt, wenn eine Konfliktpartei neben ihrer eigenen Wirklichkeit auch noch die ihrer Konfliktgegner erkennt. Ein häufig benutztes Bild ist dabei »in den Schuhen des anderen zu gehen«. So lernt man die Sichtweise des anderen kennen und ihn und seine Interessen zu verstehen. Dabei wird der Rahmen hinsichtlich einer interessenorientierten Problemlösung verändert.

Eine zweite Ebene des Perspektivenwechsels ist dann erreicht, wenn die Konfliktbeteiligten eine gemeinsame Sichtweise des Problems, möglicherweise sogar eine gemeinsame Wirklichkeit entwickeln. In dem vorgezeichneten Bild würde das bedeuten, daß sie gemeinsam in einen Schuhladen gehen und sich jeder ein neues, in Haltung und Selbstverständnis individuelles Paar aussucht, welches für die gemeinsame Aufgabe passend ist. Dabei wird der Rahmen auch hinsichtlich der eigenen Bewertungen verändert, um zu einem neuen Raum für Argumente, interpersonelle Beziehungen und zu einem erweiterten Verständnis über soziale Kontexte zu gelangen.

Dazu begleitet der Mediator die Konfliktparteien in dem sehr anspruchsvollen Prozeß, differente Perspektiven anzuerkennen und Reinterpretationen von Problemen und Situation zu entwickeln. Diese Form des Perspektivenwechsels geht in ihrer Tragweite deutlich über die integrativen Verhandlungsoptionen des problemlösungsorientierten Ansatzes hinaus, da sie im Unterschied zu diesem nicht nur abweichende Nutzen- und Gewinnerwartungen zu integrieren versucht, sondern die verschiedenen Wirklichkeiten der Verfahrensteilnehmer.

Mediation bedeutet in erster Linie, respektvoll neugierig zu sein. Durch unterschiedliche Fragen und unterstützendes Paraphrasieren hilft die Mediatorin den Konfliktgegnern, die eigenen Interessen und die der anderen zu erkennen. Dabei kann sie auf ein breites Spektrum an Leitbildern und Techniken zurückgreifen, vor deren Nutzung aber immer die Frage nach dem eigenen Selbstverständnis stehen sollte, welches authentisch den Prozeß der Mediation bestimmt.

Auch in unseren Ausbildungen ist es vor allem unser Anliegen, die Teilnehmerinnen und Teilnehmer dafür zu sensibilisieren, sich darüber klar zu werden, welche Identität, Rolle und Haltung sie als Mediatorin bzw. Mediator in einer Konfliktvermittlung einnehmen.

Manche Ausgangssituationen und Fragestellungen in Fällen der Wirtschaftsmediation können den Mediator dazu verleiten, schnell eine mögliche Lösung für den anstehenden Konflikt im Kopf zu haben und diese entsprechend zu verfolgen (z.B. in Einzelgesprächen), ggf. sogar vorzuschlagen. Eine solche Lösung – selbst wenn sie sich in einem anderen Zusammenhang bewährt haben sollte – stellt jedoch nur eine von vielen möglichen dar. Die Konfliktparteien besitzen hingegen gemeinsam und vor allem aufgrund ihrer spezifischen Interessen ein ungleich größeres Potential, Lösungsoptionen zu entwickeln als ein einzelner Mediator. Dessen Aufgabe liegt indes vorrangig darin, die Konfliktbeteiligten zu unterstützen, mittels eines Perspektivenwechsel ihr eigenes Konfliktregelungspotential zu entdecken, es zu entwickeln und zu nutzen. Ein Konsens im Sinne einer bewußten Zustimmung aus Einsicht und Anerkennung kann nur über einen Diskurs erreicht werden.

Ausgangspunkt einer kommunikativen Bewältigung von Konflikten durch die Aufdeckung neuer Handlungsmöglichkeiten ist eine mediative Gesprächsführung durch den Mediator, welche vor allem auf einfühlendem Verstehen (Empathie), Wertschätzung und neugierigem Interesse an der Situation der Konfliktparteien, Echtheit und Klarheit (Authentizität) sowie systemischem Denken beruht. Die Umsetzung dieser Grundhaltungen erfordert eine kommunikative Kompetenz, die den »im Alltag erlernten, tief verwurzelten Gesprächsmustern, die häufig von gut gemeintem Solidarisieren, Interpretieren, Bagatellisieren und allzu schnellen Lösungsvorschlägen geprägt sind« widerspricht (Troja u. Kessen 1999). Damit ist Mediation besser als Haltung denn als Methode zu charakterisieren.

Literatur

Budde, A. (1998): Mediation in Wirtschaft und Arbeitswelt. In: Strempel, D. (Hg.): Mediation für die Praxis. Recht, Verfahren, Trends. Berlin, S. 99-111.

Bush, R., Baruch, A., Folger, J. P. (1994): The Promise of Mediation. Responding to Conflict through Empowerment and Recognition. San Francisco.

Fisher, R., Ury, W., Patton, B. (1997): Das Harvard-Konzept. Sachgerecht verhandeln – erfolgreich verhandeln. 16. Aufl. Frankfurt/M.

Folger, J. P., Jones, T. S. (eds.) (1994): New Directions in Mediation. Communication Research and Perspectives. London.

Henry, J. F., Lieberman, J. K. (1985): The Manager's Guide to Resolving Legal Disputes. Better Results Without Litigation. New York.

Pruitt, D. G. (1983): Achieving Integrative Agreements. In: Bazerman, M. H., Lewicki, R. J. (eds.): Negotiating in organizations. Beverly Hills, Cal., S. 35-50.

Roth, G. (1998): Das Gehirn und seine Wirklichkeit. Kognitive Neurobiologie und ihre philosophischen Konsequenzen. Frankfurt/M.

Senge, P. M. (1997): Die fünfte Disziplin. Kunst und Praxis der lernenden Organisation. 4. Aufl. Stuttgart.

Slaikeu, K. A. (1996): When Push Comes to Shove. A Practical Guide to Mediating Disputes. San Francisco.

Troja, M., Kessen, S. (1999): Mediation als Kommunikationsprozeß. (Erscheint demnächst in der Zeitschrift Konsens).

»... denn zu Unrecht ein Teil würd' vom andern bedrückt« (Solon)

Die letzten 2500 Jahre Mediation in Europa

Joseph Duss-von Werdt

Es geht in diesem Beitrag nicht um Gewesenes, sondern um dessen Vergegenwärtigung, um Wiederkehrendes in der Gegenwart also. Bei der Vorbereitung wurde der Text gleichsam unter der Hand immer politischer. Diese Prägung gibt ihm allerdings bereits der Haupttitel, denn Solon war Politiker. Was er tat, hat zudem gerade jetzt, in »Zeiten der politischen Cholera«, wieder große Aktualität Wenn ich in groben Strichen eine Skizze der Gegenwart entwerfen will, fallen mir folgende Vordergründe ins Auge: An der Oberfläche und ganz global betrachtet wurden noch nie so viele geistige, intellektuelle, emotionale, soziale, körperliche und finanzielle Energien eingesetzt für die gegenseitige Zerstörung von Menschen und ihrer Lebensgrundlagen, wie in unserem Jahrhundert. Und es scheint so weiter zu gehen. Auch die in Gang befindliche und von den westlichen Zivilisationen als universelle Heilslehre verkündete Globalisierung erscheint wie ein Deckname für die Fortschreibung dieses Prozesses. Dieser ist nicht nur ein wirtschaftlicher Akt, sondern überrollt wie eine Flachwalze alle Lebensbereiche.

Die Ultima Ratio auch der aufgeklärten Zivilisation ist bis heute im Konfliktfall *Krieg*, *Unterdrückung*, *Ausbeutung*. Dieser Umgang mit Konflikten folgt weitgehend der Logik der Gewalt und hat viele Gesichter: Krieg der Waffen, des Handels, der Zölle; Monopolisierung des Saatgutes, Abgraben des Wassers, Verhetzung und Ausrottung; psychische und physische Gewalt, propagandistischer Terror usf. Mit manipulierbaren Medien läßt sich je nach Bedarf gezielt Wirklichkeit herstellen, das ist Konstruktivismus in Aktion. Auch da geht es dualistisch zu und her. Die einen sind die Guten, die andern die Teufel. Und solange es schließlich irgendwo auf der Welt noch Auserwählte gibt, kann kein Friede auf Erden werden. Die Auserwählten leiten für sich das Recht ab, die Nichterwählten wie auch immer zu bekämpfen. Wenn jedoch nicht Raum für alle da ist, damit sie in Würde und Respekt neben- und miteinander leben können, bleiben die Menschenrechte propagandistisches Programm, Feigenblatt des Rassismus und des Kolonialismus.

Das zwanzigste Jahrhundert war wohl die destruktivste Apotheose dessen, was der norwegische Konfliktforscher – und Konfliktliebhaber (!) – Johan Galtung »*strukturelle Gewalt*« genannt hat. Sie wurzelt in den geistigen Entwürfen der Welt und den daraus entstehenden, propagierten und anerzogenen *Mentalitäten* der Moderne. Auch Mediation hat ihren Ursprung in Geist, Verstand und Gefühl. Ihr *Geist* ist verbindend, der *Verstand* entsprechend auf Einheit von Gegensätzen eingestellt, und das *Gefühl* ist emphatisch.

Mediatoren müssen mindestens bis drei zählen können. Die abendländische Zivilisation ist vorwiegend dualistisch, baut auf der Zahl *zwei* auf, mit der sich nur einfache Rechnungen machen lassen, etwa von der Sorte $1 + 1 = 2 - 1 = 1$. Diese Rechnung könnte so in Worte umgesetzt werden: Du und ich sind zwei, die sich unterscheiden; was uns entzweit. Deshalb treten wir gegeneinander an unter dem Motto, »entweder du oder ich, ich jedoch auf keinen Fall. Einer von uns beiden muß weg, nämlich du. Ich, ich, nur ich allein ...«

Das ist die nüchterne Bilanz im offen zugänglichen Hauptbuch europäischer und nordamerikanischer Geschichte und Gegenwart, und es gehört zur Konfliktfähigkeit, die Augen davor nicht zu verschließen. Doch die Welt besteht trotzdem immer noch, selbst nach der Sonnenfinsternis des 11. August 1999. Es müssen deshalb noch andere Geschichtskräfte wirken. Es gibt entlang des geschichtlichen Hauptstromes auch Nebenströme. Zum Teil münden sie in den Hauptstrom ein, zum Teil versickern sie vorher, und bilden dann vielleicht Grundwasser. Mediation ist eines dieser Rinnsale und wird manchmal ein kleiner Bach, nie ein breiter Strom. Sie wurde im Gang der Geschichte dann und wann sichtbar und verschwand immer wieder. Neu ist sie nicht also solche, sondern neu ist, daß sie seit einiger Zeit wieder auftaucht.

Wer nämlich wie ein Neugläubiger behauptet, Mediation gebe es erst jetzt, ist vorsätzlich oder naiverweise ignorant und geschichtsvergessen. Vielleicht kann der lange Atem der Geschichte ihn nicht interessieren, weil er in umkämpften Jagdgefilden kurzatmig und gehetzt auf der Pirsch liegt, mit den einen in Konkurrenz steht, um andern seine Versöhnlichkeit anzudienen.

Immer, wenn etwas als neu angepriesen wurde, lohnte sich ein Abstecher in die Geschichte. Man wird immer fündig, wenn man gräbt. Gibt es denn unter der Sonne noch etwas Neues außer der Verpackung? Da Menschen immer etwas zum Streiten hatten, kann man mindestens annehmen, sie hätten dafür verschiedene Umgangsformen entwickelt, darunter auch solche, die zum Formenkreis der Mediation gehören. Daß diese Annahme für China[1], sowie nord- und zentralafrikanische Länder[2] zutrifft, hat sich zwar herumgesprochen, aber sich mit der eigenen Geschichte zu befassen beginnt man erst zögerlich.

1. Einige »Rück-Blicke«

Bevor ich weiter zurück ins Archiv der Geschichte greife, möchte ich nach dem düsteren Anfang zunächst eher als Aufheiterung, dann als historische Belege, ein paar beliebige Beispiele zum besten geben, wie Mediation in späteren Jahrhunderten verstanden wurde.

1592

»Wenn du ein geschickter Mediator sein und mir meine Frau zurückbringen wirst, wirst du heute so viel Geld verdienen, wie du sonst mit deiner Kunst während eines ganzen Jahres verdienst.«[3]

1651

»... als Mediator im Einverständnis von Orsini veranlaßte ich den

117

Fürsten zu sagen, Galeazzo sei abgereist und er wüßte nicht wohin, während er ihn in Wirklichkeit zu mir schickte, damit ich ihn verstecke, bis alles wieder in Ordnung war.«[4]

Mit Neutralität in Liebesdingen wird ja wohl nichts zu machen sein, mit der Unbestechlichkeit in eben diesen Belangen auch nicht...

Für den italienischen Schriftsteller d'Annunzio ist der »mediatore« ein Heiratsmakler oder Kuppler. Das finden wir übrigens bereits bei Platon: Im 11. Buch seiner »Gesetze« (Nomoi) steht:

> Wenn Mann und Frau in Folge eines unglücklichen Mißverhältnisses ihrer beiderseitigen Charaktere in Unverträglichkeit geraten, so sollen zehn Männer und zehn Frauen, jene aus den Gesetzverwesern und diese aus den Aufseherinnen über die Ehen, sich dieser Sache annehmen, und eine Aussöhnung zustande zu bringen suchen. Wenn aber die Gemüter der Ehegatten allzu heftig gegeneinander erregt sind, so sollen sie sich nach Kräften bemühen, für beide Teile andere Ehegefährten zu suchen, und da es wahrscheinlich ist, daß jene von keiner sanften Gemütsart sind, so müssen sie dabei darauf sehen, sie mit Personen von ruhigerem und sanfterem Charakter zu verbinden.[5]

Mediatoren in einer dreifachen Funktion als Sühnebeamte, Analysten des Heiratsmarktes und Kuppler...

Die *Strafrechtsmediation* war in gewissen Teilen Europas über Jahrhunderte hinweg die Praxis der Wahl.[6]

Auch über den Mediator wurde viel nachgedacht. 1910 erschien der Aufsatz des französischen Spezialisten für *Völkerrecht*, Simitis aus Poitiers, mit dem Titel »L'avenir de la médiation«, die »Zukunft der Mediation«. Darin beschäftigt sich der Autor mit den persönlichen Bedingungen, welche ein Mediator erfüllen sollte.

Einen Mediator zu finden, der über die nötigen Qualitäten verfüge, sei keine leichte Sache. Denn dazu gehörten

- Einverständnis aller Auftraggeber mit der gleichen Person oder den gleichen Personen;
- deren Vertrauenswürdigkeit für alle Konfliktpartner;
- Unparteilichkeit (»impartialité«);
- anerkannte, bzw. unbestrittene »Weisheit« (»sagesse«).

Die Liste dieser Qualitäten führt den Verfasser zum ernüchternden Schluß: »Derartige und so große Qualitäten braucht es bei einem Mediator, (was zur Folge hat) daß er meistens fast nicht auffindbar ist«[7]. Wenn Vertreter von Staaten oder Staaten selbst als Mediatoren auftreten, hält er das für einen Widerspruch in sich. Mediatoren können nur sich selber vertreten und niemanden sonst. Und auch das sei schon schwer genug. Die Aktualität des Themas liegt auf der Hand!

Hier wird eine Thematik aufgetan, welche zur Ideengeschichte der Mediation gehört. Nicht ihr Handwerk, sondern diese Seite ihrer Geschichte, sozusagen die »Philosophie« der Mediatoren und Mediatorinnen soll uns ab jetzt beschäftigen. Es geht um die Frage: Wer ist und wer handelt als Mediator? Von der Person hängt es schließlich ab, was Mediation ist. Ein Hobel macht auch noch keinen Schreiner.

Ich möchte zunächst das Thema vorsichtig formulieren: Mediation ist die Qualität einer zwischenmenschlichen Haltung, welche bei allen Beteiligten ein Zielpunkt sein muß, wenn Mediation als Handlung gelingen soll. Mediation ist mit anderen Worten ein Ethos, welches ihre Seele darstellt. Als bloße Methode verkommt sie zur unpersönlichen Technik auf die Gefahr hin, daß Menschen auf sie angewandt werden. Wer bloß mit dem Hammer zu hantieren versteht, sieht überall nur Nägel und schlägt zu.

Ethos ist nicht primär ein Begriff oder die Lehre von der Ethik, sondern Praxis. Ethos ereignet sich, wird gelebt und erlebt, was nicht der Fall ist, wenn man (nur) darüber redet. Deshalb müßte ich hier eigentlich aufhören und mit Ludwig Wittgenstein sagen: »Wovon man nicht sprechen kann, darüber muß man schweigen.«[8]

Aber man kann versuchen, das Ethos von Menschen aus ihrem Handeln heraus zu ermitteln. Zum Beispiel bei Solon (ca. 649-560/59 v.Chr.). Ich sehe in ihm den ersten aktenkundig gewordenen Mediator in Europa. Die Schulhistorie überlieferte allerdings ein schillerndes Bild von ihm, was zum Teil mit der dürftigen Quellenlage zusammenhängt. Aber aus dem zugänglichen Material, darunter vor allem seinen eigenen Schriften, kann folgendes ermittelt werden: Am Ende des 6. Jahrhunderts vor unserer Zeitrechnung stand Athen am Rande eines Bürgerkrieges. Dem verwilderten Kapitalismus im Zuschnitt heutiger Deregulierung vergleichbar, wurden immer weniger Leute reich und immer mehr arm. Die Polarisierung hatte gefährliche Spannungen erzeugt, so daß die adligen Reichen nach der starken Hand eines »Tyrannen« riefen. Für das Amtsjahr 594 bis 593 wurde *Solon* als »Archon, Versöhner und Vermittler (Diallaktés)« gewählt, was offenbar einen letzten Versuch darstellte, die Tyrannis abzuwenden.

Obwohl Solon ein Amt hatte und Gesetze schuf, verrichtete er seine Tätigkeit mit dem Ethos eines Mediators. Eckpfeiler seiner politischen Mediation und der anschließenden gesetzgeberischen Tätigkeit waren die drei Begriffe *Isonomie* (isonomia), d. h. gleiches Recht für alle, *Eunomie* (eunomia), die Wohlgeordnetheit der Gesellschaft, und *Gerechtigkeit* (dikh). Diese Trilogie hat einen inneren Zusammenhang: Isonomie als Ordnungsprinzip führt zur Eunomie (angesichts der drohenden Anomie[9]), und diese zum gerechten Ausgleich (Dike), welche allen zum Ihren verhilft. Das ist ebenso Programm (geblieben) wie heutzutage die Demokratie, die als Orientierungspunkt immer wieder neu angepeilt werden muß.

Was wir bei Solon antreffen, könnten wir eine *mediative Haltung, Mediation als Haltung* nennen. *Aristoteles* bescheinigt diesem Vaclav Havel der Athener, der sowohl Politiker als auch Dichter war, in seiner Schrift »Vom Staatswesen der Athener«, daß das Volk in ihm »zum ersten Mal einen Vertreter seiner Interessen gefunden habe habe«[10]. Das erreichte er u. a. dadurch, daß er dafür ein gesetzliches Gefäß schuf, z. B. die Popularklage einführte. In einem seiner dichterischen Texte faßt Solon seine Tätigkeit so zusammen:

Ich führte aus, kraft meiner Vollmacht Recht vereinend mit Gewalt, und hab' vollendet durch die Tat, was ich euch einst versprach. Gesetze schrieb ich dann zugleich für gut und bös, gerades Recht für jeden fügend...

Hier spricht der mit staatlicher Macht ausgestattete Gesetzgeber. An anderer Stelle schrieb er, aus welcher Haltung heraus er als Mediator handelte:

> Ansehn hab' ich dem Volke verliehn, soviel ihm zukommt.
> Nahm ihm nichts von der Ehr', gab ihm nichts über Recht.
> Aber den mächtigen Bürgern, die sich mit Reichtum gebrüstet,
> ließ ich nicht freie Gewalt, ungebührlich zu sein.
> Und so schütz' ich denn beide mit kräftig schirmendem Schild,
> denn zu Unrecht ein Teil würd' vom andern bedrückt. (116)

Aus diesem Text seien zwei Aspekte herausgehoben:

1. *Gegensätze ergänzen sich.* Solon setzt ein Denken in Politik um, das Gegensätze zu Einheiten zusammenfaßt. Logisch entspricht es der Hegelschen Dialektik der Synthese, in welcher These und Antithese »aufgehoben«, d. h. auf einer höheren Ebene verbunden etwas Neues ergeben, den wohl erstmalig klar ausdefinierten Entwurf einer Demokratie. Sie schafft Platz für beide gesellschaftlichen Gruppen, die sich gegenüber stehen. Weder richtet er die Alleinherrschaft des Proletariats ein, noch eine Tyrannis im Interesse der Oberschicht, *sondern gibt allen Gruppierungen ihr Eigenrecht.*[11]

Es geht Solon ausdrücklich nicht darum, die Unterschiede flachzuwalzen oder eine klassenlose Gesellschaft zu errichten.

Wer nicht in Gegensatzeinheiten, sondern nur einseitig und einparteilich denkt, steht außerhalb der Mediation. Statt *das* Gegen-Teil als *den* andern Teil des Ganzen einzuschließen in seine Überlegungen und Handlungen, schließt er es aus, oder strategisch nur insofern ein, um Wege zu finden, wie er es ausschließen, besiegen, zum Verschwinden bringen, »erledigen« kann.

Die Einheit der Gegensätze kann systemtheoretisch zirkulär konzeptualisiert werden. Einige Beispiele: Einem Pol entspricht ein Gegenpol. Eine Partei bedingt notwendigerweise eine oder mehrere Gegenparteien, sonst gäbe es sie nicht. Gegen*teile* sind *Teile* eines umfassenden Ganzen. Contraria sunt complementa – Gegensätze er*gänzen* sich wörtlich zu einem Ganzen. Aus Rechten allein wird nichts Rechtes, aus Linken auch nicht. Beide verdanken sich vielmehr ihre jeweilige Existenz. Die Alleinherrschaft eines der Gegensätze sei immer schädlich, hieß es bei den Griechen (z. B. Alkmaion). (Ich rechnete Tony Blair bis vor kurzem zu jenen Politikern, die das eingesehen haben und die nötigen Schlüsse daraus ziehen.) Unten bedingt oben. Recht ist die Kehrseite des Unrechts. Wo Grenzen sind, gibt es ein Diesseits und ein Jenseits der Grenzen. Wenn Grenzen offener werden, regt sich die Tendenz zu ihrer Schließung und umgekehrt. Ein aktuelles Beispiel dafür ist die gesellschaftliche Auseinandersetzung mit der Asylpolitik und mit der multikulturellen Thematik.

Solon will für alle, unbesehen ihres Standes und ihrer gesellschaftlichen Stellung, das gleiche Recht, aber ohne Gleichmacherei. Darin liegt etwas Paradoxes: *Gleichheit hebt die Unterschiede nicht auf, sondern soll sie sicherstellen und einander gegenüber schützen. Jeder soll das gleiche Recht haben, ungleich zu sein.* Eine Randbemerkung: Auch die noch lange nicht erreichte Gleichstellung der Geschlechter in unserer Gesellschaft hebt die Unterschiede zwischen ihnen nicht auf. Ob sie deren Eigenberechtigung respektiert, steht auf einem andern Blatt. 2. *Solon will keinem seine Ehre nehmen, dem Volk nicht sein Ansehen, den mächtigen Bürgern nicht ihre Rechte, doch sollen diese nicht ihren eigenen Vorteil gegen jene ausspielen können.* Denn es gibt vor dem Gesetz, trotz aller Unterschiede, keine Bürger erster und zweiter Klasse. Dahinter steht eine Logik der Würde und nicht eine Logik der Ehre. Dazu nur ein kurzer Exkurs:[12] Würde ist ein Bewußtseinszustand auf der Grundlage der Eigenberechtigung jeder und jedes Einzelnen, die allen unabhängig von ihrer Ehrenhaftigkeit oder Ehrlosigkeit zukommt. Ihr entspricht Respekt vor sich und dem ebenso eigenberechtigten Anderen. Achtung steht konträr zu Verachtung. Sie kommt jeder weiblichen und männlichen Person unabhängig von Alter, Rechtsstatus, Volkszugehörigkeit, Farbe und so weiter zu. Daß bei Solon allerdings eine Männergesellschaft zu bändigen war, entspricht der damaligen gesellschaftlichen Situation. Immerhin sei vermerkt, daß auch Frauen als Mediatorinnen wirkten und für sie ein eigener Ausdruck (mesitis) bestand.

Solons Zeit war offenbar »reif« für seine Mediation, wobei zu sagen ist, daß auch andere Städte Mediatoren mit der gleichen Aufgabe kannten und im griechischen Justizwesen die Grenzen zwischen Mediator und Richter nicht trennscharf sind, wie ein Text aus der Nikomachischen Ethik von Aristoteles belegt: »Und man sucht den Richter als Mann, der in der Mitte steht, und mancherorts nennt man ihn ›Mittler‹.«[13]

2. Ist jetzt wieder eine Zeit für Mediation?

Eben wurde angenommen, Solon sei politisch zur rechten Zeit (kairos!) tätig gewesen.

Im Sammelwerk »Droit négocié, Droit imposé?« (»Verhandeltes Recht oder auferlegtes Recht?«) stellt der belgische Historiker des Strafrechts, Xavier Rousseaux, den Umgang mit Gewalt in der mittelalterlichen und in der modernen Gesellschaft von 800 bis 1800 dar.[14] Er faßt seine beeindruckend dokumentierte Arbeit folgendermaßen zusammen:

> Im langen Verlaufe der europäischen Geschichte haben wir Anlaß, zwei große Perioden zu unterscheiden: Die Zeit der Anpassung, in welcher die *Verhandlung als Grundlage des Rechts* aufscheint. Es handelt sich um die Periode vom Zerfall des Römischen Reiches bis zum Aufkommen der großen Staaten im 16. Jahrhundert. Und die Zeit der gerichtlichen Entscheidungen, in welcher das *Recht* sich *als Grundlage jeder Verhandlung* durchsetzt. Es ist die Zeit von der zunehmenden Anerkennung der Monarchien bis zur Vorherrschaft der Nationalstaaten im 19. Jahrhundert.[15]

Die Geschichte der Mediation legt die Frage nahe, ob es bestimmte geschichtliche Konstellationen und Schnittstellen gibt, welche das Aufkommen von Mediation *in Gesinnung, Gesittung und Handlung* begünstigen – und überlebensnotwendig machen. Zu Zeiten Solons scheint dies so gewesen zu sein. Fällt auch der Westfälische Friede in einen kritischen Übergang europäischer Geschichte? Eigentlich

123

ja, denn damals bildeten sich die heutigen Nationalstaaten heraus, deren Umgang miteinander neue Verhaltens- und Verhandlungsweisen sowie die gegenseitige Anerkennung der Souveränität erforderlich machte.

Die Zeit nach dem Dreißigjährigen Krieg war zweifelsohne eine solche der Anpassung an eine zwischenstaatlich und konfessionell neue Situation. Die dafür maßgeblichen völker- und staatsrechtlichen Grundlagen sind das Ergebnis der Friedensschlüsse von Osnabrück und Münster im Jahr 1648, bei denen zwei Mediatoren sich Verdienste erworben haben: Der Venetianer Aloisius Contarini wird in der Einleitung zum Münsteraner Frieden ausdrücklich erwähnt als einer, »der das Amt eines Mediators ohne Parteilichkeit beinahe ganze fünf Jahre lang unverdrossen ausgeübt hat«[16]. Sein Kollege, der päpstliche Gesandte Chigi, amtete zwar auch als Mediator, aber nur innerhalb der Partei der Katholiken.

Heute werden gegenläufig zur damaligen Entwicklung die nationalen Grenzen wieder durchlässiger. Ein supranationales Europa ist am Entstehen, allerdings nicht ohne daß Nationalismen aufflammen und sich unterdrückte oder vergessene Minderheiten zurückmelden. Globale Entwürfe, die rational einleuchtend erscheinen, heizen regional und lokal Emotionen an: Es gärt unter der politischen Oberfläche, und was dabei herauskommt, steht noch offen. Ich denke gerade an die jüngsten Wahlen in deutschen Bundesländern.

Wären das Zeitzeichen dafür, daß es nicht von ungefähr ist, wenn Mediation jetzt wieder auftaucht? Stehen wir in der Renaissance der Mediation?

Sinngemäß stellte jemand die Frage: Was ist das für eine Zeit, von der niemand sagen kann, was das für eine Zeit ist? Tatsächlich deutet bereits die Schwierigkeit, unsere Zeit und Gesellschaft »einheitlich« auf eine Formel zu bringen (Moderne, Postmoderne, Erlebnis-, Konsum-, Kommunikations-, Mediengesellschaft) auf etwas hin, das mit unserem Thema zu tun hat. Wir leben in einer

124

Periode der Mehr- und Vieldeutigkeiten, der Wertverschiebungen, der Angst, Zerrissenheit und Wartehaltung gegenüber einer ungewissen Zukunft. Die irrationale Erwartung der Jahrtausendwende ist ein Symptom dafür. Es tun sich Abgründe auf, bestehende vertiefen sich, im Kleinen wie im Großen.

Ungeordnete Stichworte dazu:

— *Fremdenfeindlichkeit* schwelt als Unvermögen, mit Unterschieden zu leben. Ein weites Feld für Mediation.

— Wahrscheinlich nie verschwundener *Rassismus* in Politik und Gesellschaft drängt an die Oberfläche.

— Politische Erklärungen dazu und zur faktischen »Multikultur« nehmen sich aus wie der Protest des Bauern vor seinem lichterloh brennenden Haus: »Wer hat diesen Umbau angeordnet? Ich war immer dagegen!«

— Arbeitskämpfe gefährden den *Arbeitsfrieden*. Umstrukturierungen der Wirtschaft führen zu einem Überfluß an Arbeitskräften in dem Sinn, daß sie überflüssig werden.

— Der Wandel von der Arbeitslosigkeit zur *Arbeiterlosigkeit* setzt sich täglich fort. Produktion läßt sich offenbar nur noch steigern durch Entlassungen von Menschen. Automaten verursachen keine Lohnnebenkosten und streiken nicht.

— Demokratische Politik verblaßt, ja verschwindet unter dem Diktat der ökonomischen Globalisierung: Das demokratische Prinzip der Gleichheit steht im Widerstreit zum kapitalistischen Prinzip der Ungleichheit. Dagegen richten Wahlversprechen nichts aus.

— Anomische Tendenzen als Folgen von Deregulierung und Globalisierung unterhöhlen die Rechtssicherheit wie zu Solons Zeiten.

Insgesamt macht es den Anschein, als passiere etwas im Wurzelbereich von Gesellschaft und Zivilisation, dem die allenthalben geforderten Reformvorschläge nichts anhaben können. Wohin zurück soll denn Re-Form gehen?

Es sind Anpassungen fällig, aus denen früher oder später Neues entsteht, wie es in Zeiten der Auflösungen von Strukturen offenbar der Fall ist. Mediation sucht nach Passungen, damit sich verträgt, was unverträglich scheint.

Wer den Ablauf der Zeit gern klar geordnet hätte, redet vielleicht vom Ende der Moderne. Vorbei sei die Zeit der großen Entwürfe, der Allgemeingültigkeit, Gleichheit, der universellen Ordnung und subjektunabhängigen Objektivität. Wer sich mit Moralin dopt, wettert gegen den Werteverlust und die Beliebigkeit. Daß der moderne Anspruch, jemand könne im Namen der Menschheit reden, ein provinziell europäischer war und ist, fällt jetzt allmählich auf, nachdem er uns von den ehemaligen Kolonien immer lauter vorgehalten wird. Und wieder geht eines der vielen Abendländer unter.

Die von Zug- und Sachzwängen beherrschte sogenannte »freie Marktwirtschaft« ist nach wie vor dem alternden Geist der Moderne zugehörig. Indem sie ihren Einheitsbrei aller Welt aufzwingt, setzt sie den Kolonialismus mit andern Mitteln als durch Krieg und Missionierung fort.

Das, was sich am Ende der Moderne ankündigt, mit Postmoderne zu bezeichnen, ist wohl eher Ausdruck sprachlicher und »diagnostischer« Verlegenheit. Pluralität, Widersprüche, Gleichzeitigkeit des Ungleichzeitigen, Ineinanderfließen kultureller Grenzen, Anarchie und chaotische Tendenzen, einer rechtlichen Ordnung entzogene Bereiche, unkontrollierbare Veränderungen, Antikolonialismus, wachsende Spannungen zwischen Nord und Süd, kurzum Polarisierungen in andern Belangen sind unübersehbare Zeitzeichen.

Die Zahl zwei entzweit. Ausschluß statt Einschluß wird praktiziert. Und gleichzeitig kann man vom Ende der Allgemeingültigkeit reden, die alle Differenzen annullierte und nur noch eines kannte: das Allgemeine, auf das alle und alles angewandt wurde. Mediation gilt dem Einzelnen, nimmt Augenmaß vor Ort. Das Einzelne wird zum Allgemeinen und Maßgebenden.

3. Weltkonflikte und Konfliktwelt als Orte für Mediation

Was daraus allenthalben an Konfliktpotential und -realität entsteht, ist das Stammland für Mediation. Allerdings ist Mediation kein Hochgeschwindigkeitsverfahren und keine trickreiche Wundertüte, die man zum Abschluß eines Weiterbildungstages oder dieses Wiener Kongresses mitnehmen kann, sondern zuerst und zuletzt eine bestimmte Wahrnehmung und Denkgestalt in bezug auf Gegensätze und Konflikte. Erst an zweiter Stelle kann daraus eine Praxis abgeleitet werden, wobei diese Praxis mit der mediativen Haltung beginnt und endet. Und das bedeutet mühsames Umdenken und, nimmt man es ernst, unter Umständen ein schmerzliches Umlernen. Dazu nur zwei Denkanstöße:

Mediation ist die Grundgebärde des demokratischen Umgangs miteinander.
Mediation beinhaltet folgerichtig eine demokratische Grundhaltung nicht der Gleichberechtigung unter doch nur immer Gleicheren, sondern der Eigenberechtigung.[17] Ihrer Logik entspricht das Recht auf Ungleichheit, auf Anders-Sein-Können. Dadurch bekommt Mediation in all ihren Anwendungsbereichen politische Züge. Demokratie in diesem Sinne wäre eine weitreichende Alternative zu unseren realen Oligarchien, welche zwar mit demokratischen Wahlritualen an die Macht kommen, aber, einmal dorthin gelangt, mit ihren Wählern kaum mehr in Verbindung bleiben, sondern die Eigengesetzlichkeit eines geschlossenen Systems entwickeln. Die Machtkungelei hat den Hang zur geschlossenen Systembildung.

Vielleicht hat Demokratie noch eine Chance, auch wenn bereits das Menetekel ihres Endes an der Wand steht.[18] Was könnte zum Beispiel politisch der Satz bedeuten: Mediation sei *Interessenvermittlung* und nicht Interessenvertretung? Sähen dann ein Parlament und der politische Alltag anders aus?

Das Wiedererstehen der Mediation in unseren Tagen kann Anlaß sein zum erneu-

127

ten Nachdenken über den Zusammenhang von Recht, Gesellschaft und Politik. Von der Mediation könnte man sagen, daß sie gesellschaftspolitisch darauf hinaus will, die Beziehungen innerhalb der gesellschaftlichen Kräfte zu fördern, Verbindungen nicht abbrechen zu lassen oder zumindest nicht zu erschweren. Dem würde politisch ein Gemeinwesen entsprechen, in dem es immer wieder darum geht, jenen Konsens zu suchen, welcher das Zusammenleben aller mit allen fördert – und Identitäten schützt. Das geht eher in Richtung einer *bezogenen Koexistenz* als einer Integration. Koexistenz ebnet Unterschiede nicht ein, sondern bejaht sie. Integration hingegen verlangt eine einseitige Anpassung der Minderheiten an Mehrheiten und zementiert bestehende Mehrheits-Minderheits-Machtverhältnisse. *Bezogene Koexistenz* fördert die Existenz jener, die aufeinander bezogen sind.

Rechtlich schließlich könnte das zur Folge haben, Recht und Rechtsprechung entsprechend zu überprüfen und gegebenenfalls im gemeinten Sinne der Konsensförderung zu gestalten. Das hätte zur Konsequenz, daß wieder mehr das verhandelte Recht in den Vordergrund und das gesetzte Recht in den Hintergrund tritt. Mediation träte dann als Rechtsgestaltung und nicht als Rechtsanwendung in den Vordergrund. Das Aushandeln der Gerechtigkeit anstelle ihrer Herstellung durch gesetztes und gesprochenes Recht ist bereits im Gang in familiären Belangen. Es kommt deshalb nicht von ungefähr, daß die Familienmediation zum Prototyp von Mediation geworden ist.

Die Demokratie modernen Zuschnitts ist zum politischen System gewordene Aufklärung. Ihre Entwicklung begann mit der Französischen Revolution Gestalt anzunehmen. Deren Kampfworte waren Freiheit, Gleichheit – und mit einiger Verzögerung schließlich auch noch etwas Brüderlichkeit.

Im Anschluß an die Überlegungen zu Solon wurde auf das Paradox eines gleichen Rechts auf Ungleichheit aufmerksam gemacht. Es liegt mir daran, dies nochmals zu wiederholen. Es geht um die

Gleichheit, sich selber gleich sein zu können, als Individuum, als Familie, als Gruppe, als Volk, als Kultureinheit. Es geht um die Eigenberechtigung und Eigengerechtigkeit, nicht um Selbstgerechtigkeit. Für Selbstgerechte ist Anderssein falsch. Das bedeutet jedoch nicht mehr und nicht weniger als das Recht darauf, unterschiedlich zu sein. Damit entsteht am Horizont ein neue Qualität der Demokratie. Unterschiedliches hat volle Geltung. Demokratie ist allen gegenüber nicht gleichgültig, weil sie alle »gleich gültig« sind. Es wird nicht nur toleriert – denn die Grenzen der Toleranz werden von der wirklichen oder vermeintlichen Machtmehrheit definiert, und diese kann sogar eine zahlenmäßig verschwindende Minderheit sein – sondern geachtet.

Die Postmoderne ist vielleicht doch gar nicht ein so schlechter Entwurf, weil die Moderne glaubte, im Namen der Menschheit für alle das einzig Richtige zu sein. Das werden heute nur die »Noch-Modernen« von sich sagen können.

4. Schlußgedanken

Konfliktforscher machen darauf aufmerksam, daß im Verlaufe der Geschichte immer wieder zwei Strömungen im Umgang mit Konflikten auszumachen sind, die der »Realisten« oder »Falken« und die der »Pazifisten« oder »Tauben«. Die Realisten nehmen das Kämpfen um Sieg und Untergang als gegeben, wenn nicht sogar als natürlich hin. Sie sind für das »Fertigmachen«: »Homo homini lupus.« Die Pazifisten können sich damit nicht abfinden. Sie verstehen sich als »Friedfertige«. Einer von ihnen war der Königsberger Immanuel Kant, der zwischen 1738 und 1814 keineswegs in friedvoller Zeit lebte. Es brauchte einigen Mut, 1795 einen Entwurf »Zum ewigen Frieden« zu veröffentlichen, der sich heute wie ein Plädoyer für eine mediative zwischenstaatliche Haltung und die republikanische Idee innerhalb der preußischen Monarchie liest: »Es soll kein Friedensschluß für einen solchen gelten, der mit dem geheimen Vorbehalt des Stoffes zu einem künftigen Kriege gemacht worden.«[19]

Falken und Tauben gibt es nicht nur auf den großen politischen und wirtschaftlichen Bühnen, sondern auch auf den kleinen alltäglichen. Die Falken haben mehr Geschichte gemacht und die Geschichtsschreibung beherrscht. Gurrende und turtelnde Tauben gab es aber ebenfalls zu jeder Zeit, auch wenn sie von den Falken jeweils leicht zu verscheuchen waren. Wenn Mediatorinnen und Mediatoren sich vielleicht bei den Tauben einreihen, können sie als Körnerpicker nicht am Speisenreichtum der Jagdfalken Anteil haben.

Deshalb ist jeder Mediator hiermit aufgerufen, sich die eigene Hand aufs Gefieder zu legen und sich selbst ornithologisch einzustufen – als Falke oder als Taube. Tröstlich ist dabei der Gedanke, daß sowohl Falken als auch Tauben Vögel sind.

Vieles in meinem Beitrag mag wie eine Utopie klingen. Lamartine meinte: »Utopien sind nichts anderes als verfrühte Wahrheiten.« Und Victor Hugo schrieb: »Die Utopie ist die Wahrheit von morgen.« Selbst das mögen Utopien sein. Doch an ihnen hängt das Humane.

Anhang

1 Siehe z.B. Zhiping Liang (1988): Mediation by Whom? Observations of Community Mediation Practices in the Quing Dynasty (1644-1911). Manuskript.
2 Das afrikanische Palaversystem ist ein ritualisiertes Verfahren der Vermittlung durch die Betroffenen mit Hilfe Dritter.
3 Loredano Gian Francesco [1530-1590]. In: La Turca. Venedig 1592.
4 Bosaccioni Maiolino[1582-1663]: 100 Liebesgeschichten. Venedig 1651.
5 Platon:Nomoi, griechisch und deutsch. Sämtliche Werke Bd. IX. Frankfurt a. M. 1991 (Insel Verlag), 929c bis 930a.
6 Siehe Rousseaux Xavier: De la négociation au procès pénal: la gestion de la violence dans la société médiévale et modern (500-1800). In: Philippe, G., Ost F., van der Krchove, M. (Hg.) (1996): Droit négocié, doit imposé? Bruxelles (Facultés Universitaires St.Louis), S.273-312.
7 Simitis, N.: L'avenir de la médiation. In: Revue Générale de droit international public, S.137.
8 Tractatus Logico-philosophicus. 1918, Nr. 7.
9 Der Ausdruck Anomie stammt vom französischen Soziologen Durkheim und bedeutet nicht Gesetzlosigkeit, sondern Orientierungslosigkeit, Chaos, Unregierbarkeit, Auflösung jeglicher Ordnung, wie sie zur Zeit in Osttimor anzutreffen ist.
10 Hönn, K. (1948): Solon, Staatsmann und Weiser. Wien (Seidel).
11 Solon ist bekannt als Gesetzgeber, was sich auf den ersten Blick mit der Mediatorenrolle nicht vereinbaren läßt. Doch kann man aufgrund der Quellen annehmen, es handle sich bei seinen Gesetzen nicht um »auferlegtes«, sondern um »verhandeltes« Recht. In diesem Sinne sind ja schließlich auch auf dem Mediationsweg erreichte Vereinbarungen und Verträge rechtlich bindend.
12 Mehr dazu in: Duss-von Werdt, J.: Die Praxis der Mediation als ethischer Diskurs und die Kraft des Konflikts. In: Falk, G. u. a. (1998): Die Welt der Mediation. Klagenfurt, S.362-371.
13 Reclam Ausgabe, 1983, S.30.
14 Vgl. Fußnote 6.
15 Rousseaux a.a.O., S.283 (Übersetzung Duss-von Werdt).
16 Instrumente Pacis Westphalicae. Die Westfälischen Friedensverträge 1648. Bern 1966 (Peter Lang), S.156.
17 Das Demokratieverständnis ist keineswegs einheitlich und kann hier nicht ausführlich dargestellt werden. Nur eine Bemerkung: Demokratie wird hier nicht gesehen als die alleinige Sache der gewählten Parlamente und Regierungen allein, sondern findet statt (oder eben nicht statt) zwischen Menschen, zwei, drei, vielen Menschen, die konkret Frauen und Männer sind.
18 Vgl. Jean François Revel: »Wie Demokratien enden« und »Die totalitäre Versuchung« (beide Ullstein-Verlag).
19 Immanuel Kant: Zum ewigen Frieden. Ein philosophischer Entwurf. Königsberg 1795 bey Friedrich Nicolovius

Mediation – kooperatives Konfliktmanagement in der Umweltpolitik. Die Theorie der Mediation

Horst Zilleßen

Wenn man als Politiker oder als Verwaltungsmitarbeiter gefragt wird, warum man dieses komplizierte Verfahren der Umweltmediation einsetzen soll, um bestimmte umweltpolitische Maßnahmen oder Planungen durchzusetzen, dann wird man zunächst nach den sachlichen Gründen fragen, die dafür sprechen, ein derartiges Verfahren einzusetzen. Angesichts der Komplexität des Feldes »Umweltpolitik, Umweltschutz« wird schnell offensichtlich, daß es hier eine Fülle von Aspekten gibt, die zu bedenken und zu berücksichtigen sind, und ebenso wird offensichtlich, daß eine Planung oder Vorbereitung von Maßnahmen ohne Einbeziehung der Betroffenen oder der Vertreter von Betroffenen oft zu kurz greift. Am Ende solcher

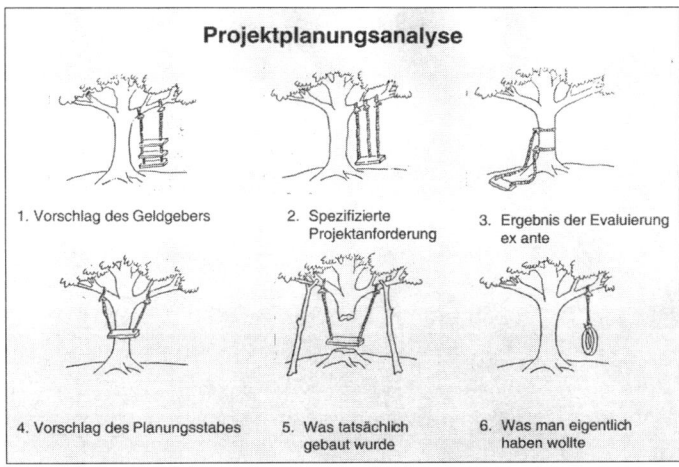

Entscheidungen steht dann häufig der Widerstand der Betroffenen gegen Maßnahmen, die sie in ihrem Alltag unmittelbar betreffen.

Dies kann dann dazu führen, daß eine Situation entsteht, die bei der hier vorgestellten Projektplanungsanalyse folgendermaßen beschrieben werden kann: Auf der linken Seite der Abbildung ist der Vorschlag des Geldgebers zu sehen. Dann gibt es natürlich eine spezifizierte Projektanforderung, es gibt eine Evaluierung ex ante, also bevor man mit den Maßnahmen begonnen hat. Dann gibt es den Vorschlag des Planungsstabes. Was tatsächlich gebaut wurde, sieht man bei 5, und was man eigentlich ursprünglich bauen wollte, bei 6. Dies ist, wenn man so will, eine Karikatur der umweltpolitischen Entscheidungssituation, und ich denke, daß dies Grund genug ist, darüber nachzudenken, ob nicht Verfahren wie Umweltmediation dazu geeignet sind, bessere und vernünftigere Entscheidungen herbeizuführen – Entscheidungen auch, mit denen die Betroffenen leben können.

Dies ist der eine Aspekt, der mich dazu gebracht hat, den Standpunkt zu vertreten, daß wir auch im politischen und administrativen Feld Mediation brauchen. Der zweite Grund ist der politische, und hier kann ich aufgreifen, was Duss-von Werdt bereits in einem sehr schönen Bild aufgezeigt hat: Mediation ist die Gebärde der demokratischen Grundhaltung. Dies ist, denke ich, ein entscheidender Gesichtspunkt für unsere Situation, gerade auch in der Umweltpolitik, deren Maßnahmen ja die Menschen in ihrem Lebensalltag sehr unmittelbar betreffen und diesen Alltag in einem hohen Maße mitbestimmen. Wenn wir dann nicht in eine Situation hineingeraten wollen, in der man die Menschen einteilt in drei Klassen – die Klasse der wenigen, die dafür sorgt, daß etwas geschieht, die Klasse der vielen, die zuschauen, wie etwas geschieht, und die überwältigende Mehrheit, die keine Ahnung hat, was überhaupt geschehen ist – dann müssen wir in unserer komplexen, unübersichtlichen Situation danach fragen, ob es nicht Methoden gibt, die Betroffenen einzubinden in die Entscheidungsvorbereitung, ihre Problemsichten, ihre Interessen, ihre Bedürfnisse mit einzubeziehen in die Vorbereitung von politisch-administrativen Entscheidungen.

Im Unterschied zur Familienmediation und zu anderen Feldern der Mediation muß an dieser Stelle hinzugefügt werden: Umweltmediation betrifft die Entscheidungsvorbereitung. Am Ende des Prozesses der Mediation steht nicht *die* Entscheidung, etwa über den Bau einer Bahntrasse durch das Gasteinertal, sondern steht eine Entscheidungsempfehlung. Denn wir wollen nicht die Zuständigkeit der politisch-administrativ Verantwortlichen aushebeln. Wir wollen als Bürgerinnen und Bürger diejenigen, die Verwaltungsentscheidungen treffen, verklagen können, wenn wir damit nicht einverstanden sind. Wir wollen Politiker abwählen können, wenn sie Entscheidungen treffen, mit denen wir glauben nicht leben zu können. Das heißt, wir können mit der Umweltmediation nicht das politisch-administrative System verändern, sondern wir wollen eine vernünftige, eine bessere, eine intensivere, eine auch die Interessen der Betroffenen berücksichtigende Entscheidungsvorbereitung. Dies ist der wesentliche Aspekt der Umweltmediation, wenn es darauf ankommt, die politischen Gründe zu benennen.

Es gibt letztlich auch noch ökonomische Gründe, denn wenn insbesondere bei umweltpolitischen Maßnahmen, die sehr investitionsintensiv sind, wie etwa das Projekt im Gasteinertal oder die Planung des neuen Flughafens in Berlin-Brandenburg mit einer Investitionssumme von 8 bis 10 Milliarden DM, aufgrund unvernünftiger, nicht angemessener Entscheidungsvorbereitung Verzögerungen im Entscheidungsprozeß eintreten, dann kostet das viel Geld – letztlich Geld des Steuerzahlers. Von daher kann man sagen, daß auch ökonomische Gründe dafür sprechen, die Entscheidungsvorbereitung in unserer komplexen Welt zu optimieren. Umweltmediation ist eine Möglichkeit, solche Entscheidungsprozesse zu verbessern und die Umsetzung ihrer Ergebnisse zu erleichtern.

Der Hintergrund dieser Notwendigkeit besteht auch in den Ursachen von Umweltkonflikten, die sehr vielfältig sind. Die Problemkomplexität habe ich bereits angesprochen. Ein weiteres Problemfeld ist die Tatsache, daß Kosten und Nutzen auseinanderfallen. Beispielsweise tragen die Umwelt- und sozialen Kosten für den Bau der Trasse durch das Gasteinertal die Menschen in dem Tal. Der Nutzen, den die Menschen, die im Gasteinertal leben, von der Trasse haben, ist zwar auch vorhanden, aber er ist bei weitem nicht so groß wie die sozialen Belastungen, die Lärmbelastung, die Umweltverschmutzung, die Umweltzerstörung, die diese Menschen aufgrund der Tatsache akzeptieren müssen, daß die Republik Österreich sich durch den Beitritt zur EU dazu verpflichtet hat, eine Hochleistungsstrecke durchs Gasteinertal zu bauen. Wenn das aber so ist, daß die Kosten einerseits und der Nutzen andererseits auseinanderklaffen, dann müssen wir Wege finden, daß diejenigen, die von dieser Situation betroffen sind, eine stärkere Beteiligung an Entscheidungen haben, die ihnen bestimmte Belastungen auferlegen.

Bei vielen Umweltentscheidungen ist darüber hinaus festzustellen, daß die Risikowahrnehmung der Betroffenen ganz anders aussieht als die Risikowahrnehmung der Experten. Die Experten sehen im wesentlichen ihre Grenzwerte. Sie sagen, wenn ein bestimmter Grenzwert eingehalten wird, besteht kein Problem. Die Betroffenen sehen das ganz anders. Sie fragen, wie das mit den Gesamtbelastungen aussieht, denen sie durch die Umweltverschmutzung ausgesetzt sind und die in einem einzelnen Grenzwert nicht erfaßt werden kann. Von daher stellt sich die Notwendigkeit, über diese verschiedenen Problembetrachtungsweisen auch miteinander zu kommunizieren und zu diskutieren.

Damit sind wir beim nächsten Punkt. Die bisherigen Verfahren der Einbeziehung und Beteiligung von Betroffenen in umweltpolitische Entscheidungen sind höchst defizitär. Sie sind, wenn man so will, ein Relikt des Feudalismus. Denn es gibt Anhörungen, wo die Verwaltung oder die Politik gleichsam gnädig den betroffenen Untertanen die Möglichkeit gewährt, ihre Beschwerden vorzutragen, aber diese Verfahren dienen nicht dazu, diskursiv und kommunikativ die

Probleme im einzelnen zu erörtern. Dies ist ein Grund, warum wir nach neuen Möglichkeiten der Beteiligung und Einbeziehung von Betroffenen suchen müssen, und der gesellschaftliche Wandel erzwingt dies in einem besonderen Maße. In einer wohlhabenden Gesellschaft, die man auch eine Gesellschaft von Erben genannt hat, wird es vielen Menschen finanziell leichter gemacht, vor Gericht zu gehen, um das einzuklagen, was sie für ihr Recht ansehen. Inzwischen verstehen wir auch Protest als eine legitime Form der Interessenvertretung, und wir sind keine Untertanen mehr, wie noch zu Kaiser Franz Josefs Zeiten, auf den eine Tafel am Bahnhof von Badgastein in der Weise hinweist, daß seine kaiserlich-königliche Majestät allerhöchst selbst huldvollst geruht haben, diese Bahnstrecke zu eröffnen. Diese Zeiten sind vorbei. Daher muß die Entwicklung der politischen Entscheidungsprozesse der Tatsache Rechnung tragen, daß wir andere Formen der Einflußnahme auf die Politik für angemessen erachten. Bürgerinitiativen und die Umweltbewegung haben ja deutlich unter Beweis gestellt, daß bestimmte Entscheidungsprozesse nicht mehr so ablaufen können, wie das bisher üblich gewesen ist.

Zunächst gebe ich im folgenden einen Überblick über die Geschichte der Umweltmediation in Deutschland. Sie beginnt mit einer Tagung in Loccum und dem ersten Verfahren, das im Jahre 1988 durchgeführt hat. Es ging um Entsorgungs- und Sondermüllprobleme von Müncherhagen in der Nähe von Hannover. Es beginnt dann in den 90er Jahren auch die Professionalisierung der Mediation in Familien- und Umweltkonflikten. 1992 kommt es zur Gründung der BAFM, eines ersten Zusammenschlusses von Mediatoren im Bereich der Familienmediation. Es entstehen die ersten Firmen, die Mediation als professionelle Dienstleistung anbieten. Von vielen wahrscheinlich nicht wahrgenommen, gibt es einen Beschluß des deutschen Bundestages vom Februar oder März 1992, der ausdrücklich vorsieht, im Bereich von umweltrelevanten Verfahren Mediation in verstärktem Maße einzusetzen.

1994 gab es einen Bericht der Bundesregierung über die Einsatzmöglichkeiten von Umweltmediation in Deutschland. Dies hat bisher keine weiteren Folgerungen nach sich gezogen, aber immerhin kann man darauf hinweisen, daß etwa in dem neuen Entwurf zum Umweltgesetzbuch vorgesehen ist, daß neutrale Vermittler z.B. bei Anhörungsverfahren eingesetzt werden sollen – die erste gesetzlich mögliche Kodifizierung der Mediation in Deutschland. Wir haben dann eine Reihe von Modellprojekten im Bereich der Schule, und es kommt im Dezember 1995 wiederum in Loccum zur Vorbereitung der Gründung eines Vereins der Umweltmediatoren, die im Jänner 1996 erfolgt unter der Überschrift »Arbeitsgemeinschaft Konfliktkommunikation für Umweltfragen«, abgekürzt AKU. Daraus ist dann die »Interessensgemeinschaft Umweltmediation« (IGUM) geworden. Die Vereinsgründung der IGUM hat am 1.11.1997 stattgefunden – die erste institutionalisierte Form der Umweltmediation in Deutschland.

Relevant für die weitere Entwicklung der Umweltmediation, insbesondere in der Bundesrepublik, ist das Projekt der »Arbeitsgemeinschaft Umweltfragen e.V.«, die AGU in Bonn, nämlich die Implementierung von Umweltmediation in Deutschland. Diese Gründung hat dazu geführt, daß es inzwischen einen »Förderverein Umweltmediation in Deutschland« gibt, bei dem drei Mitarbeiter hauptamtlich nichts anderes zu tun haben, als die Idee der Umweltmediation in Deutschland politisch und gesellschaftlich durchzusetzen. Dies halte ich für eine erfreuliche Entwicklung, und inzwischen gibt es eine Fülle von Aktivitäten dieses Fördervereins Umweltmediation, der im Januar 1998 gegründet worden war. Ein wichtiges Bestreben dieses Vereins ist es, die Idee der Umweltmediation im politischen Bereich stärker zu fundieren und auch die Zustimmung zu diesen Verfahren zu verbessern.

Es gibt dann auch, seit 1996, eine Reihe von Aktivitäten im Bereich der Wirtschaftsmediation. Hinweisen möchte ich auf die Tatsache, daß es inzwischen drei Universitäten im deutschsprachigen Raum und eine Fachhochschule in Aargau (Schweiz) gibt, die eine Ausbildung von Mediatoren in unterschiedlichen Feldern begonnen haben.

Hinsichtlich der Besonderheiten der Umweltmediation in Deutschland ist zunächst darauf zu verweisen, daß Umweltmediation, anders als Familienmediation, nicht zu direkten Entscheidungen führt, sondern der Entscheidungsvorbereitung dient. Es gibt eine Reihe weiterer Besonderheiten, die zu berücksichtigen sind. Zunächst einmal ist davon auszugehen, daß wir in der Regel sehr viele und sehr heterogene Konfliktparteien haben. Wir haben beispielsweise 1997 in Berlin ein Verfahren zur Aktualisierung des Abfallwirtschaftsprogramms des Landes Berlin durchgeführt (übrigens auf Beschluß des Abgeordnetenhauses – das erste Umweltmediationsverfahren, von dem ich weiß, das von einem politischen Gremium, einem Parlament, beschlossen worden ist) mit in der Regel mehr als 60 Beteiligten – ein ungeheuer schwieriges, komplexes und anstrengendes Verfahren. Da es sehr viele heterogene Konfliktparteien gibt, ist es wichtig, daß man gruppendynamische Prozesse versteht und sich darauf einläßt, und daß man vertrauensbildende Maßnahmen vorsieht, Maßnahmen also, die die Parteien dazu führen, daß sie sich kennen- und respektieren lernen. Das ist in diesen Verfahren, wo sich die Kontrahenten oft nur aus der Zeitung kennen, sehr schwierig. Ich erinnere mich an eine Situation in Berlin in diesem Abfallwirtschaftsprogramm, wo auf der einen Seite immer die Umweltseite saß und auf der anderen Seite immer die Wirtschaftsseite. Und es war nicht möglich, die beiden sozusagen die Plätze wechseln zu lassen, weil das Mißtrauen so groß gewesen ist.

Dann ist es wichtig, daß wir nicht die direkt Beteiligten immer am Tisch haben, sondern Repräsentanten von ihnen, was die Notwendigkeit in sich birgt, daß wir Feed-Back-Prozesse einleiten müssen. Diejenigen, die eine Bürgerinitiative in Mediationsverfahren vertreten, müssen sich der Zustimmung ihrer Gruppe immer wieder vergewissern. Und es ist auch die Aufgabe der Mediatoren, dafür Sorge zu tragen, daß dies geschieht, und auch selbst in die Gruppen zu gehen, um den Prozeß der Mediation in den Schritten, die er durchlaufen hat, zu vermitteln.

Es geht bei Umweltmediation um hochkomplexe Probleme, was bedeutet, daß es auch oft um Gutachter geht. Wobei dann natürlich der Streit losgeht, wessen Gutachter gehört werden soll. Hier ist dann sehr oft vorsichtiges Vorgehen erforderlich, und man muß gegebenenfalls zwei Gutachter vorsehen oder einen komplexen Prozeß entwickeln, der dann zu der Benennung eines Gutachters führt.

Wir haben als nächste Besonderheit die Öffentlichkeit als zusätzliches Problemfeld zu berücksichtigen. Mediation ist ein Prozeß, der Vertrauen bilden und in einem geschlossenen Kreis stattfinden soll. Dennoch ist die Öffentlichkeit interessiert an den Verfahren, weil ja die Gegenstände dieser Verfahren öffentlich bedeutsam sind. So stellt sich also einerseits die Notwendigkeit, daß wir die Öffentlichkeit ausschließen müssen, damit wir nicht ständig eine Parlamentsituation haben, wo die Beteiligten aufeinander einprügeln, nur um in einem guten Licht dazustehen, wie das im Parlament häufig der Fall ist; andererseits müssen wir aber sicherstellen, daß die Öffentlichkeit Kenntnis nimmt von dem, was im Mediationsverfahren abläuft.

Das politisch-administrative System als Teilnehmer im Konflikt bedeutet, daß wir Kenntnisse haben müssen über diejenigen, die zuständig sind, sowie über die Abläufe in Verwaltungsverfahren. Ebenso darüber, wann es keinen Sinn mehr macht, bestimmte Dinge im Mediationsverfahren zu behandeln, weil der Verwaltungsverfahrensprozeß darüber bereits hinweggegangen ist.

Ein weiterer Punkt ist die eingeschränkte Freiwilligkeit der Beteiligung, und dies meint, daß in bestimmten Situationen, wenn eine Gruppe sich entschlossen hat sich zu beteiligen, die andere Gruppe gleichsam gezwungen ist, auch an den Tisch zu kommen, in einer gewissen Einschränkung der Freiwilligkeit. Letztlich bedeutet allerdings auch Umweltmediation freiwillige Teilnahme an den Entscheidungen, und jeder Gruppe ist es freigestellt, wieder auszuziehen. Was allerdings dann auch die Problematik aufwerfen kann, daß wichtige, essentielle Gruppen nicht dabei sind, wie das bei den derzeit laufenden sogenannten Mediationsverfahren um den Flughafen Frankfurt der Fall ist. Wenn die Umweltverbände und die Bürgerinitiativen an einem solchen Verfahren nicht beteiligt sind, macht es keinen Sinn, ein Mediationsverfahren durchzuführen, denn das Ergebnis wird kein Konsens sein, sondern es wird ein streitiges Ergebnis herauskommen, das von den Betroffenen immer wieder in Frage gestellt werden muß.

Wir brauchen ferner eine Geschäftsordnung für die vielen Teilnehmer, die verpflichtet werden müssen, sich an bestimmte Regeln zu halten. Das ist oft ein sehr mühsamer Prozeß. In dem Verfahren um den Flughafen Berlin haben wir zwei Sitzungen zu je vier Stunden darum gerungen, wie denn die Geschäftsordnung auszusehen hat. Es geht hier um die Grundlegung der Spielregeln dessen, was passiert. Das Versammeln in kleinen Gruppen ist als Verfahrensschritt auch notwendig, um die Feed-Back-Prozesse sicherzustellen und auch im Einzelgespräch immer wieder Blockierungen der Gesprächssituation zu überwinden. So viel zu diesem Feld.

Es folgt ein Überblick über die Anwendungsfelder der Umweltmediation, wie sie sich nach einer Analyse der verschiedenen Verfahren in der Bundesrepublik darstellen. Wir haben im Auftrag der Deutschen Bundesstiftung Umwelt eine repräsentative Untersuchung durchgeführt und haben einmal versucht herauszufinden, wo eigentlich in der Bundesrepublik Umweltmediationsverfahren stattfinden. Inzwischen können wir unterscheiden zwischen den Feldern Programmentscheidung und Standort-Projektentscheidung. Es begann natürlich mit einer Standortentscheidung, der Standort Münchnerhagen Sonderabfalldeponie war ja das erste Beispiel, aber mehr und mehr geht man dazu über, auch Programmentscheidungen in Umweltmediationsverfahren zu entwickeln, was auch sinnvoll ist, denn die Standortentscheidung ist sozusagen das letzte Glied. Und wenn hier schon wesentliche Entscheidungen getroffen sind, macht es wenig Sinn, sich mit dem Plus oder Minus eines bestimmten Standortes auseinanderzusetzen. Wir sehen im Verkehr und insbesondere im Abfallbereich gegenwärtig die Hauptfelder der Umweltmediation. Es gibt darüber hinaus auch in Bau und Planung zunehmend Verfahren. Wir haben im Bereich der Wasserproblematik eine Reihe von Verfahren entdecken können, und das betrifft sowohl Programmentscheidungen als auch konkrete Standortentscheidungen in diesem Feld.

Naturschutz, Landschaftsplanung, Energie, Gentechnik und Chemie – hier gibt es unterschiedliche Ansätze und sicher sehr interessante Verfahren, weil es um die Grundsatzfrage geht: Welchen Nutzen und welche Risiken stellt die Chemiepolitik für die Bürgerinnen und Bürger der Bundesrepublik dar?

Von Mediation profitieren alle: die Politik, die Verwaltung, die Bürgerinnen und Bürger, die eine unmittelbarere und vor allem rechtzeitige Berücksichtigung ihrer Interessen und Belange in Entscheidungsvorbereitung und Entscheidung selbst erwarten können, und auch die Unternehmen profitieren letztlich von Umweltmediation, insofern eine Fülle von Fragen, die im Vorfeld solcher Verfahren geklärt werden können, für die Unternehmen eine gewisse Sicherheit im weiteren Vorgehen von Entscheidungsprozessen beinhalten.

Es gibt nun sehr unterschiedliche Sichtweisen von Umweltmediation, und mein Hinweis auf die Entscheidungsvorbereitung und die Frage der Demokratie und der politischen Beteiligung hat schon angedeutet, daß man Umweltmediation sehr unterschiedlich sehen und gewichten kann. Man kann auf der einen Seite sagen, daß Mediation ein Verfahren zur Optimierung von Entscheidungen ist – das wäre der entscheidungstheoretische Ansatz. Wir können mit Hilfe der Umweltmediation dafür sorgen, daß die Interessen der

Betroffenen in einem breiteren Umfeld berücksichtigt werden können, daß wir als Bürgerinnen und Bürger nicht nur die Möglichkeit haben, Abgeordnete zu wählen, die dann nach freiem Ermessen entscheiden und auf diese Weise definieren, was das Gemeinwohl ist; sondern es gibt darüber hinaus für Betroffene die Möglichkeit, inhaltlich Einfluß zu nehmen auf Entscheidungen, also die eigenen Interessen stärker einzubringen und sozusagen das Für und Wider von Entscheidungen breiter zu erörtern – das würde dann tatsächlich zu einer Optimierung des Entscheidungsprozesses führen. Das ist die eine Sichtweise.

Man kann darüber hinaus, zweitens, sagen, daß Mediation ein Verfahren ist zur besseren demokratischen Legitimierung politischer oder administrativer Entscheidungen, weil diese Entscheidungen nicht nur auf einem allgemeinen Votum der Wählerschaft beruhen, sondern die konkrete Interessenlage von Betroffenen und die konkrete Artikulation von Problemsichten, von Bedürfnissen einbeziehen und auf diese Weise eine breitere, intensivere Partizipation von Betroffenen an Entscheidungen ermöglichen. Mediation ist also eine neue, innovative, intelligentere Form der Bürgerbeteiligung, als wir sie bisher entwickelt und kennengelernt haben.

Ferner kann man sagen, daß Mediation langfristig die politische Kultur dadurch verändert, daß sie eine neue Form der Konfliktregelung in unsere Gesellschaft einbezieht, die die Konfliktparteien nicht zu Gegnern macht, sondern zu gemeinsamen Problemlösern. Das bedeutet nicht, daß Konflikte verschleiert oder unter den Teppich gekehrt werden, sondern daß diese deutlich herausgearbeitet werden in ihrer produktiven Kraft für die Veränderung der Gesellschaft und von daher auch zu einer Veränderung der politischen Kultur beitragen können.

Wenn man so will, kann man diese Form der Betrachtung der Mediation in einen anderen Zusammenhang bringen, der darin besteht, daß sich im Laufe der politischen Geschichte die Legitimation der Machtausübung verschoben hat. Beginnend mit der

Magna carta libertatum aus dem Jahre 1215 in England, wo zum ersten Mal die Rechte der Bürger – damals nur Bürger und nicht Bürgerinnen – kodifiziert worden sind, hat sich ein Übergang, bezogen auf die vorherrschende Grundlage der Entscheidung, von der Macht des Feudalherrn hin zum Recht, das im Rechtsstaat ausgebildet wird, vollzogen. In der Zivilgesellschaft kommen dann stärker die Interessen der Betroffenen zum Zuge, die nicht mehr nur rechtlich geschützt sind, sondern die auch unmittelbar eingehen können in die Grundlage der Entscheidung. Und die Form der Entscheidung wechselt dann vom Befehl über die Beratung hin zur Kooperation. Und das kann man dann mit der Wendung überschreiben »vom Diktat zur Mediation«, man könnte aber auch ironisierend sagen »vom Diktator zum Mediator«.

Immerhin kann man schon, wenn man Mediation in diesen geschichtlichen Zusammenhang stellt, erkennen, daß sich hier, in unserem politischen System, etwas zu verändern beginnt, und von daher kann man durchaus sagen, daß Mediation Perspektiven in sich birgt, die wir allmählich erst auszuschöpfen beginnen, und in dem Maße, in dem sich die Politik und die Verwaltung auf diese Verfahren tatsächlich einlassen, wird sich auch ihr Selbstverständnis verändern. Denn die Verwaltung muß erkennen, daß nicht sie unmittelbar nur für Problemlösungen verantwortlich ist, sondern daß die Betroffenen selber Problemlösungen mit erarbeiten.

Abschließend möchte ich ein paar Worte über die Umweltmediation aus der Innenperspektive des Mediators verlieren – als Kontrast zur Umweltmediation aus der Perspektive des politisch-administrativen Systems (wie oben beschrieben).

Ich möchte nicht versäumen darauf hinzuweisen, daß aus der innenseitigen Betrachtung desjenigen, der Umweltmediation praktiziert, dies ein Feld ist, das einerseits sehr attraktiv und herausfordernd, andererseits aber auch mit ungeheuren Anstrengungen verbunden ist.

Ich denke konkret an ein Umweltmediationsverfahren mit 60 Teilnehmern, das von fünf Uhr nachmittags bis knapp vor Mitternacht im Roten Rathaus in Berlin stattfand; wenn ich mich an dieses aufwendige und kräfteraubende Verfahren erinnere, wünsche ich mir manches Mal, Problemlösungen könnten auf einfachere Weise zustande kommen.

Die letzte Abbildung soll diesen Wunschtraum des Mediators bildhaft beschreiben.

Mediators Traum

»Also, meint noch jemand, seine Interessen
seien nicht befriedigt worden?«

Aspekte der Umweltmediation am Fallbeispiel des Mediationsverfahrens Gasteinertal

Thomas Flucher

Im folgenden möchte ich einige grundsätzliche Aspekte der sogenannten »Umweltmediation« am Beispiel des Verfahrens im Gasteinertal konkretisieren. Dieses Verfahren ist derzeit aktuell und steht jetzt – im September 1999 – etwa in der Mitte des Ablaufes. Da im vorliegenden Buch auch von Sellnow über eine Mediation aus dem österreichischen Bundesland Salzburg berichtet, könnte man den Schluß ziehen,

- daß die Salzburger ein besonders »streitsüchtiges Völklein« und daher so sehr auf die Mediationen angewiesen sind oder
- daß die Salzburger im Gegenteil ein besonders friedliebendes Völklein sind und darum ihre Konflikte vermehrt auf dem fairen und konsensorientierten Weg der Mediation lösen.

Und damit sind wir schon mitten im Thema – bei der Mediation – der Wahrnehmung von sogenannten Fakten und deren Interpretation.

147

Ich werde im Zusammenhang mit dem Verfahren im Gasteinertal auf die Besonderheiten und auf einige generelle Aspekte, die mir in der Umweltmediation wichtig erscheinen, eingehen. In der Umweltmediation handelt es sich um Vielparteienkonflikte. Deshalb kommt der frühzeitigen Durchführung der *Konfliktanalyse* vor dem Verfahren – teilweise vor der Offertstellung – eine große Bedeutung zu.

Schon die Konfliktanalyse findet auf den drei Ebenen der späteren Arbeit in der Mediation statt:

1. Sachebene
2. Beziehungsebene: Konfliktbeteiligte
3. Prozeßebene: Konfliktstatus

Worum geht es überhaupt beim Verfahren im Gasteinertal? Ich werde zunächst einmal die Sachebene darstellen.

Es hat sich in der Konfliktanalyse herausgestellt, daß die ÖBB den Auftrag haben, die Tauernachse aufgrund internationaler Vereinbarungen zweigleisig auszubauen. Die Tauernachse ist

148

Bestandteil der TEN-Netze (Trans European (Railway-)Network). Die beiden Strecken im Gasteinertal von insgesamt ca. 15 km Länge gehören zu den letzten Lücken im zweispurigen Ausbau der Gesamtstrecke zwischen Salzburg und Klagenfurt.

Auf der anderen Seite sind die Bewohner des Gasteinertals, die vom Kurtourismus dieser Region am Rande des Tauernnationalparks leben. Sie sind auf Ruhe und Erhaltung des Landschaftsbildes angewiesen – dies ist die Basis ihres Erwerbs: der Tourismus.

Blick auf Badgastein Richtung Süden

Die beiden Bilder stehen symbolisch für die unterschiedlichen Perspektiven, aus denen der Konflikt wahrgenommen wird:

– die Perspektive der Eisenbahn, die den Auftrag des Lückenschlusses auf der Tauernachse hat und

– die Perspektive der Bewohner, die ihre Lebensgrundlage gefährdet sehen.

Den jeweiligen TeilnehmerInnen den *Perspektivenwechsel* und die Sichtweise der anderen Konfliktparteien zu ermöglichen, ist eine der wesentlichen Aufgaben der MediatorInnen.

Seien es die Bürgermeister in Gastein, die Bürgerinitiativen oder die Verantwortlichen der ÖBB, alle Beteiligten versuchen, gemäß ihrem Auftrag, das Beste zu tun; aber leider widersprechen diese Aufträge einander.

Die Analyse des *Teilnehmerkreises* hat ergeben, daß wir insgesamt 16 Konfliktparteien am Tisch haben.

Eine Besonderheit dieses Verfahrens besteht darin, daß wir eine *gescheiterte Mediation* übernommen haben. Vorher waren zwei Mediatoren tätig, die fünf Sitzungen durchgeführt hatten. In den Sitzungen konnte nach den Aussagen der TeilnehmerInnen nicht zum inhaltlichen Kern vorgedrungen werden, sondern es wurde viel über das formelle Vorgehen und die Protokolle gestritten. Dies hat uns vor eine schwierige Situation gestellt:

- Wir vier MediatorInnen hätten die Mediation anders aufgebaut;
- aus der Sicht der beteiligten Konfliktparteien, die schon so viel Zeit investiert haben, wäre es aber mühsam gewesen, insbesondere im formellen Bereich, Arbeiten in ähnlicher Weise nochmals durchzuführen.

Wir haben uns in dieser Situation für eine etwas schwierige Gratwanderung entschieden, indem wir gesagt haben:

- Wir übernehmen alles aus dieser gescheiterten Mediation, wo wir uns einigermaßen dahinterstellen und sagen können, man kann es auch so machen, und
- wir lassen nur das weg, was wir eindeutig als Mißerfolgsfaktoren identifiziert haben und bauen diese Elemente genau nach unseren Vorstellungen neu auf.

Als Besonderheit des Verfahrens Gasteinertal, die wir anders handhaben wollten, wäre *das Vertragsverhältnis* zu nennen: Die vorherigen Mediatoren hatten ein Vertragsverhältnis nur mit dem Hauptgeldgeber, in diesem Fall dem Ministerium in Wien. Wir haben als erstes bei den Parteien ausbedungen, daß wir als Mediationsteam einen Vertrag mit allen teilnehmenden Konfliktparteien haben, also auch mit denen, die nicht zahlen. Das hatte den Nachteil, daß wir sehr lange brauchten, bis wir endgültig einen unterschriebenen Vertrag hatten – was erst etwa in der Mitte des Verfahrens der Fall war. Damit erreichten wir aber eine starke symbolische Wirkung: Das Mediationsteam ist gemeinsam von allen Konfliktparteien beauftragt.

Was waren die wesentlichen Konsequenzen der internen Konfliktanalyse?
1. Eine der Konfliktsituation angepaßte *Zusammenstellung des Mediationsteams* und
2. eine spezifische, adaptierte *Vorgehensweise*.

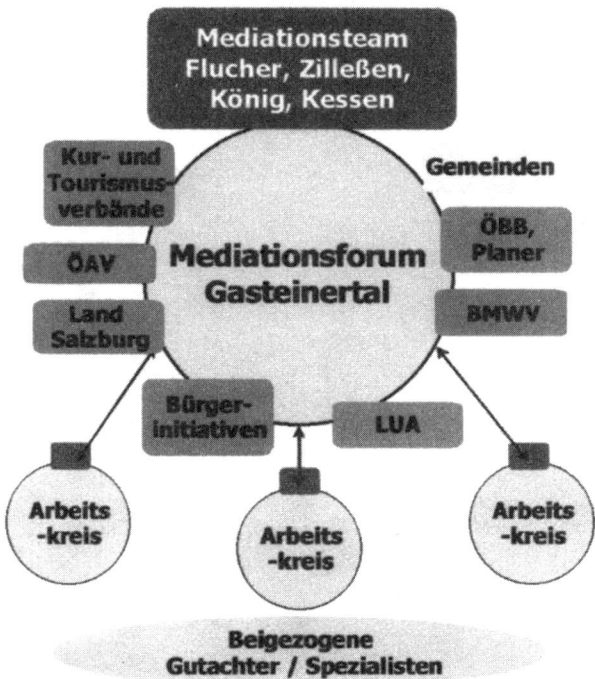

Wir führen das Verfahren mit einem Team von vier MediatorInnen durch. Die Teamgröße von vier MediatorInnen erweist sich für das Forum von über 20 TeilnehmerInnen als zweckmäßig. Es ermöglicht uns, den notwendigen Energielevel zu erzeugen, um in den Sitzungen den »Kontaktfaden« mit allen TeilnehmerInnen permanent aufrecht erhalten zu können. Eine Besonderheit der Umweltmediation mit so vielen Beteiligten ist, daß man sehr darauf achten muß, nicht irgendwann eine/n Beteiligte/n zu verlieren. Bei kleineren Mediationen mit zwei oder drei TeilnehmerInnen merkt man sofort, wenn jemand sich innerlich distanziert, aussteigt und sich nicht mehr vertreten fühlt. Bei so großen Verfahren bedarf dies einer speziellen Aufmerksamkeit.

In der fachlichen Zusammensetzung des Mediationsteams galt das Hauptaugenmerk der Kompetenz und Erfahrung im Bereich Mediation, aber auch einer guten Mischung der Zusatzkompetenzen. Der zweite – in der Umweltmediation ebenfalls wichtige – Aspekt besteht darin, die notwendigen »Feldkompetenzen« des jeweiligen Konflikts im Mediationsteam abzudecken. Spezialistenwissen kann über zugezogene Fachleute im Verfahren abgedeckt werden. Eine Basis an Kenntnissen im jeweiligen Konfliktbereich muß jedoch im Mediationsteam selbst vorhanden sein.

Das Mediationsteam für Gastein stellten wir so zusammen, daß folgende zentrale Zusatzkompetenzen für den konkreten Konflikt im Team abgedeckt sind:
– planerischer/technischer Bereich,
– Umweltbereich,
– Wirtschafts- und politikwissenschaftlicher Bereich.
Aufgrund der Konfliktanalyse haben wir für das Gasteinertal folgendes *Vorgehen* konzipiert, es läßt sich in drei Phasen unterteilen:
1. Vorbereitungsphase
2. Durchführungsphase
3. Entscheidungs- und Umsetzungsphase.

In der *Vorbereitungsphase* haben wir die von uns für die Offerte provisorisch durchgeführte Konfliktanalyse mit den Konfliktparteien gemeinsam neu erstellt und die Wirkungszusammenhänge ermittelt. Als Erstkontakt haben wir mit allen Konfliktparteien Einzelgespräche geführt, um einen ersten Schritt in Richtung »kooperatives Miteinander« zu unternehmen.

Der erste Schritt der *Durchführungsphase* ist das gegenseitige Darstellen und Anerkennen der Positionen und der dahinterliegen-

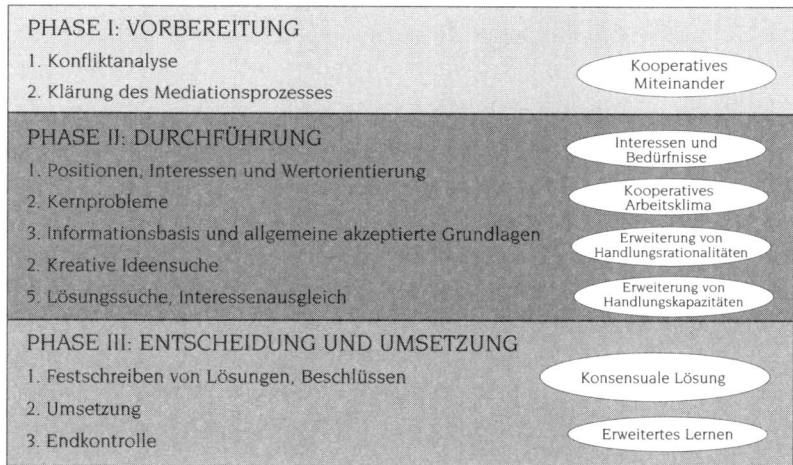

den Interessen und Werteorientierungen. Die weiteren Schritte und Zielsetzungen der 2. Phase sind der Abbildung zu entnehmen.

In der 3. Phase möchte ich vor allem auf die Zielsetzung der gesamten Mediation hinweisen: Ich teile diesbezüglich die Meinung vieler Wirtschaftsmediatoren nicht, daß es ausschließlich darum geht, einen Konsens im Konfliktgegenstand zu erreichen. Ich bin vielmehr der Überzeugung, daß das sogenannte »soziale Lernen« oder die Herstellung von tragfähigen Beziehungen mindestens so wichtig, in manchen Fällen sogar wichtiger ist. Im konkreten Fall werden während der ca. fünf- bis siebenjährigen Bauzeit gute Kontakte zwischen den ÖBB und den Gemeinden und sonstigen Gruppen das A und O einer reibungslosen, möglichst immissionsarmen Bauzeit sein.

Nun *einige Spotlights* auf gewisse Phasen dieser Mediation: Aus den Vorgesprächen in der ersten Phase hat der Satz eines Teilnehmers sinnbildlich die Erwartungen, die an die MediatorInnen gestellt wurden, ausgedrückt: »*Wir erwarten von Ihnen als Mediatoren, daß Sie absolut neutral sind und voll hinter unseren Anliegen stehen.*«

Aus der Konfliktanalyse, die im Verfahren gemeinsam wiederholt wurde, möchte ich auf einen Aspekt eingehen, nämlich die gemeinsame Sichtweise des Problems. Zu Beginn ist meistens die Situation so: Das Problem ist der andere. Wenn der andere nicht da wäre, wäre die Welt so wunderbar. Der Schritt weg von dieser Sichtweise zu jener »wir haben gemeinsam ein Problem, das wir nur in gemeinsamer Kooperation lösen können«, ist eine der wichtigsten Voraussetzungen dafür, daß überhaupt die Bereitschaft entsteht, miteinander zu arbeiten.

In der 2. Phase zeigt sich in den Mediationen, die wir durchführen, daß es wichtig ist, mit den Problemlösungsinstrumenten, die den TeilnehmerInnen vertraut sind, zu arbeiten. Es ist eine Frage der Fachrichtung, wie Probleme angegangen werden. Diese sind aber vielmals für Mediation ungeeignet, da sie oft nicht konsensfördernd sind. Als zweckmäßig hat sich erwiesen, daß man die vertrauten Instrumente der MediationsteilnehmerInnen heranzieht und sinnvoll adaptiert. Ich möchte dies kurz an zwei Beispielen erläutern. Das erste bezieht sich auf die Vorbereitung des 4. Schrittes der 2. Phase, die »kreative Lösungssuche«.

Wir haben vor dem 4. Schritt eine intensive Diskussion über die Zukunft und Identität des Tales eingeschoben. Oder psychologisierend: »eine lösungsorientierte Kurzzeittherapie für das Gasteinertal«. Im Kern ging es um die konkrete Frage an die TeilnehmerInnen: »Wie soll es Ihren Nachkommen in 30 Jahren gehen, wenn sie im Gasteinertal leben?«

Diese und weitere Fragen haben das Loslassen der Konflikthaltung erleichtert und das Hinüberschweben in ein »Lösungsland« erzielt. Dadurch konnten die TeilnehmerInnen wieder ihre eigene Kreativität ausschöpfen und andere Lösungsideen finden.

Als zweites Beispiel, wie man gewohnte Arbeitsinstrumente der TeilnehmerInnen sinnvoll für die Mediation adaptieren kann, zum

154

Schritt 5, in dem oft ein gemeinsamer *Vergleich* oder die *Bewertung von Lösungsvarianten* ansteht. Die nachfolgend erläuterte Methode stammt aus einem anderen Mediationsverfahren; in Gastein sind wir noch nicht soweit.

Der erste für Mediationen zentrale Schritt besteht darin, die Kriterien gemeinsam zu entwickeln. Kriterien basieren auf Wertorientierungen, und man kann getrost davon ausgehen, daß sie bei den Konfliktparteien unterschiedlich sind. Durch die gemeinsame Herleitung der Kriterien wird sichergestellt, daß diese die Werteorientierungen und Interessensgebiete aller TeilnehmerInnen widerspiegeln.

Für die Bewertung ist meist der Wunsch der TeilnehmerInnen ausschlaggebend, ein mathematisches System anzuwenden, das Klarheit darüber schafft, welches die beste Variante sei. Das klassische Modell (Nutzwertanalyse) sieht eine Punktebewertung der Varianten, z.B. von 1-10, und eine Gewichtung der Kriterien vor. Die Umweltauswirkungen werden z.B. mit einem Gewicht von 3 versehen, die Baukosten mit einem Gewicht von 5, andere mit einem Gewicht von 2 usw.; das multiplizieren wir dann mit den Punkten, welche die Varianten in den einzelnen Kriterien haben. Danach wird addiert. Diejenige Variante, welche die höchste gewichtete Punktesumme aufweist, ist die beste. Das ist schließlich die Lösung.

Dieses Verfahren ist für einen mediativen Prozeß denkbar ungeeignet, und zwar aus folgenden Gründen: Erstens werden sich bei der Gewichtung der Kriterien die Parteien nicht einig werden. Dies ist selbstverständlich, denn sie haben verschiedene Wertesysteme als Hintergrund, und in der Mediation darf nicht die Botschaft »deine Werte sind falsch« entstehen. Wir wollen vielmehr zulassen, daß verschiedene Wertesysteme im Hintergrund stehen, und nicht das eine als richtig und das andere als falsch taxiert oder der Zwang vorgegeben wird, sich auf einen Kompromiß zu einigen. Ein zweiter Grund: Wenn man die Summen gebildet hat und nun als Hauptargument nach außen kommuniziert »wir haben die Variante 1 gewählt, denn sie hat 58 Punkte bekommen«, wird dies für Außenstehende nicht sehr plausibel sein.

Unser Bemühen war nun, aus der vertrauten Methode der Variantenbewertung das Grundgerüst zu übernehmen und ein für die Mediation geeignetes Vorgehen daraus zu entwickeln.

Wie aus der Überschrift ersichtlich, heißt dieser Vorgang nicht mehr »Variantenbewertung«, sondern Variantenvergleich. Die Vorzüge und die Nachteile sollen herausgearbeitet werden. Es werden Argumente gefunden, wieso die Variante 1 bei den Umweltauswirkungen nur mittelprächtig ist. Wieso ist die Variante 3 bei den Umweltauswirkungen die beste von allen? Der Witz hinter dieser Bewertung mit Argumenten ist, daß es nicht addierbar ist. Man kann also nicht so ohne Weiteres zusammenzählen und sagen, das ist die beste Lösung.

Dies ermöglicht in der Folge Verhandlungen, in denen jede Konfliktpartei ihre Interessen einbringen kann, auf der Basis eines gemeinsam erstellten und anerkannten Vergleiches.

Was ist der Wert und was sind die Kosten der Mediation? Wieviel kostet Streit? Können wir uns das überhaupt leisten? Eine Besonderheit des Mediationsverfahrens in Gastein war, daß dieser Streit schon sehr lange dauert, etwa zehn Jahre, daß es ein sehr tiefgreifender Streit ist, der einigen TeilnehmerInnen an die Existenzgrundlagen geht. Wir haben uns einmal überschlagsmäßig angeschaut, wieviel dieser Streit in den letzten zehn Jahren bisher gekostet hat, einschließlich der Gutachten und Gegengutachten, die erstellt wurden, des Aufwands der vielen Beteiligten, die sich getroffen und engagiert haben usw. Bei dieser Überschlagsrechnung sind wir auf eine Summe von 60 bis 80 Millionen Schilling für alle Beteiligten innerhalb der letzten zehn Jahre gekommen. Im Vergleich dazu sind die Kosten für ein Mediationsverfahren von ca. zwei Millionen Schilling verschwindend gering. Wäre nun dieses Mediationsverfahren vor zehn Jahren, zu Beginn des Konflikts, angesetzt worden, so hätten sich die Parteien nach ihren Aussagen die »Streitkosten« von 60-80 Millionen Schilling sparen können. Ganz abgesehen davon, daß man neben den Kosten auch viel Zeit gespart und Nerven geschont hätte.

Diese Betrachtung bestätigt die Resultate einer großen amerikanischen Untersuchung von Mediationsverfahren, die zu dem Schluß kommt, daß die Konfliktlösung mit Mediation durchschnittlich 10-20 % des Kosten- und Zeitaufwandes des gerichtlichen Weges beansprucht.

In diesem Sinn möchte ich alle, die im Bereich der Umweltmediation tätig sind, ermuntern: Verkaufen Sie Ihre Leistungen selbstbewußt, kalkulieren Sie Ihren Aufwand reell und seien Sie sich dabei bewußt, daß Ihre Arbeit meistens wesentlich mehr wert ist.

Umweltmediation auf der kommunalen Ebene – am Beispiel des »Verkehrsforum Salzburg«

Reinhard Sellnow

Vorbemerkung

In vielen Städten können kaum noch verkehrspolitische Entscheidungen grundsätzlicher Art getroffen werden, obwohl Handlungsbedarf vorhanden wäre. Ursache ist der legitime Meinungsstreit nicht nur unter den politischen Parteien im Stadtrat, sondern gleichermaßen unter den in der Öffentlichkeit agierenden Interessengruppen, bis hin zu einzelnen Bürgern, die mit Klagen beim Verwaltungsgericht die Umsetzung von Verkehrslösungen, von denen sie sich benachteiligt sehen, blockieren. Fachlichen Ausarbeitungen der Verwaltung wird mißtraut, zu externen Gutachten werden sofort Gegengutachten erarbeitet. Die Auseinandersetzung erfolgt selten auf sachbezogener Basis, sondern ist eher emotionsgeladen und von Vorurteilen und pauschalen Verurteilungen geprägt.

In dieser Sackgassensituation bietet sich eine Beteiligung der Bürger am Meinungsbildungsprozeß an. Ich stelle hier das Modell und die Erfahrungen mit dem von mir entwickelten Bürgerbeteiligungsverfahren »Verkehrsforum« (im Folgenden: VF) vor, die ich in Heidelberg, Tübingen und speziell in Salzburg (Österreich) 1995/96 gesammelt habe.

Es versucht mit einer *Konfliktmoderation unter neutraler Leitung*, die Beteiligten an einen Tisch zu bekommen und auf der Grundlage von bestimmten Voraussetzungen und Rahmenbedingungen, Verfahrensvereinbarungen und »Spielregeln« das Thema gemeinsam aufzuarbeiten und – soweit möglich – einem Konsens zuzuführen. Es wurde ein gesamtstädtisches, konsensorientiertes Verkehrsleitbild mit beispielhaften Maßnahmen zu seiner Umsetzung erarbeitet. Das Verfahren lief nicht unter dem Begriff »Umweltmediation«, enthielt jedoch weitgehend dessen Elemente.

1. Ziele und Aufgaben des Verkehrsforums

Die *Ziele* des Verkehrsforums waren in einem offenen und transparenten Modell der Bürgermitwirkung:
- das vielschichtige Verkehrsthema unter neutraler Moderation offen, fair, sachgerecht und zielgerichtet so zu diskutieren, daß alle vom Verkehr in der Stadt berührten Interessengruppen Gelegenheit haben, ihre Sichtweisen, Probleme, Hoffnungen, Ängste und Lösungsansätze vorzubringen (*gegenseitige Information und Austausch*);
- den Versuch der Verständigung zu machen, indem unstrittige Sichtweisen herausgearbeitet und strittige durch Klärung von evtl. Mißverständnissen, Gründen, Hintergründen, Folge- und Nebenwirkungen durch Einsicht und Überzeugung weitgehend einem Konsens zugeführt werden. Maßstab sollten hierbei weniger Einzelinteressen als ein herauszufindendes, am Gemeinwohl orientiertes »Öffentliches Interesse« sein (*Verständigung*);
- die Informationen und Ergebnisse dieses Meinungsbildungsprozesses in geordneter und verständlicher Form als Empfehlung an die Öffentlichkeit, die Verwaltung und nicht zuletzt die Politik zu tragen, die sie als Hilfe für ihre verkehrspolitischen Entscheidungen nutzen soll (*Empfehlungen*).

Zu den *Aufgaben* des Verkehrsforums gehörten (in zeitlicher Reihenfolge):
- die Erarbeitung einer *Bestandsaufnahme der Verkehrsprobleme*, die dringend einer Bearbeitung und Lösung bedürfen;
- die Sammlung von Vorschlägen für kleinere *Sofortmaßnahmen*, die

sich schnell und preiswert durchführen lassen;
- die Erarbeitung eines *Verkehrsleitbildes*;
- die beispielhafte Erarbeitung von *Maßnahmen und Lösungsansätzen*, die sich an die öffentliche Hand, aber auch an die Wirtschaft, einzelne Gruppen und die Bürger richten.

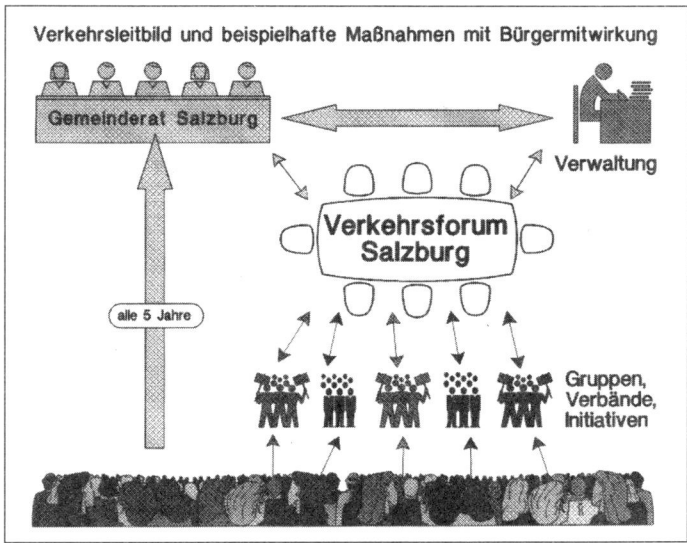

2. Organisationsmodell

Größe: Das Verkehrsforum selbst umfaßte im Innenkreis (Bürgerinteressen) 21 Personen, die *verbindlich* ihre Mitarbeit über den gesamten Zeitraum der Arbeit zusagten. Zusätzlich nahmen Vertreter des Gemeinderates, der Verwaltung und Sachverständige (fallweise) an den Sitzungen teil (Außenkreis).

Sitzungshäufigkeit und *Dauer*: Das VF hat durchschnittlich alle 3-4 Wochen getagt. Dies zum einen, um die freiwilligen und ehrenamtlich mitwirkenden Teilnehmer nicht zu überlasten, aber auch, um eine gute inhaltliche Vorbereitung jeder Sitzung durch die Verwaltung zu gewährleisten. Bei diesem 3-4 Wochen-Rhythmus sollte das

161

VF seine Aufgaben in ca. einem Jahr erfüllt haben. Letztlich dauerte es 16 Monate.

Für die *inhaltliche Qualifikation* und *fachliche Beratung* standen dem VF bei Bedarf Fachleute innerhalb und außerhalb der Verwaltung zur Verfügung.

Weitere *begleitende, fachliche Qualifizierungen* erfolgten durch Vorträge externer Referenten, Vorstellung von Lösungen anderer Städte, ggf. Exkursionen zur eigenen Anschauung, sowie durch bereitgestellte Materialien und Literatur. Ferner wurden *Kooperationen* mit anderen Institutionen (Institute, Bibliotheken usw.) vereinbart.

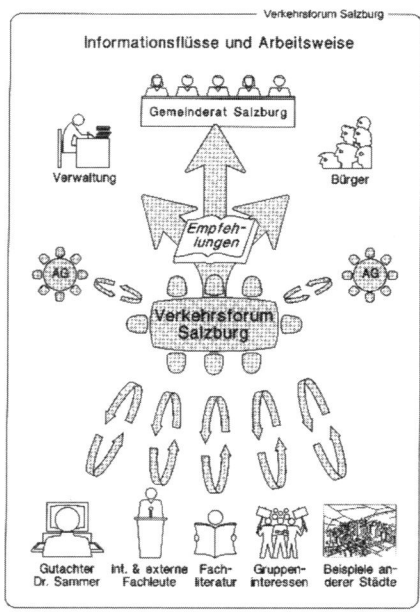

Für die fortlaufende Planung und Durchführung der Sitzungen wurde eine *Projektgruppe Verkehr* installiert, die den Ablauf im Detail vorbereitete (Wie soll ein Thema bearbeitet werden? Gibt es Referenten? Welches Material liegt vor? Wie lange soll darüber diskutiert werden? usw.).

In dieser Vorbereitungsgruppe wirkten neben der Verwaltung und dem Moderator drei gewählte Vertreter des VF mit, die die Hauptgruppen (Wirtschaft, Umwelt und Soziales) im Forum abbildeten. Außerdem konnten themenabhängig weitere Sachverständige hinzugezogen werden. Die Gruppe traf sich jeweils vor einer abendlichen VF-Sitzung am späten Nachmittag, um die darauffolgenden 1-2 Sitzungen vorzustrukturieren. Thematisch aufbereitetes Arbeitsmaterial für die VF-Sitzungen konnte entweder von der Verwaltung, dem Moderator oder externen Sachverständigen kommen.

Es hatte sich bewährt, daß es *vor- und/oder nachbereitende Arbeitsgruppen* gab, die eine Diskussionsgrundlage für ein Thema gemeinsam vorbereiteten oder im Nachhinein einen Diskussionsverlauf textlich so faßten, daß er als Meinungsbild des VF in die Dokumentation übernommen werden konnte.

Abstimmungen: Es konnte im Verkehrsforum *keine Mehrheitsentscheidungen* geben, indem sich einige Interessen durch Zusammenschluß gegen Minderheitsinteressen – evtl. gar kontinuierlich – durchsetzten. Grundsätzlich wurde – so weit wie möglich – *Konsens durch Verständigung* angestrebt. Der Konsens galt als erreicht, wenn es keine ausdrücklich geltend gemachten abweichenden Voten gab (also bei Zustimmung und Enthaltungen).

War kein Konsens zu erzielen, wurde eine mehrheitliche Meinung mit den davon abweichenden Voten als *Bandbreite des Meinungsbildes* im VF formuliert. Es mußte jedoch allen Beteiligten klar sein, daß der Wert und das politische Gewicht der Verkehrsforumsarbeit umso größer war, je mehr Konsens schlußendlich vorzuweisen war. Sollte sich herausstellen, daß die Meinungsbilder nur eine Summe vielfältiger und sich widersprechender Einzelvoten waren, gab es damit weder Empfehlungen des Verkehrsforums noch eine Rechtfertigung für den hohen Aufwand dieses Bürgermitwirkungsmodells.

Die Ablehnung von Mehrheitsentscheidungen bezog sich nur auf *Inhalte*, nicht auf *Verfahrensentscheidungen* zum Ablauf des Forums. Hier

Einstimmigkeit zu verlangen, würde zu langen Verfahrensdiskussionen führen und den Prozeß lähmen.

Presse: Die Presse ist ein wichtiger Partner des Verkehrsforums. Sie wird als Medium und Multiplikator gebraucht, um dem Stellvertreter-Bürgermitwirkungsmodell zu seiner Breitenwirkung zu verhelfen und um eine öffentliche Diskussion über den »richtigen Weg« in Verkehrsfragen zu führen. Die Form der Pressebeteiligung mußte jedoch so gewählt werden, daß es – insbesondere in Phasen der Verhandlung und Konsensbildung – einen geschützten Freiraum für Gedanken- und Redefreiheit gab, ohne daß sich einzelne Teilnehmer am nächsten Tag mit Gedankensplittern in der Zeitung zitiert fanden. Deshalb waren die Sitzungen des VF im Grundsatz *nicht presseöffentlich*. Die Presse wurde in *Pressekonferenzen*, die von der Projektgruppe Verkehr beschlossen wurden, über die Ergebnisse informiert. Anläßlich der Fertigstellung von Teilergebnissen (z. B. Bestandsaufnahme der Probleme, Sofortmaßnahmen, Verkehrsleitbild usw.) und des Beschlusses von Empfehlungen wurde die Presse auch direkt zu Sitzungen des VF eingeladen.

Verwaltung: Zur Vernetzung des Verkehrsforums mit der Verwaltung sollte eine interne organisatorische Regelung gefunden werden, die durch Information und Transparenz keine Ignorierung oder gar Ablehnung des VF durch die Verwaltung entstehen läßt. Denkbar wäre ein *abteilungs- und ämterübergreifendes Abstimmungsgremium* gewesen, mit dem die nicht unmittelbar beteiligten, aber von den Themen und Ergebnissen evtl. betroffenen Dienststellen hätten eingebunden werden können. Sie müssen informiert sein und die Möglichkeit haben, sich entweder über die regulären Verwaltungsvertreter oder themenbezogen bei Bedarf auch direkt inhaltlich einzubringen. Dieser Organisationsschritt wurde nicht geleistet.

Gemeinderat: Die beste Ausgangslage wäre eine vorherige, zustimmende Kenntnisnahme des Modells des Verkehrsforums durch den *Gemeinderat* der Stadt und ein Beschluß gewesen, die Arbeitsergebnisse in Form von Empfehlungen des Verkehrsforums ernsthaft prüfen zu wollen. Dies hätte einerseits sichergestellt, daß dieses Bürgermitwirkungsmodell nicht als Konkurrenz zum Gemeinderat oder zur Festigung einer einzelnen parteipolitischen Position, sondern als sachbezogene, überparteiliche Hilfe zur eigenen Meinungsbildung und Entscheidungsfindung verstanden wird.

Der »Lohn« der freiwilligen und ehrenamtlichen Arbeit der VF-Mitglieder kann und darf nicht darin bestehen, daß die Übernahme der Empfehlungen des VF von den Politikern garantiert wird. Aber er könnte in der Kurzformel bestehen: »Gegen gute Argumente gibt es keine politischen Entscheidungen«. Damit soll ausgedrückt werden, daß die Arbeit des VF vom Gemeinderat ernst genommen

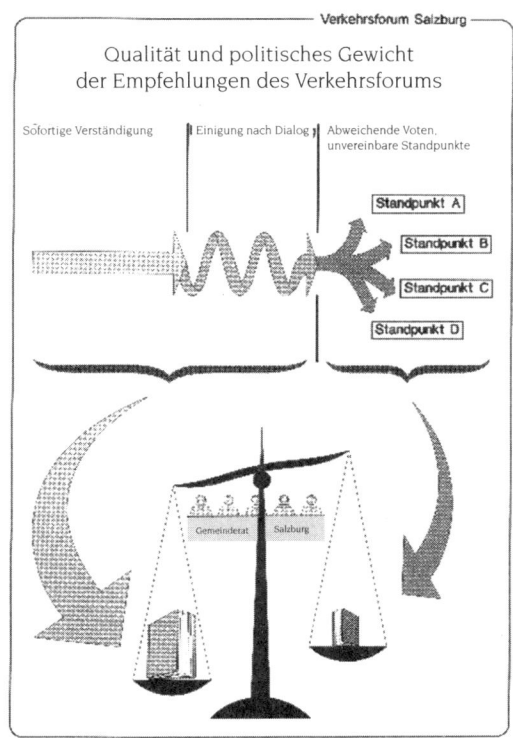

wird und seine Ergebnisse wohlwollend geprüft werden. Soweit die Argumente des VF transparent, nachvollziehbar, sachlich begründet, sinnvoll und im Konsens gefaßt sind, sollte politisch nicht »nach Belieben« und ohne vergleichbare sachliche Begründung anders entschieden werden. Übergeordnete Gesichtspunkte, wie die Abwägung mit Anforderungen aus anderen Handlungsfeldern (z. B. Soziales, Wohnen, Kultur, Infrastruktur usw.) oder die Finanzierungsmöglichkeiten, die nicht im VF diskutiert werden, können selbstverständlich zu begründeten Abweichungen von den Empfehlungen führen. Dieser Organisationsschritt der politischen Akzeptanzbeschaffung wurde nicht rechtzeitig geleistet. Das VF war bereits etabliert, als der Gemeinderat um die Zustimmung gebeten wurde. Er hat das Ansinnen daraufhin abgelehnt.

Rat und *Verwaltung* hätten sich verpflichten sollen, wichtige verkehrspolitische Entscheidungen, die als Vorwegnahme einer Grundsatzentscheidung wirken, bis zur Vorlage eines Verkehrsleitbildes möglichst zurückzustellen. Bei unaufschiebbaren Einzelfällen sollte das VF vorher informiert und um ein Meinungsbild gebeten werden. Dies hat leider nicht immer geklappt.

3. Teilnehmer

Das VF selbst umfaβte im Kern 21 Personen, um eine intensive Kommunikation sicherzustellen. Bei einem gröβeren Kreis würde die Möglichkeit der Diskussion und des Austausches deutlich leiden. Diese 21 Personen bildeten den bevorrechtigten Innenkreis.

Das VF wurde als *Stellvertreter-Bürgermitwirkungsmodell* konzipiert, d. h. Bürger konnten nur in Form von organisierten Interessenvertretungen daran teilnehmen. Dies war einerseits eine Einschränkung, andererseits aber auch eine notwendige Voraussetzung für die Kontinuität der Teilnahme und die Diskussion auf der Ebene von Gruppeninteressen.

Das Auswahlkriterium für die Stellvertreter-Teilnehmer war nicht eine bestimmte Gruppen-, sondern eine *Interessenzugehörigkeit*. Es wurde danach gefragt, welche benennbaren und berechtigten Interessen es zum Verkehrsthema gab (Frage der Betroffenheit), die mit ihren Anliegen fairerweise gehört werden müβten. Erst dann wurde gefragt, welche vorhandenen Gruppen die jeweiligen Interessen abbilden und artikulieren konnten. Wurde ein Interesse von mehreren Gruppen gleichwertig abgedeckt, sollten diese sich einigen, welche Person dieses Interesse im VF kompetent vertreten und wie intern die Informations- und Meinungsbildungsfrage gelöst werden konnte. Diese Frage der *Rückbindung* an die entsendenden Gruppen ist ganz wesentlich für das Modell. Es interessierten in der Diskussion weniger 21 geäuβerte Privatmeinungen als vielmehr weitgehend *abgesicherte und möglichst verbindliche Standpunkte* von Gruppeninteressen. Es war also notwendig, daβ die Teilnehmer des VF Kontakt zu ihren jeweiligen Gruppen hielten, diese über den Meinungsbildungsprozeβ informierten und sich ggf. die Zustimmung für vertretene Standpunkte holten. Damit sollte weit über das VF hinaus ein Diskussions- und Meinungsbildungsprozeβ zu den Verkehrsfragen ausgelöst und an den VF rückgebunden werden.

Zu den zu berücksichtigenden Interessen gehörten (ohne Rang-

folge):
- Verkehrsteilnehmer nach Verkehrsarten (Fußgänger, Radfahrer, ÖPNV-Benutzer, Autofahrer);
- Verkehrsteilnehmer nach tendenziell benachteiligten, sozialen Gruppen (Kinder, Jugendliche, Frauen, Senioren, Behinderte);
- Verkehrsteilnehmer nach räumlicher Lage (Stadtbewohner, Umlandbewohner);
- besondere Nutzergruppen (Pendler, Einkaufende, Touristen);
- sonstige Lebensbereiche/Handlungsfelder wie Wirtschaft: Arbeitgeber/Arbeitnehmer, Naturschutz, Städtebau/Stadtgestalt, Gesundheit, Sicherheit;
- Politiker aller sieben im Gemeinderat vertretenen Parteien;
- Verwaltung mit Fachämtern;
- Sachverständige (z. B. Verkehrspolizei, Landesbehörden, Fachinstitute usw.).

Die ausgewählte Person, die ein bestimmtes Interesse im VF sachlich und rhetorisch kompetent vertrat, sollte sich bereit erklären, *kontinuierlich* während der ganzen Laufzeit *mitzuarbeiten* und über die reine Sitzungsteilnahme hinaus auch Zeit für die inhaltliche Vor- und Nachbereitung, ggf. die Teilnahme an Arbeitsgruppen und die Information der entsendenden Gruppe(n) aufzuwenden. Damit wird deutlich, daß die Teilnahme am VF kein »Ehren«-Amt, sondern ein »*Arbeits*«-Amt ist. Für jedes VF-Mitglied sollte zugleich ein *Vertreter* oder eine *Vertreterin* für den Verhinderungsfall benannt werden.

Eine Sonderrolle nahmen die *Kommunalpolitiker*, *Mitglieder der Verwaltung* und *externe Sachverständige* ein. Es sollten alle im Gemeinderat vertretenen politischen Parteien mit einem ständigen Vertreter dabei sein, jedoch mit einem Sonderstatus. Das Selbstverständnis sollte sein, das VF nicht als »politische Bühne« der parteipolitischen Auseinandersetzung zu nutzen, sondern als Möglichkeit, unmittelbar Interessenvertreter aus der Bürgerschaft mit ihren Bedenken und Anregungen zu Verkehrsfragen zu hören. Dies bedeutete keineswegs ein Redeverbot, sondern nur eine Bitte um entsprechende Rücksichtnahme und Zurückhaltung. Jedem Partei-vertreter fiel dabei die Aufgabe zu, seiner Partei / Fraktion kontinu-ierlich vom Meinungsbildungsprozeß im VF zu berichten, damit die später erarbeiteten Empfehlungen nicht überraschend und unver-ständlich waren. Die Teilnahme von seiten der politischen Parteien war eher dürftig. Das Ziel der Transparenz und Vermittlung wurde hier nicht erreicht.

Ähnlich sollten auch die Mitglieder der Verwaltung in einer Sonderrolle die Diskussion der Interessenvertreter einerseits als Informationsquelle nutzen (Anregungen und Bedenken), anderer-seits aber auch ihren Sachverstand dem VF als Berater aktiv zur Verfügung stellen. Dies hat gut funktioniert. Auch sonstige externe Sachverständige, die fallweise hinzugezogen werden, sollten sich auf die Beraterrolle beschränken. Auch dies hat geklappt.

Die Sonderrolle von Politikern, Verwaltungsangehörigen und Sachverständigen wurde auch optisch zum Ausdruck gebracht, indem die 21 Interessenvertreter einen *Innenkreis* und die anderen einen *Außenkreis* bildeten. Teilnehmer des Außenkreises durften sich im Rahmen des o.g. Selbstverständnisses (Zurückhaltung) einer-seits selbst zu Wort melden, andererseits wurden sie von seiten des Moderators phasenweise aktiv aufgefordert und um Stellungnah-men oder Kommentare gebeten. Der Innenkreis mußte für seine Realitätsnähe auch immer wieder eine Rückmeldung bekommen, wo er mit seiner aktuellen Diskussion »in der politischen Land-schaft« steht, bzw. wie Fachleute innerhalb und außerhalb der Verwaltung die geäußerten Ideen einschätzten.

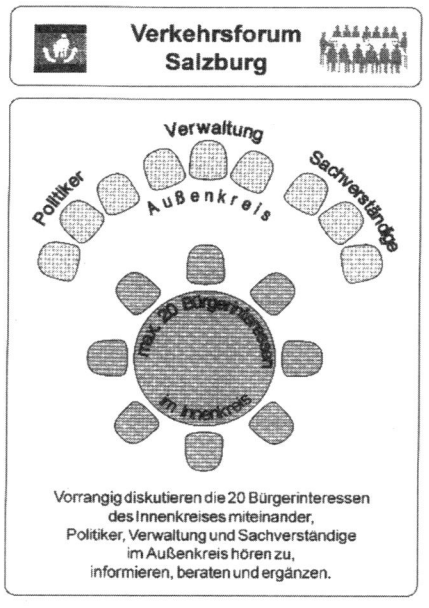

Verkehrsforum Salzburg

Verwaltung

Politiker

Sachverständige

Außenkreis

max. 20 Bürgerinteressen im Innenkreis

Vorrangig diskutieren die 20 Bürgerinteressen
des Innenkreises miteinander,
Politiker, Verwaltung und Sachverständige
im Außenkreis hören zu,
informieren, beraten und ergänzen.

4. Moderation

Die Sitzungen des Verkehrsforums wurden von einem *neutralen Moderator* bzw. Mediator (Konfliktmittler) geleitet. Er sollte persönlich unabhängig von der örtlichen Parteienlandschaft und den Gemeinderatsmehrheiten, von Verwaltungsvorstellungen und eigenen wirtschaftlichen Interessen arbeiten, die über die Honorierung seiner Moderatorenleistung oder Beratungstätigkeit hinausgehen. Er war zuständig für das methodische Vorgehen, also für den *Prozeß* und *Ablauf*; die Teilnehmer des VF waren – innerhalb dieses methodischen Rahmens – dann zuständig für den Inhalt.

Unter Einsatz teilnehmerorientierter Arbeitsweisen sollte der Mediator für *Transparenz* in den Argumenten und für *Dialog* in der Form der

Meinungsbildung sorgen. Er sollte zu allen Beteiligten Kontakt halten, helfen, auftretende Konflikte im Wege der Vermittlung beizulegen und die Verständigungsprozesse auf allparteiliche Weise fördern. Auch im Falle von Verfahrenskonflikten stand er als neutraler Mittler den Beteiligten zur Verfügung. Er bemühte sich, eine sachliche, faire und persönliche Angriffe ausschließende »Streitkultur« zu entwickeln.

Der Moderator leitete als Vorsitzender die Sitzungen des Verkehrsforums ohne eigenes Stimmrecht. Er erteilte und entzog das Wort, leitete Abstimmungen und hielt die Ordnung in Sitzungen aufrecht.

5. Verhaltensregeln

Die Mitglieder des Verkehrsforums bemühten sich um eine kooperative Zusammenarbeit in den dringenden Verkehrsfragen. Hierzu wurde vereinbart:

– Jeder bringt eine echte Dialogwilligkeit ein und die Bereitschaft, sich offen auf das moderierte Verfahren der Konsensfindung einzulassen.

- Der Blickwinkel in der Lösungssuche ist nicht der des privaten Einzelinteresses, sondern eines zu definierenden öffentlichen oder Gemeinwohlinteresses. Damit sollte jeder bereit sein, sich um Lösungen zu bemühen, die auch die Interessen der anderen umfassen.
- Die gesuchten Lösungen sollten von Dauer sein (Zukunftsorientierung, Sicherung der langfristigen Lebensgrundlagen).
- Die Auseinandersetzung erfolgt auf der Basis sachbezogener, nachvollziehbarer Argumentation. Die Diskussion wird fair und in Achtung vor der Person geführt. Die Beziehungen zwischen den Parteien sollten sich verbessern, zumindest nicht verschlechtern. Persönliche Angriffe und Schuldzuweisungen werden daher nicht geduldet.
- Im Verkehrsforum selbst werden keine Entscheidungen bezüglich Planung oder Vollzug den Verkehr betreffender Lösungen getroffen; die Arbeit dient als Vorbereitung und ggf. Empfehlung für den Diskussions- und Meinungsbildungsprozeß in der Öffentlichkeit, in der Verwaltung und im Gemeinderat.
- Die Vertraulichkeit der Gespräche ist zu wahren; Äußerungen einzelner Teilnehmerinnen und Teilnehmer dürfen nur mit deren ausdrücklicher Zustimmung zitiert werden.
- Das VF kann für bestimmte Sachverhalte und Vorgänge (z.B. Verhandlungs- und Einigungsprozesse) seine Mitglieder zur Verschwiegenheit verpflichten. Dies muß geschehen, wenn 1/3 der Mitglieder dies verlangen.
- Es wird kein Prozeß-, sondern nur ein Ergebnisprotokoll geführt. Eventuelle elektronische Aufzeichnungen dienen ausschließlich der korrekten Dokumentation und nicht der Information der Öffentlichkeit.
- Es ist ein gemeinsamer Beschluß darüber herbeizuführen, in welcher geeigneten Weise die Presse und die Öffentlichkeit über

172

die Ergebnisse des Verkehrsforums informiert werden.
– Um die Einhaltung dieser Verfahrensvereinbarungen bemühen sich alle Teilnehmer eigenverantwortlich und gemeinsam. Der Moderator hat das Recht, auf Verletzungen dieser Vereinbarungen aufmerksam zu machen und ggf. die Einhaltung sicherzustellen.

6. Ablaufplan

Das Verkehrsforum begann seine Arbeit mit einer Bestandsaufnahme der Probleme, schaltete dann eine Phase ein, in der Sofortmaßnahmen (klein, schnell, preiswert) gesammelt wurden, wandte sich einer Zielfindung zu (Leitbild erarbeiten), um letztlich nach beispielhaften Maßnahmen zu suchen, mit denen die Ziele erreicht werden könnten.

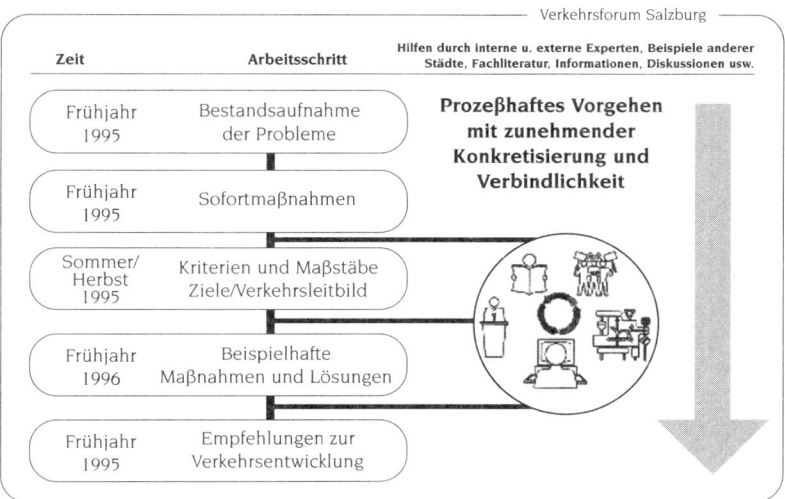

7. Ergebnisse und erste Einschätzungen

Wesentlich für eine Erfolgskontrolle wird sein, wie die Meßlatte für einen »Erfolg« definiert wird. Sie beginnt bei der Frage: Geht es nur um das *sachliche Ergebnis* oder auch um den *sozialen Prozeß*.

Beim Kriterium »*Fachliche Qualität*« könnte ein Verkehrsplanungsbüro vermutlich schneller Besseres leisten, mit größerer Klarheit und innerer Stimmigkeit. Damit allein wüßten die Auftraggeber aber nichts über die »*gesellschaftliche Akzeptanz*«. Die allein ließe sich vermutlich über eine Fragebogenaktion bei denselben Gruppen auch schneller und billiger abfragen. Dann wüßte man aber noch nichts über das *gegenseitige Verständnis* und die »*Kompromißbereitschaft*«, eigene Positionen in Anerkennung anderer berechtigter Interessen oder gar eines »Gemeinwohl-Interesses« zu verändern. Hierfür braucht es den direkten Austausch, den Dialog und ggf. die Verhandlung.

Und woran mißt man eine »erfolgreiche Verhandlung«? Eventuell an der »Einigung« und am erreichten »Konsens«, die unter Umständen aber nur durch Ausklammern kritischer Bereiche, Verbleiben auf einem abstrakten Niveau oder auf Kosten Dritter erreicht werden? Ist nicht auch ohne Konsens die Tatsache, daß bisher erbitterte Kontrahenten gesellschaftlicher Gruppen sich einige Sitzungen lang zugehört und ausgetauscht haben, bereits ein Erfolg? Ein Erfolg in »neuer Streitkultur« und praktischer, gelebter Demokratie, mit positiven Folgen für das »Klima« in der Stadt und die allseits beklagte Politikverdrossenheit? Können – wie im Verkehrsforum Salzburg – über 1000 ehrenamtliche Arbeitsstunden von Initiativen, Vereinen und Verbänden innerhalb von 14 Monaten in 16 Plenumssitzungen (ohne vorgeschaltete Arbeitsgruppen und die persönliche Vor- und Nachbereitung) schon ein Erfolg für sich sein?

Können – wie im Fall Salzburg – ein Verkehrsleitbild mit 62 Zielen, zu denen es lediglich in 5 Fällen »Vorbehalte« der einen oder anderen Gruppe gab (alle anderen im Konsens), 92 *Konsens*-Sofortmaßnahmen und 72 mittel- und langfristige *Konsens*-Maßnahmen zur Umsetzung dieser Ziele schon *wegen der festgestellten* Einigkeit einen Wert und Erfolg für sich haben, zunächst sogar unabhängig von der fachlichen Qualität der Ergebnisse? Ist die Tatsache, daß der vorher von einigen massiv geforderte, millionenteure Tunnel durch den Kapuzinerberg am Ende »kein Thema« mehr war, nicht auch ein Erfolg, selbst wenn über die Alternativen dazu noch gestritten wird? Der hohe Grad an erreichtem Konsens hat dazu geführt, daß die Arbeitsergebnisse des Verkehrsforums vom Stadtrat letztlich doch zur Grundlage der künftigen Verkehrsentwicklungsplanung in Salzburg gemacht wurden.

Literatur

Sellnow, R. (1993): Verkehrsforum Heidelberg. Empfehlungen des Verkehrsforums zum Verkehrsentwicklungsplan Heidelberg. Dokumentation der Arbeitsergebnisse 3/91 – 6/93. Stadt Heidelberg, Amt für Stadtentwicklung und Statistik, unveröff. Manuskript.

Sellnow, R. (1994): Verkehrsforum Heidelberg. Eine Bürgermitwirkung am Verkehrsentwicklungsplan. In: Claus, F., Wiedemann , P. (Hg): Umweltkonflikte. Vermittlungsverfahren zu ihrer Lösung – Praxisberichte. Taunusstein (Blottner Verlag).

Sellnow, R. (1996): Empfehlungen des Verkehrsforums zum Verkehrsleitbild der Stadt Salzburg und beispielhafte Maßnahmen zur Umsetzung. Schriftenreihe zur Salzburger Stadtplanung, Heft 30, MA der Landeshauptstadt Salzburg, unveröff. Manuskript.

Sellnow, R. (1996): Konfliktmoderation – Ein Mittel zur Bürgermitwirkung in strittigen Verkehrsfragen. In: Verkehrszeichen 3, S. 11-16.

Sellnow, R.: Konfliktmoderation als Mittel zur Bürgerbeteiligung. In: Vonhoff, H.-J. (Hg.): Stadtverkehr 2001. Bausteine für eine siedlungsverträgliche Mobilität. IKU-Reihe Kommune und Umwelt, Bd. 6. Frankfurt (Fachhochschulverlag)

Umweltmediation – Mediation in komplexen Systemen

Günther Kienast

Damit die folgenden Ausführungen leichter einzuordnen sind, möchte ich einige Angaben über meinen persönlichen Hintergrund an den Beginn dieses Beitrags stellen. Ich bin seit etwa 18 Jahren in mediationsähnlichen Prozessen tätig. Beginnend bei abfallwirtschaftlichen Projekten – mein Team und ich entwickelten und begleiteten das erste Bürgerbeteiligungsverfahren (bei Sondermülldeponien) in Österreich – beschäftige ich mich in den letzten sechs Jahren zunehmend mit Verkehrs-, Eisenbahn- und Straßenprojekten. Gleichzeitig versuche ich wo immer möglich anzuregen, daß auch dort mediationsähnliche Verfahren stattfinden, wenn es darum geht, sachpolitische Konzepte auszuarbeiten. Heute werden sie im Regelfall noch in erster Linie von Fachbeamten und Politikern ausgearbeitet. Zu meinem theoretischen Hintergrund, der sehr stark von der systemischen Sichtweise beeinflußt ist, kommt noch jener Wissensbereich dazu, den man mit der Überschrift »mitwirkungsorientierte Öffentlichkeitsarbeit« versehen kann. Schließlich war es dieses partizipative Verständnis von Öffentlichkeitsarbeit, das mir den Zugang zu Mediationsprozessen eröffnete.

Umweltmediation ist sehr stark dadurch geprägt – und unterscheidet sich gerade dadurch von anderen Mediationsarten –, daß sie im Regelfall im öffentlichen Raum stattfindet. Als Mediatorin oder Mediator in der Umweltmediation hat man es nicht nur mit ohnehin schon komplexen Systemen zu tun, sondern ist darüber hinaus mit dem »Überschwappen« eines relativ schwer einbindbaren Systems, wie zum Beispiel den öffentlichen Medien, konfrontiert. Umweltmediation findet also in einem Netzwerk von bereits vorhandenen komplexen Systemen und einer Verknüpfung dieser

Systeme mit verschiedenen Teilen der Öffentlichkeit statt.

Voraussetzungen für ein erfolgversprechendes Mediationsverfahren

- Transparenz
- Freiwilligkeit
- Parität
- Glaubwürdigkeit des Mediators
- Verhandlungsbereitschaft
- Vertrauen in das Verfahren
- Beachtung des öffentlichen Interesses
- Nichtförmlichkeit
- Interessensausgleich

»Wie sieht es mit Umweltmediation in Österreich konkret aus?« Obige Tabelle gibt einen Überblick, wer im Bereich des Interessenausgleiches tätig ist und welche Kriterien angelegt werden sollten. Hier zeigt sich ein weiterer Unterschied zwischen der Umweltmediation und anderen Anwendungsfeldern der Mediation: die rechtspolitische Dimension des »öffentlichen Interesses«. Diese Dimension kommt zum Beispiel in der Privatheit der Scheidungsmediation nicht vor, außer wenn es um Kinder geht. Dort gibt es das Kindeswohl als öffentliches Interesse. Bei der Wirtschaftsmediation geht es zwar häufig um – materiell – rechtliche Fragen, selten aber im Sinne des öffentlichen Interesses.

Bei der Umweltmediation bin ich sofort mit diesem Thema konfrontiert, vor allem dann, wenn es um den Ausgleich zwischen verschiedenen Sachthemen im Sinne von Umweltschutzgütern geht.

Wodurch können Systeme definiert werden? Wir haben in Systemen immer Teile und Elemente, die als solche erkennbar sind und sich auch gegenseitig abgrenzen. Diese Elemente können, wenn wir zum Beispiel auf die Umwelt als System schauen, Subsysteme wie Wasser, Boden oder Luft sein. Ich möchte mich in der weiteren Folge natürlich insbesondere mit sozialen Systemen beschäftigen. Dort sind diese Elemente und Teile zunächst Einzelmenschen und in der weiteren Folge durch verschiedene Interaktionen und Zusammenschlüsse dieser Menschen kleinere oder größere Subsysteme – was augenfällig das so entstehende größere System mit Komplexität auflädt. Ein Beispiel: der Neubau einer Eisenbahnstrecke; 22 Gemeinden sind von ihr unmittelbar betroffen. In diesem Beispiel habe ich also zumindest 22 Großsysteme, die Gemeinden. Und wer in eines dieser Gemeindesysteme analytisch tiefer einsteigt, kommt darauf, daß es da noch ganz andere Systeme gibt. Diese Subsysteme können beispielsweise als bereits länger bestehende Systeme wie Vereine, Familien, Gemeinderat oder als durch das Projekt neu entstandene wie Bürgerinitiativen identifiziert werden.

Die Teile und Elemente eines Systems stehen zueinander in Interaktionen und Wirkzusammenhängen. Der Begriff »Wirkzusammenhänge« ist ein besonders wichtiger Begriff in der Systemtheorie, der mir aber auch persönlich in meiner Praxis der Mediation oder auch in der mitwirkungsorientierten Öffentlichkeitsarbeit immer besondere Einblicke in konkrete Abläufe von Prozessen gebracht hat.

Was Interaktionen sind, ist uns relativ rasch klar, wenn wir im sozialen Bereich tätig sind. Was uns oft weniger klar ist oder wo wir weniger hinschauen, ist, daß die Art und Weise wie die Interaktionen, die zwischen zwei Elementen oder zwischen zwei Subsystemen stattfinden, Auswirkungen auf andere Systemteile bzw. auf das Gesamtsystem hat. Ein Beispiel dafür sind die Wechselbeziehung zwischen Bürgermeister und Gemeinderat. Die Qualität dieser Interaktionen hat wesentliche Auswirkungen auf andere Bereiche der Sozietät in der Gemeinde. Ein weiteres Systeme definierendes Merkmal ist die Hierarchisierung zwischen den Elementen eines Systems. Das Thema Hierarchie werde ich jedoch nicht weiter ausführen. Denn es ist ziemlich klar, egal ob es jetzt ein kleineres System oder ein größeres System ist, daß sich Hierarchien herausbilden. Wobei wiederum für spätere Analysen interessant ist, ob diese Hierarchien eher formal, das heißt, für alle ersichtlich und nachvollziehbar, oder ob sie eher informell sind. Beispielsweise kennen alle sicherlich den Ausdruck »graue Eminenz«, der eine

Person bezeichnet, die eigentlich in der offiziellen Machthierarchie gar nicht so ersichtlich ist, aber in Wahrheit *die* Schlüsselautorität für die in der Sozietät wichtigen Angelegenheiten hat.

Systeme können auch nach der Art von Zusammenschlüssen von Elementen beschrieben werden. Das wären z. B. die schon oft angesprochenen Subsysteme, aber auch Allianzen oder Koalitionen, Begriffe, die man aus der Politik kennt.

Eine weitere Beschreibungsdimension für Systeme gewinnt für mich zunehmend in der Praxis an Bedeutung: die Regeln, auf die sich die Elemente eines Systems beziehen. Auch hier können wir wieder zwischen formalen und informellen Regelungen unterscheiden. Häufig interessanter und bedeutsamer für die Arbeit des Prozeßbegleiters oder Mediators sind die informellen Regeln. So hat mir zum Beispiel vor kurzem ein Verhandlungsleiter einer Behörde, der sich auch mit Mediation beschäftigt, erzählt, welch leidvolle Erfahrungen er aufgrund seiner Unkenntnis bezüglich der informellen Regeln machen mußte. Als er das erste Mal in einer eher isolierten Talschaft seines Bundeslandes eine Verhandlung leiten mußte, war unter den Verhandlungsteilnehmern einer, der aggressiv, laut schreiend gegenüber dem Verhandlungsleiter und auch gegenüber den anderen Teilnehmern agierte. Er machte nach mehrmaligen Ermahnungen von seinem Recht der Verhandlungspolizei Gebrauch und schloß ihn von der Verhandlung aus. Daraufhin war Totenstille. Keines der anderen Mitglieder dieses kleinen Subsystems hat überhaupt noch etwas gesagt. Sie sind aufgestanden, die Verhandlung mußte abgebrochen werden. Jetzt hat er sich natürlich verunsichert gefragt, was da eigentlich passiert ist? Heute weiß er: Er hat die informellen Regeln nicht gekannt. Das erste war, daß der, der so laut geschrien hat, an und für sich ein Stotterer war, der nur unter Schreien und Beflegeln anderer in der Lage war, ganze Sätze herauszubekommen. Zusätzlich stand er in der Hierarchie der Ortsgemeinschaft sehr weit unten. Aufgrund des Ausschlusses hat die Sozietät einen bei ihr als informelle Regel bestehenden Schutzmechanismus in

Gang gesetzt und hat gesagt »Du verstößt gegen unsere Regel, daß Du den Schwächsten angreifst«. Der Verhandlungsleiter lernte daraus, daß er sich sehr genau vor Verhandlungen analytisch damit beschäftigen mußte, welche sozialen Zusammenhänge es zwischen den Verhandlungsteilnehmern gibt, und, soweit möglich, welche »Regeln« in der konkreten Ortsgemeinschaft bestehen.

Ebenso bedeutsam sind für mich die Bewertungskodierungen, die in unterschiedlichen Teilsystemen vorherrschen. Damit ist gemeint, daß das, was in einem System für die Bewertung von Inhalten gültig und sinnvoll ist, nicht automatisch für andere Systeme oder Systemteile Gültigkeit haben muß. Am bekanntesten ist in diesem Zusammenhang die Diskussion zwischen Wissenschafts- bzw. Fachsystemen. Zum Beispiel muß, was aus technischer Sicht sinnvoll machbar erscheint, noch lange nicht rechtlich in Ordnung oder ethisch gut sein.

In sozialen Systemen liegen häufig subjektive Bewertungskodierungen der einzelnen Elemente untereinander, aber auch subjektive mit kollektiven Bewertungskodierungen im Widerstreit.

Insgesamt unterliegen Systeme einer Selbststeuerung und müssen sich, wenn sie lebendig bleiben wollen, auch eine gewisse Offenheit hin zum Umfeld und dessen sich ändernden Rahmenbedingungen erhalten. Allerdings befinden sich Systeme in einem ganz eigenartigen, eher labilen Gleichgewicht, das sie – einmal erlangt – eher ungern aufgeben – was wiederum der Notwendigkeit der Offenheit entgegensteht. Wenn man sich unter diesem Gesichtspunkt zum Beispiel Familiensysteme anschaut, muß man häufig erkennen, daß einer Veränderung von tradierten Regeln Widerstand entgegengesetzt wird, obwohl alle Familienmitglieder die »Unsinnigkeit« der konkreten Regel bereits anerkannt haben. Aber die Angst, als Gesamtsystem das »Gleichgewicht« zu verlieren, und die Ungewißheit, ob ein neues ebenso funktionierendes Gleichgewicht gefunden werden kann, hindern daran, eine erkannte Notwendigkeit zur Veränderung anzugehen.

Diesen Widerstand gegen Veränderung kennen die Wirtschafts-mediatoren recht gut: Oftmals überwiegt die Flut der Begründungen, warum etwas doch nicht zu verändern ist, obwohl alle einen Veränderungsdruck zur Lösung eines anstehenden Konflikts spüren und artikulieren. Da ist es dann besonders wichtig, gemeinsam zu erkennen, beispielsweise welche der Regeln des konkreten Systems vordergründig das System im Gleichgewicht hält. Allerdings ist dies, je komplexer das soziale System ist – und zusätzlich durch das Zusammenwirken von Systemen bei der Umweltmediation – relativ schwierig. Hier hilft oft nur systematische und ausdauernde, mit den Betroffenen durchgeführte Diagnosearbeit.

Gemeinsames Planungsfeld

- Politische Entscheidungsträger
- Behörde(n)
- Planer/Betreiber
- Initiativen, Betroffene und zu Beteiligende
- Öffentliche Medien
- VertreterInnen der Betroffenen

In diesem Schaubild habe ich versucht, einen Überblick zu geben, mit welchen Teilsystemen man unter anderem, wenn es um gemeinsame Planungen geht, zu rechnen hat. Manche Systeme sind hinsichtlich ihrer inneren Stabilität und ihres Gleichgewichtes relativ gut abgesichert, zum Beispiel die Behörde. Die Planergruppe und der Betreiber im Endeffekt auch, denn sie haben das Recht, daß sie irgendwann Bescheid bekommen, wenn es um ein behördlich zu genehmigendes Projekt geht. Das System der politischen Entscheidungsträger ist oft unsicher, besonders dann, wenn die Funktionsperiode ausläuft und Wahlen ins Haus stehen. Am labilsten aus systemischer Sicht ist zunächst das System der unmittelbar Betroffenen, weil es zu Beginn eines Prozesses eher ein Konglomerat aus unterschiedlich großen und unterschiedlich komplexen Teilsystemen ist. Das war für mich der eigentliche Grund, warum ich überhaupt begonnen habe, mich mit dem Thema Bürgerpartizipation und Mediationsmethoden zu beschäftigen. Zu unterschiedlich erscheinen die miteinander ringenden Systeme zum Beispiel hinsichtlich ihrer Wahrnehmung und ihrer Bewertungskodierung. So haben die Planer und die Betreiber nur eine ganz bestimmte Sicht der Dinge, durchaus fachlich abgesichert, aber eben nur eine von vielen möglichen Wahrnehmungsinhalten ein und derselben Wirklichkeit. Daher erscheint es schon aus einem wahrnehmungspsychologischen Begründungszusammenhang heraus notwendig, das Planungsfeld besser und von mehreren Seiten her auszuleuchten.

Bei Umweltprojekten haben wir es in der Regel mit zwei großen Bereichen von Systemen zu tun: einerseits dem Bereich der Fachsysteme, zu denen beispielsweise Techniksysteme, Umweltsysteme, wirtschaftliche Systeme und rechtliche Systeme gehören. Sie bilden den Hintergrund und den Rahmen für Prozesse der Umweltmediation. Andererseits dem Bereich der sozialen Systeme, wie beispielsweise das Planerteam, gemeinsam mit dem Betreiber, die unmittelbar Betroffenen, die Bevölkerung mit ihrer Differenzierung in zahlreiche Subsysteme, die Interessenvertretungen, die oft zur Fachlichkeit sehr unterschiedliche Zugänge haben, das politische System mit seinen Behörden und die öffentlichen Medien.

Aufgrund dieses Überblicks soll ausgesprochen werden, was manchen vielleicht als Binsenweisheit erscheint: Je mehr komplexe Systeme in Interaktion treten, desto höher ist die Aufladung der Komplexität insgesamt. Für den in der Umweltmediation Tätigen ist aber dieser Zusammenhang Rahmenbedingung für seine Diagnose- und Prozeßarbeit und Prüfstein für seine Frustrationstoleranz und für seine Flexibilität im Umgang mit Vielfalt.

Auf diesem Hintergrund warten auf den Umweltmediator bzw. auf die Umweltmediatorin drei große Analysefelder:

1. Die Analyse von Systemen nach den Systemkomponenten, insbe-

sondere Interaktionen mit ihren Regeln und Wirkzusammenhänge. Erwähnt sei, daß dazu Frederic Vester eine einfache Methode, den »Papiercomputer«, entwickelt hat. Mit dessen Hilfe können rasch Einschätzungen von gegenseitiger Beeinflussung von Elementen oder Teilsystemen untereinander dargestellt werden.

2. Die Analyse sozialhistorischer Zusammenhänge. Dieses Analysefeld hilft die in der Vergangenheit wurzelnden sozialen Zusammenhänge auszuleuchten und zu verstehen. Unter anderem zählen dazu das Erkennen tradierter Freund- und Feindschaften, von Stigmatisierungen, Sündenböcken und Ausschlüssen, von Mythen, Ritualen und Tabuisierungen. Als Beispiel sei wieder das Eisenbahnprojekt angeführt, wo anhand des Projektes alte historisch gewachsene Feindschaften zwischen zwei benachbarten Orten ausgetragen wurden und werden.
Zum sozialhistorischen Analysefeld zählen auch »gesellschaftspolitische Altlasten«. Darunter sind solche Konflikt-Phänomene zu verstehen, die aus Anlaß des Planungsprozesses zwischen den Parteien auftauchen, ihre Ursachen aber in der Vergangenheit haben: Es wird versucht, alte offene Rechnungen zu begleichen oder sich jetzt endlich Gerechtigkeit zu holen, sich Gehör zu verschaffen. So gründet beispielsweise jemand eine Bürgerinitiative, vordergründig aus Motiven des Umweltschutzes, in Wahrheit aber in der Hoffnung, bei der nächsten Gemeinderatswahl endlich in den Gemeinderat zu kommen, um am Bürgermeister »Rache nehmen zu können«, weil dieser seinerzeit verhindert hat, daß er eine führende Stellung in der Partei erlangt.

3. Analysefeld Sozialverträglichkeit. Die Prüfung der Sozialverträglichkeit ist ein Thema, daß seit Jahren parallel zur Umweltverträglichkeit in der Diskussion ist. Mit Sozialverträglichkeit sind vor allem Analyseinhalte im Zusammenhang mit den psychosozialen Vorbelastungen einer Region gemeint.

Welches sind die Arbeitsfelder eines Mediatorenteams im Rahmen einer Umweltmediation? Daß es dabei um Teams geht und nicht um Einzelpersonen, liegt auf der Hand, denn wenn man in komplexen Systemen arbeitet, kann es schon allein aus wahrnehmungspsychologischen, arbeitstechnischen, aber auch aus psychohygienischen Gründen nicht effizient sein, als einzelner Mediator zu arbeiten. In diesen Teams gibt es in der Regel eine – auch für die Konfliktparteien transparente – Rollenverteilung. Nicht alle Mitglieder des Teams müssen Mediatoren bzw. Mediatorinnen sein. In den Teams können z. B. auch Vetrauensfachleute sein, die den Mediatoren Kontrollwissen zur Verfügung stellen, um z. B. Verhandlungsspielräume, die notwendig sind, einfacher ausloten zu können. Ein Beispiel dafür wäre ein schon bestehendes Abfalldeponieprojekt, zu dem der Betreiber meint, eine zusätzliche Belastung durch andere Formen von Müll sei nicht möglich. Wenn dann niemand da ist, der wie die Vertrauensfachleute eine Ahnung hat, daß so etwas durchaus möglich ist, oder zumindest dafür Beispiele gibt, dann wird es diesen Verhandlungsspielraum nicht geben.

Bei der Umweltmediation wird sich das Mediatorenteam in der Vorbereitungsphase möglichst mit den Systemen, die beteiligt sind, als Systemen auseinandersetzen. Manche Sachverhalte werde ich allerdings erst während des Prozesses letztendlich erkennen können, das heißt, ich werde auch immer wieder sehr hellsichtig sein und schauen, wie die Dynamik der einzelnen Systeme jetzt aussieht.

Das zweite ist, daß ich gelernt habe, daß Prozesse der Umweltmediation mehr als andere Mediationprozesse geplant und strukturiert sein müssen. Das Mediatorenteam hat also die Aufgabe – im besten Fall gemeinsam mit den Konfliktparteien – den Prozeß einer Planung und Strukturierung unterziehen, wobei auch die Öffentlichkeitsarbeit mitzudenken ist.

In unseren Planungen unterscheiden wir vier Planungsschienen:

- Schritte der Fachplanung
- Informationsmaßnahmen
- Kommunikationsmaßnahmen (= der eigentliche Mediationsprozeß)
- Arbeit mit den Medien.

Die Schritte der Fachplanung benötige ich, um abschätzen zu können, wann Maßnahmen des begleitenden Prozesses sinnvoll eingesetzt werden können.

Die Schritte der Informationsarbeit haben den Hintergrund, daß oft Systeme und einzelne von Systemen sehr viel Informationen brauchen, um auch ein Stück an dem Prozeß teilhaben zu können. Das heißt nicht, daß der Prozeßbegleiter selbst zum Informanten wird, aber er hat dafür Sorge zu tragen, daß die erforderlichen Informationen dort hin gelangen, wo sie benötigt werden. Das Mediatorenteam wird auch unterstützend eingreifen, wenn es um die Gestaltung und Aufbereitung der gegenseitigen Information geht. Das Team achtet dabei auf Verständlichkeit und Vollständigkeit.

Die vierte Planungsschiene betrifft die Bobachtung der veröffentlichten Meinung über die Medien, denn sie beeinflußt nicht unwesentlich das Agieren der sozialen Systeme. Effizient für den Prozeß ist es auch, wenn das Mediatorenteam den Kontakt mit den Medien und damit zur »restlichen Öffentlichkeit« mitsteuern kann.

Im Zusammenhang mit der Planung taucht häufig die Frage auf, wann denn Umweltmediation einsetzt? Einige Mediatoren und Mediatorinnen antworten dann: wenn der Konflikt da ist, denn vorher brauche ich nicht Mediation machen, weil sie doch ein Konfliktbearbeitungsverfahren ist. Für mich ist dieser Zeitpunkt – gerade auch durch das Wissen um die Komplexität der beteiligten und zu bearbeitenden Systeme – sicherlich zu spät angesetzt. Aus meiner Sicht ist es jedoch wichtig – so wie es bei Gorden in seinem Kommunikationsmodell eine vorbeugende Ich-Botschaft gibt – von einer vorbeugenden Mediation zu sprechen. Mit diesen vorbeugenden Prozessen kann ich, wenn es zum Konflikt kommt, bereits auf gemeinsam erlebte, gut strukturierte, faire Kommunikationsprozesse zurückgreifen. Die meisten Umweltmediationsverfahren – zumindest in Österreich – sind aus streng theoretischer Sicht im besten Fall mediationsähnliche Prozesse mit gut angeleiteten Kommunikationsprozessen. Das Wichtigste dabei erscheint mir, daß der Prozeßbegleiter in allen diesen Kommunikationsformen die Grundregeln der Mediation, nämlich Allparteilichkeit und Transparenz, beibehält und keine Angst hat, diese zu verlieren, wenn er einmal mit einer Gruppe intensiver arbeiten muß, z. B. um ihr zu helfen, ihren Standpunkt deutlicher zu machen.

Mitarbeiter und Mitarbeiterinnen des Mediatorenteams tun gut daran, wenn sie sich durch Supervision oder Coaching begleiten lassen. Was ich an mir erlebt habe ist, daß Systeme sehr perfide und sehr schleichend einen vereinnahmen, viel schleichender als Personen es tun. Von Personen kann ich mich sehr rasch abgrenzen.

Bei Personen kann ich merken, wenn jemand auf mich zukommt, ein Gespräch beginnt und von mir dann wissen will, wie ich über das betreffende Projekt denke. Die Falle der Parteilichkeit ist dabei leicht zu erkennen. Aber die Mechanismen, die Systeme verwenden, sind oft viel verdeckter. Unbemerkt rutsche ich beispielsweise durch mehrere Besprechungen in einem System aus der Sicht der Mitglieder aus anderen Systemen in das erste System hinein. Daher ist es wichtig, daß ich z.B. durch entsprechende Supervisionsprozesse mir auch die Offenheit erhalte, zu sehen, wann dieses »Hineinrutschen in ein System« passiert, so daß ich entsprechend gegensteuern kann.

Was kann man derzeit über die Ausbildung zum Umweltmediator sagen? Daß ein Umweltmediator, eine Umweltmediatorin Wissen über und Erfahrung mit der Analyse von sozialen Systemen haben muß, müßte zwischenzeitlich klar sein.

Hervorzuheben ist in diesem Zusammenhang zusätzlich die Beschäftigung mit massenpsychologischen Phänomenen, da

Prozesse der Umweltmediation nicht unbedingt nur mit kleineren Gruppen zu tun haben und daß irgendwann einmal die Situation kommt, daß statt mit einer Gruppe mit einer dichten Großgruppe gearbeitet werden muß, die aus soziologischer Sicht eher einem massenhaften Aggregat entspricht, das im besten Fall eine bestimmte Zielrichtung hat, beispielsweise etwas zu verhindern. In solchen Massengruppierungen herrschen andere psychodynamische Phänomene als in der kleinen Gruppen mit ihrer Dynamik.

Für die Begleitung von Umweltmediation braucht man auch ein Kontrollwissen über mitwirkungsorientierte Öffentlichkeitsarbeit. Mitwirkungsorientiert heißt, daß es eine auf Dialog ausgerichtete Öffentlichkeitsarbeit ist, die sich nicht auf ein Bombardement mit irgendwelchen Prospekten beschränkt.

Im Umweltmediationsverfahren ist es auch gut zu wissen, was ein Behördenverfahren ist und welche Behördenverfahren überhaupt beim konkreten Projekt in Frage kommen. Wichtig dabei ist vor allem das Wissen, welche Chancen dort die einzelnen, die an diesem Mediationsverfahren beteiligt sind, haben, auch letztendlich ihr Recht zu bekommen. Daher haben wir unsere Prozeßbegleitung sehr stark vor den Behördenverfahren angelegt. Am Ende unserer Arbeitsprozesse steht meistens eine Vereinbarung, die im besten Fall – wir hoffen diesen besten Fall immer herauszubekommen – zivilrechtliche Gültigkeit hat. In den methodischen Werkzeugkoffer des Umweltmediatorenteam gehören, neben den klassischen Mediationstechniken, Visualisierungsmethoden, andere Problemlösungs- und Entscheidungstechniken, die Moderationsmethodik und Methoden der Erwachsenenbildung, um vor allem mit Großgruppen arbeiten zu können.

Zu guter Letzt: Wer sich auf Umweltmediation einläßt, profitiert viel von Selbsterfahrung in Gruppen und muß darüber hinaus die Fähigkeit besitzen, auch sehr schwierige Menschen zu mögen und zu schätzen – denn in der Umweltmediation begegnet man solchen!

Der wahre Egoist ist immer hilfsbereit.

Zu den stammesgeschichtlichen Wurzeln von Konflikt und Kooperation

Franz M. Wuketits

Beginnen wir mit zwei ganz alltäglichen Beobachtungen. Erstens: Menschen sind hilfsbereit, kümmern sich um andere Menschen, vor allem um Kranke und Schwache. Zweitens: Menschen geraten immer wieder miteinander in Streit und provozieren Konflikte. Wie leicht geraten zwei Nachbarn miteinander in Konflikt, wenn etwa der Hund des einen im Garten des anderen seine Duftmarken hinterläßt. Das aber sind Kleinigkeiten verglichen mit den großen Konflikten, mit *Kriegen*, die unzählige Menschenleben fordern. Seit der Entstehung der Hochkulturen wurden permanent Kriege geführt, woran sich bis heute nichts geändert hat.

Diese Beobachtungen, so alltäglich sie auch sind, müssen uns zu denken geben. Warum können Menschen einerseits nett zueinander und hilfsbereit sein? Warum sind sie andererseits zu jeder nur erdenklichen Grausamkeit fähig? Diese Fragen laufen in der einen großen Frage zusammen: Warum sind Menschen so, wie sie sind? Ich möchte dieser Frage im vorliegenden Beitrag aus evolutionstheoretischer Sicht ein wenig nachgehen.

Wir Steinzeitmenschen

Menschen, besser gesagt: Hominiden (»Menschenartige«), gibt es seit etwa vier bis fünf Millionen Jahren. Das ist ein sehr kurzer Zeit-

189

raum in der Evolution. Das Leben auf der Erde entstand vor ca. 3,8 Milliarden Jahren! Der heutige Mensch, *Homo sapiens* – genauer: *Homo sapiens sapiens* (der Weise zum Quadrat, sozusagen) –, ist ungefähr 40.000 Jahre alt. Dabei ist es wichtig, sich vor Augen zu führen, daß in diesem verschwindend kleinen Zeitraum keine nennenswerten biologischen Änderungen aufgetreten sind. Wir sind also Steinzeitmenschen, ausgerüstet mit einem Gehirn und Verhaltensdispositionen, die schon unser paläolithischer (altsteinzeitlicher) Ahne mit sich herumtrug.

Von besonderem Interesse ist hier die Frage, wie denn unsere Vorfahren in der Stammesgeschichte lebten, welche *Sozialstrukturen* sie entwickelt hatten. Diese Frage ist sehr schwierig, weil wir dabei natürlich nicht auf Fossilien und andere buchstäblich harte Fakten zurückgreifen können. Aber wir dürfen mit unseren nächsten Verwandten, den Schimpansen und Zwergschimpansen (mit denen wir 98% unserer Gene teilen!), Vergleiche anstellen. Und wir haben die Möglichkeit, durch das Studium jener Kulturen, die früher irrtümlich als »Naturvölker« bezeichnet wurden (und von denen unsere Zivilisation mittlerweile viele erbarmungslos überrannt hat), wertvolle Information zu gewinnen. Die Schlüsse, die wir daraus (bei aller Vorsicht) ziehen dürfen, sind folgende: Die längste Zeit ihrer Evolution lebten die Hominiden in relativ kleinen Gruppen – Gruppen von 30 bis 40 Individuen, selten mehr als 50 und meist weniger als 100. Sie lebten als Jäger und Sammler, wobei das Jagen nicht notwendigerweise den Männern vorbehalten und das Sammeln nicht bloß Frauensache war. Wahrscheinlich gab es Mischstrategien. Wichtig ist aber, daß unsere paläolithischen Vorfahren in kleinen *Sympathie-* oder *Primärgruppen* gelebt haben – und daß sich in genau diesen Gruppen unser soziales Verhalten (einschließlich des Moralverhaltens) entwickelt und stabilisiert haben muß. Der große Unterschied zwischen »damals« und heute ist, daß jetzt sechs Milliarden Menschen auf der Erde leben. Diese Populationsdichte ist für eine Primatenspezies enorm. Man stelle sich zum Vergleich vor, es gäbe

190

sechs Milliarden Schimpansen oder Gorillas! Der amerikanische Evolutionsbiologe Alexander (1987) meint, daß im jüngsten Abschnitt seiner Stammesgeschichte die den Menschen hauptsächlich prägende feindliche Macht die Gegenwart vieler anderer Menschen ist. Die Tatsache, daß wir so viele geworden sind, ist eine der Wurzeln für Konflikte.

Das bedeutet keineswegs, daß dem prähistorischen Menschen Konflikte unbekannt waren. Wir dürfen nicht glauben, daß die Steinzeit ein paradiesisches Leben gewährleistete. Aber unser derzeitiges Gedränge und Gewühl schafft Probleme grundsätzlicher Art, die die längste Zeit unbekannt waren. Die meisten Menschen leben heute in Sozietäten, die nicht mehr mit den paläolithischen Sympathiegruppen vergleichbar sind. Es sind *anonyme Massengesellschaften*, vor allem Städte mit vielen Millionen Einwohnern. Diese Situation ist in der Evolution der Hominiden neu. Man könnte daher – vor allem, wenn man sich die Weltpolitik anschaut – durchaus zu dem Glauben tendieren, daß »das alles« nicht gut gehen kann und unsere Zivilisation so schnell wieder verschwinden wird, wie sie entstand. Man mag das als bloßen Zynismus deuten, aber wir haben jedenfalls keinen Grund zu der Annahme, daß der Mensch den richtigen Weg eingeschlagen hat und es mit ihm sozusagen bergauf geht.

Der Kampf um Ressourcen

Alle Lebewesen, alle Individuen jeder beliebigen Art, haben in allererster Linie ein Problem: *zu überleben*. Das bedeutet natürlich nicht, »ewig« zu leben. Es bedeutet erfolgreiche Reproduktion, die Weitergabe der eigenen Gene. Um aber ihre Fortpflanzung sicherzustellen, müssen sich die Lebewesen permanent mit Ressourcen versorgen, d. h. sie müssen, um es deutlich zu sagen, genug fressen. Dazu kommt dann noch die Notwendigkeit, sich etwas Platz zu sichern, Schutz zu finden vor den Unbilden der Natur (und vor den eigenen Artgenossen), Brut- und Nistplätze zu finden usw. All das setzt aber wiederum voraus, daß man halbwegs bei Kräften bleibt, also genug Energiezufuhr in Form von Nahrung verfügbar macht. Die Natur ist wahrlich kein Garten Eden. Sie fördert den Egoismus jedes einzelnen Lebewesens, denn es geht für jedes einzelne Lebewesen stets darum, die eigenen Gene in weitere Generationen hinüberzuretten. Der Mensch ist dabei keine Ausnahme.

Oder vielleicht doch? Gewiß, eines unterscheidet ihn von Ameisen, Krokodilen, Löwen, Gorillas und Schimpansen: die Fähigkeit, über all das *nachzudenken*. Aber diese Nachdenk-Fähigkeit entbindet auch ihn nicht von der Notwendigkeit, Nahrung zu finden (oder, heutzutage, genug Geld zu verdienen, um Nahrung kaufen zu können). Überdies benötigt der Mensch heute mehr Ressourcen als irgendeine andere Spezies vor oder neben ihm. In gewissem Sinne ist also beim Menschen der Kampf um Ressourcen eskaliert. Er ist ein Lebewesen, das daher für Konflikte besonders anfällig ist. Mag ihn seine Zivilisation auch vom buchstäblichen Kampf um Ressourcen befreit haben – er kann ja Lebensmittel im Supermarkt kaufen –, so vermag er am Grundprinzip seiner Natur doch nichts zu ändern. Wofür ehedem seine Muskelkraft zuständig war, ist heute eine Frage seiner Kaufkraft. Notfalls greift er dann aber doch auf seine Muskelkraft zurück.

Jeder gegen jeden?

Der englische Philosoph Thomas Hobbes tat seinerzeit den berühmten Ausspruch, daß sich im Naturzustand (des Menschen) jeder gegen jeden im Krieg befunden habe. Das scheint einer ganz allgemeinen Beobachtung der Natur zu entsprechen. Wenn der Mensch keine Ausnahme darstellt, dann muß er sich wohl auch – zumindest, bevor er sich seine Zivilisation geschaffen hat – ausgesprochen egoistisch verhalten haben. Allerdings finden wir schon bei vielen Tieren das genaue Gegenteil, nämlich *Kooperation*. Eine hochgradig organisierte Sozietät wie beispielsweise ein Wolfsrudel funktioniert nur dann, wenn ihre Mitglieder kooperieren oder einander helfen, wenn sie etwa *gemeinsam* jagen oder sich *gemeinsam* einem Feind entgegenstellen. Das aber bedeutet prinzipiell, daß die Bereitschaft zur Kooperation eine der grundlegenden Verhaltensdispositionen sozialer Lebewesen ist.

Kooperation zahlt sich nicht nur aus, sie ergibt sich zwingend aus der »Logik« der Gruppenbildung. Das Leben in einer Gruppe bietet dem Individuum Vorteile (besseren Schutz vor Feinden, bessere Aussichten auf Nahrung usw.). Diese Vorteile muß das Individuum jedoch damit bezahlen, daß es mit anderen zusammenarbeitet und die eigenen Ziele mitunter auch zurücksteckt. In der Gesamtbilanz zahlt sich Kooperation aus. Denn die egoistischen Interessen, die Eigeninteressen – zu denen in der Organismenwelt primär der Fortpflanzungserfolg zählt –, sind durch die Kooperation eines Individuums mit seinen Gruppenangehörigen mit einer gewissen Wahrscheinlichkeit zu befriedigen. Wenn dagegen ein Individuum absolut nicht zur Kooperation bereit ist und die Gruppenstruktur fortgesetzt unterminiert und wenn dadurch letztlich die Gruppe auseinanderfällt – dann verliert das Individuum auch all die Vorteile, die es in der Gruppe genossen hat.

Hätten also unsere prähistorischen Vorfahren nichts anderes im Sinn gehabt, als sich gegenseitig die Köpfe einzuschlagen, dann wären sie gar nicht unsere Vorfahren geworden, d. h. *wir* wären heute nicht hier. Menschen sind keine Engel, und unseren steinzeitlichen Ahnen war schon die Idee solcher himmlischer Wesen natürlich fremd. Aber der Zusammenschluß zu kleinen Gruppen war für sie ein Vorteil, und daher muß angenommen werden, daß sie ein Mindestmaß an Kooperation und sogar *Altruismus* entwickelt haben. Vor allem der *reziproke* Altruismus, die gegenseitige Hilfe, muß ein Motor unserer sozialen Evolution gewesen sein. Es wäre naiv, daraus den Schluß zu ziehen, daß der Mensch von Natur aus gut sei. Sein kooperatives und altruistisches Verhalten bereits auf prähistorischem Niveau hat mit dem Guten im Sinne der Moralphilosophie nichts zu tun: Sie waren – und sind nach wie vor (!) – Strategien des Überlebens; letztlich dienten – und dienen – sie der Durchsetzung von Eigeninteressen. »Vier Augen sehen besser als zwei«, »gemeinsam statt einsam« – viele volkstümliche Redewendungen legen Zeugnis davon ab, daß das Streben nach Gemeinsamkeit tief in uns verwurzelt ist, eben weil sich daraus Vorteile für den einzelnen ergeben. Daher will auch kaum jemand das sprichwörtliche fünfte Rad am Wagen sein. Nur wer *dabei* ist, bekommt ein Stück vom Kuchen.

Begrenzte Sympathien

Kooperatives Verhalten und (reziproker) Altruismus entwickelten sich in der Evolution der Hominiden allerdings in den erwähnten Primärgruppen. Der Mensch ist das geborene Kleingruppenwesen. Man denke nur daran, wie viele Menschen man als seine *Freunde* im engeren Sinn bezeichnen darf; ihre Zahl wird sich sehr in Grenzen halten. Kein Mensch empfindet zu *allen* ihm bekannten Menschen die gleichen Sympathien; manche Menschen sind uns sympathischer als andere, mit wenigen verbindet uns viel, mit vielen verbindet uns wenig. Auch aus psychologischen und soziologischen Untersuchungen ist bekannt, daß der einzelne Mensch nur mit einer begrenzten Zahl von Menschen in »intensive Interaktion« treten kann. Die Nähe von zu vielen Menschen führt zu sozialem Streß und kann den einzelnen zur Verzweiflung bringen oder zu aggressiven Handlungen führen.

Kurz gesagt, unsere Sympathien sind »naturgemäß« begrenzt. Zwar leben wir heute in Großgesellschaften, Städten und Staaten mit vielen Millionen Menschen, aber unser altes biosoziales Erbe führt uns stets zur Kleingruppe zurück. Allein eine Stadt wie Wien – noch keine wirkliche Großstadt – kann uns niemals ein Gefühl ähnlich jenem in der prähistorischen Sympathiegruppe oder auch nur in einer Dorfgemeinschaft vermitteln. Man kann nicht mit allen Wienerinnen und Wienern intensive soziale Kontakte pflegen, das geht schon zeitlich und »technisch« natürlich nicht. Aber in dieser Stadt hat – abgesehen von den wirklich einsamen Seelen – jeder seine Verwandten, Freunde, den einen oder anderen Saufkumpan, ein paar »Spezis«. In anderen, auch in den wirklich großen Städten, ist das genauso.

Wir pflegen zu einigen Menschen eben intensiven Kontakt, zu Geschwistern, zu alten Schulfreunden, zu Kriegskameraden, während uns andere Menschen weniger wichtig bis gleichgültig sind, und wieder andere meiden wir sogar systematisch. Auch in den anonymen Gesellschaften unserer Städte leben wir also noch immer unser Leben als Kleingruppenwesen. Innerhalb unseres Freundes- und Bekanntenkreises funktionieren auch die Prinzipien der Kooperation und des (reziproken) Altruismus nach wie vor gut, außerhalb dieses Kreises ergeben sich mitunter erhebliche Probleme. Hier kommen wir aber zu einer sehr wichtigen, ja schwerwiegenden Feststellung: Die (ethische) Forderung, *alle* Menschen als unsere Brüder und Schwestern zu behandeln, ist ein Ideal, das bislang nirgends verwirklicht wurde und unseren biosozialen Neigungen widerspricht. Im Alten Testament wurde uns geheißen, den Nächsten zu lieben wie uns selbst. Das ist ein höchst bemerkenswerter Imperativ. Offenbar haben Religionsstifter schon früh erkannt, daß *zuerst* die Selbstliebe (der Egoismus) kommt – und dann die Nächstenliebe. Aber das Alte Testament ist im vorliegenden Zusammenhang noch aus anderen Gründen interessant.

Man denke an das Gebot »Du sollst nicht töten« – ein Gebot, das bei verschiedensten Kulturen mit ganz unterschiedlicher religiöser Tradition seine Bedeutung hat. Dieses Gebot bedeutete ursprünglich keineswegs, daß man *keinen* Menschen töten darf. Es erstreckte sich nur auf die Angehörigen des eigenen Volkes. Angehörige anderer Völker waren davon ausgenommen, sie durfte, ja, *sollte* man sogar töten. Ich empfehle die Lektüre des Alten Testaments – nicht aus Glaubensgründen, sondern weil es inhaltlich in vieler Hinsicht der soziobiologischen Erwartung entspricht und Grausamkeiten enthält, die dem Menschen einen Spiegel vor sein Gesicht halten.

Nach innen ist Kooperation angesagt, nach außen aber nicht. Die Identifizierung mit der eigenen Gruppe hat also, so wichtig sie in unserer sozialen Evolution auch ist, ihre Schattenseiten. Sie führt im harmlosen Fall zur Skepsis gegenüber Gruppenfremden, im weniger harmlosen Fall zu deren Diskriminierung, und kann schließlich in beispiellose Brutalität gegen alle »Fremden« umschlagen. Dafür finden sich aus Geschichte und Gegenwart unzählige schreckliche Beispiele. Politische bzw. religiöse Ideologien können tief in uns verwurzelte Anlagen entsprechend zur Entfaltung bringen, indem sie gezielt *Feindbilder* erzeugen und mit diesen die Massen aufhetzen.

Halten wir fest: Eigennütziges und kooperatives oder gar altruistisches Verhalten gehören beide zu unserer stammesgeschichtlichen Mitgift und dienen unserem Überleben; sie sind uralte Prinzipien der sozialen Evolution und keine Erfindung des Menschen. Allerdings haben wir Menschen sie mit moralischen *Wertungen* versehen: Kooperation und Hilfeleistung sind (moralisch) positiv besetzt, egoistisches Verhalten gilt als unmoralisch. Daß der Egoismus so schlecht wegkommt, ist jedoch höchst merkwürdig und nur daraus erklärbar, daß wir uns Ideale von unserer eigenen Gattung geschaffen haben, die an der Realität des Lebens vorbeigehen. Ein Mensch gänzlich ohne Eigeninteressen und ohne Sinn für Eigennutz wäre ja nicht lebensfähig. Natürlich sind die Sympathien, die ein einzelner Mensch für andere Menschen empfinden kann, begrenzt, und am Ende ist uns das Hemd doch näher als der Rock. Daran ist nichts Verwerfliches. Doch hat das Prinzip des Egoismus auch jene dunkle Seite, die sich in extremen – und nicht eben seltenen – Fällen in Grausamkeiten gegen andere manifestiert, in Körperverletzung, Vergewaltigung, Totschlag, Folter und Mord.

Lob der Lüge

Aber kommen wir zu Erfreulicherem. Von Kindheit an werden wir von unseren Eltern und Lehrern mit Richtlinien für moralisch richtiges

Verhalten und Handeln versorgt. Diese Richtlinien sind uns keineswegs immer einsichtig, und die Verwirrung wächst, wenn wir früher oder später bemerken müssen, daß sich diejenigen, die zu wissen vorgeben, was moralisch richtig oder falsch ist, nicht immer ihren eigenen Regeln gemäß verhalten. Aber vielleicht haben wir uns mit unserer Moral sowieso zuviel angetan. Man denke dabei vor allem an die Lüge.

»Du sollst mich nicht anlügen!« ist wahrscheinlich einer der Imperative, die Eltern ihren Kindern am meisten einbleuen. Aber natürlich wollen auch Lehrer von ihren Schülern, Eheleute von ihren Partnern, Richter von ihren Zeugen und Bürger von ihren Politikern nicht belogen werden. Dabei wissen wir alle, daß die Lüge zum festen Bestandteil unserer alltäglichen Kommunikation gehört. Bekannt ist vielleicht der Film, der von einem Mann handelt, der einen Tag lang nur die Wahrheit sagt – am Abend desselben Tages war dieser Mann erledigt. Wenn man einmal absieht von der gefährlichen Täuschung und Irreführung, dann hat die Lüge eine sozial stabilisierende Funktion. Es wäre doch unmöglich, meiner Tante zu sagen, daß sie unförmig geworden sei und Mundgeruch verbreite – der Anstand gebietet mir, hier entweder zu schweigen oder, wenn die Tante vermögend ist, die Unwahrheit deutlich auszusprechen. (»Du schaust mit Deinen 84 Jahren immer noch so gut aus, wie machst Du das bloß ...?!«) Eine solche Lüge schadet niemandem, im Gegenteil. Jemanden anzulügen kann auch bedeuten, ihn mit unangenehmen Dingen zu verschonen; schließlich möchte doch kaum jemand immer nur die Wahrheit und nichts als die Wahrheit hören. Die Lüge hat noch eine weitere positive Funktion: Sie fördert die Wachsamkeit. Wenn man davon ausgeht, daß Menschen eben nicht immer die Wahrheit sagen, dann wird man vorsichtig (auch bei allem, was man selbst sagt). Schließlich benötigen wir die Lüge oft zum Selbstschutz.

Daß eine Lüge der Selbsterhaltung dienen kann, «wissen« auch die Schimpansen. Im Zoo von Arnheim in Holland konnte man dazu interessante Beobachtungen machen. So wurden zwei Schimpansenmännchen beobachtet, die immer wieder einen Konflikt hatten. Das eine Männchen war dem anderen aber an Kraft unterlegen. Eines Tages sahen die Wärter, daß das schwächere Männchen humpelte. Wahrscheinlich, so war ihre Vermutung, war es vom anderen am Bein verletzt worden. Doch nach einer Weile blickte sich der humpelnde Schimpanse um, und da sein Rivale außer Sichtweite war, ging er festen Schrittes weiter. Sicher dürfen wir unsere eigenen Erwartungen nicht auf Tiere projizieren. Aber welchen Schluß läßt diese Beobachtung zu? Es liegt doch nahe, daß der Schimpanse seine Verletzung vorgetäuscht hat, um in Ruhe gelassen zu werden. In der Tat sind unsere nächsten Verwandten sehr geschickte Taktiker, und ihre Täuschungsmanöver sind Bestandteil ihrer sozialen Intelligenz.

Man verstehe mich nicht falsch. Ich möchte weder Schimpansen dazu heranziehen, unser eigenes Verhalten zu rechtfertigen, noch jemanden dazu auffordern, fortgesetzt zu lügen. Aber ich darf bemerken, daß die Lüge offensichtlich untrennbar mit unserer sozialen Evolution verbunden ist und in manchen ihrer Formen durchaus positive (soziale) Funktionen hat. Hüten sollte man sich also vor allen Menschen, die ständig schwören, nur die Wahrheit zu sagen, und die behaupten, noch nie in ihrem Leben gelogen zu haben. Solche Menschen pflegen entweder eine für sie selbst angenehme Lebenslüge oder sind gefährlich. So gefährlich, wie jene selbsternannten Menschheitsbeglücker, die immer angeblich von Sorge um die Kreatur erfüllt sind, sich aber gleichzeitig in ihren eigenen Familien und ihren Freunden gegenüber höchst schäbig verhalten. (Leute, die die Menschheit retten wollen, brauchen auf ihre Mitmenschen bekanntlich keine Rücksicht zu nehmen.)

Konflikte: Unvermeidbar – auch lösbar?

Wo Tiere oder Menschen zusammenleben, sind Konflikte unvermeidbar. Jedes Individuum hat, wie gesagt, seine Eigeninteressen.

198

Und dort, wo alle die gleichen Interessen haben, kommt es eben deshalb zu Konflikten, weil nicht alle gleichzeitig ans Ziel kommen können. Statt mit Illusionen und Vorstellungen vom idealen Menschen zu leben, sollten wir unserer eigenen biosozialen Natur in die Augen sehen. Wenn schon der Titel dieses Beitrags den Egoisten gewissermaßen in Schutz nimmt, dann hat das allerdings seine guten Gründe. Eigennutz ist, worauf bereits hingewiesen wurde, grundsätzlich nicht verwerflich. Er kann sich sogar auf alle Beteiligten durchaus positiv auswirken. Der »Sozialingenieur«, der einerseits die Taktiken anderer durchschaut, andererseits aber weiß, daß er die anderen braucht, um seine eigenen Ziele zu erreichen, wird sich in der Regel kooperativ verhalten. Er wird anderen Menschen helfen, eben weil er genau weiß, daß er umgekehrt auch auf die Hilfe anderer angewiesen ist. Altruismus aus egoistischen Gründen? Nicht unbedingt ein moralisches Ideal, aber zählt nicht die geleistete (oder empfangene) Hilfe mehr als das Motiv?

Ich denke, daß Kooperation und gegenseitige Hilfe gerade deshalb unseren Neigungen entsprechen, weil sie sich bezahlt machen – und nicht, weil sie uns von Moralaposteln als tugendhafte Handlungen eingebleut werden. Moralische Prinzipien kamen viel später in die Welt als Verhaltensdispositionen, die die soziale Evolution ankurbelten. Aber Menschen kooperieren und helfen nicht nur, sie geraten auch in Konflikte miteinander. Viele dieser Konflikte sind – zum Glück – ziemlich harmlos. Aber sie können doch höchst unangenehme Wirkungen haben, wenn die »Konfliktparteien« nicht wissen, was die günstigste Strategie bei der Konfliktlösung ist. Aus spieltheoretischen Untersuchungen weiß man zwar längst, daß die günstigste Konfliktlösung diejenige ist, bei der es keine Sieger und keine Verlierer gibt. Das aber scheint der Erwartungshaltung vieler unserer Zeitgenossen zu widersprechen. Sie gehen lieber vor Gericht, koste es, was es wolle, um eben zu demonstrieren, daß sie im Recht sind. Darüber freuen sich natürlich Anwälte, gerichtlich beeidete Sachverständige und Vertreter ähnlicher Berufe, die ganz gut davon leben, daß sture Böcke und moralische Kleingeister eben nicht wissen, wie einfach ihr soziales Leben sein könnte.

Das zu Beginn erwähnte Beispiel vom Hund, der im Nachbarsgarten seinen physiologischen Bedürfnissen folgt, spricht hier Bände. Wie oft geraten Nachbarn tatsächlich wegen einer solchen Lappalie einander (manchmal buchstäblich) in die Haare. Dabei wäre dieser Konflikt nicht nötig. Die beiden Nachbarn könnten doch miteinander zum Heurigen gehen, bei einem Glas Wein miteinander reden und sich dabei auf folgendes einigen: Der Hundebesitzer wird künftig besser auf seinen Vierbeiner aufpassen, sein Nachbar aber wird ein kleines Malheur in Zukunft nicht mehr so tragisch nehmen. Keiner der beiden Nachbarn wäre dabei Sieger oder Verlierer. Aber beide würden viel Energie und Zeit sparen, die sie für viel wichtigere Dinge brauchen. Das setzt allerdings auch voraus, daß sie wissen, was im Leben wirklich wichtig ist, jedenfalls wichtiger als das Territorialverhalten ihrer Hunde. (Wie ein Hund die Sache sehen könnte, möchte ich der Einfachheit halber hier nicht weiter untersuchen.)

Was sollen wir nun Politikern raten? Führern, die ihre Untertanen in den Krieg schicken, um einen Konflikt zu »lösen«? Nun, diese Subspezies unserer Spezies müßte zuallererst lernen, daß Kriege prinzipiell keine Lösung sind, sondern nur unsägliches Leid über viele Menschen bringen, und daß nach jedem Krieg die Situation schlechter ist als zuvor. Aber vielleicht ist der Mensch, gerade wegen seiner Politik, dazu verurteilt, endlos die gleichen Fehler zu wiederholen und aus seiner Geschichte nichts zu lernen? Vielleicht auch ist seine Politik nur ein Ausdruck seiner Unfähigkeit, Konflikte, die über das Niveau der überschaubaren Kleingruppe hinausgehen, friedlich zu lösen?

Darwins Hoffnungen

Eines der grundsätzlichen Probleme, die wir im Zusammenhang mit möglichen Konfliktlösungen ins Auge fassen müssen, ist wiederum unsere schon vorhin kurz besprochene Kleingruppenmoral. Dem Ideal nach geht es ja darum, alle Menschen als mögliche Partner zu akzeptieren und nicht als Gegner oder Feinde zu diskriminieren. Charles Darwin, der sich viele Gedanken über die Wurzeln unseres sozialen Verhaltens gemacht hatte, sprach eine schöne Hoffnung aus. Wir werden, meinte er, in Zukunft durch unsere Kultur in die Lage kommen, unsere *sozialen Instinkte* und Sympathien auf *alle* Menschen auszudehnen und schließlich sogar allen übrigen Geschöpfe dieses Planeten mit Sympathie begegnen. Das erinnert auch an die Ethik der Ehrfurcht vor dem Leben von Albert Schweitzer. Aber wie realistisch sind solche Hoffnungen?

Denkt man an Solidaritätskundgebungen oder Organisationen wie die Caritas, dann mag man diese Hoffnung als begründet sehen. Menschen helfen anderen Menschen, und zwar nicht nur ihren Familienangehörigen und Freunden oder Bekannten, sondern durchaus auch Fremden (von denen sogar keine Gegenleistung zu erwarten ist). Wir müssen zugeben: Länderübegreifende Hilfsaktionen sind gewiß eine großartige Leistung unserer Kultur- und Sozialgeschichte, und wir wollen hoffen, daß sie in Zukunft noch intensiviert werden. Aber die Hilfe, die viele von uns notleidenden Menschen in fernen Ländern angedeihen lassen, indem sie einige getragene Kleidungsstücke verschenken oder 200 Schilling auf ein Spendenkonto überweisen, kann unsere archaischen Verhaltensantriebe nicht verschleiern: Versetzen Sie sich in eine Situation, die Sie gewiß schon oft erlebt haben. Sie stehen im Gedränge einer überfüllten Straßenbahn, andere Leute treten Ihnen auf die Füße oder stoßen Sie gegen die Rippen oder husten Ihnen ins Gesicht und es ist obendrein noch heiß und schwül, üble Gerüche belästigen Ihre Nase. Was empfinden Sie in solchen Momenten der intensiven Nähe mit vielen Ihrer Mitmenschen? Freuen Sie sich, daß so viele von ihnen auf so engem Raum versammelt sind? Empfinden Sie das Bedürfnis, Ihre Brüder und Schwestern in die Arme zu schließen? Nun, ich muß gestehen, daß ich in solchen Augenblicken von der starken Hoffnung

getragen bin, daß die meisten Fahrgäste bei der nächsten Halte-
stelle den Straßenbahnzug verlassen werden (oder ich gehe zu Fuß
weiter) ...

Und wie steht's mit unseren Sympathien zu anderen Arten von
Lebewesen? Die sind noch stärker begrenzt. Gewiß, Hunde, Katzen,
Kanarienvögel und den Bambusbären finden wir sympathisch, aber
mit Klapperschlangen verhält es sich schon anders. Wir empfinden
auch *naturgemäß* kein Bedürfnis, Stechmücken, Wanzen, Läusen,
Flöhen oder Bandwürmern unsere hütende Hand zu reichen. Im
Falle vieler Geschöpfe sind wir sogar gut beraten, uns vor ihnen zu
schützen. Ich sehe daher auch für die Zukunft keine Chance, daß wir
alle Kreaturen dieses Planeten sozusagen ins Herz schließen können.
Das ist aus biologischen Gründen nicht möglich. Das Ideal einer
Ethik, welche die Ehrfurcht vor allem Leben gebietet, muß eben bloß
ein Ideal bleiben und ist selbst als solches nicht brauchbar – es
bringt uns nicht weiter, macht aus uns keine besseren Menschen.

Begrenzte Moralfähigkeit

Das führt uns schließlich zu der Frage, inwieweit unsere Moral – oder
das, was wir jeweils darunter verstehen – grundsätzlich auf Grenzen
stößt. Es ist ein Gemeinplatz, daß unsere anatomischen und physiologischen Kapazitäten begrenzt sind, daß aufgrund der Konstruktion des *Homo sapiens* kein Angehöriger dieser Art (auch bei noch so
intensivem Training) beispielsweise 100 Meter hoch aus dem Stand
springen oder eine Strecke von drei Kilometern in einer Sekunde
zurücklegen kann. Analog dazu dürfen wir vermuten, daß auch unseren Fähigkeiten zur Sozialität und zur Moral Grenzen gesetzt sind,
die sich aus der Stammesgeschichte unserer Gattung ergeben.
Theoretisch könnte ja jemand auf die Idee kommen, uns z. B. vorzu-
schreiben, mit nur zwei (statt sieben oder acht) Stunden Schlaf pro
Tag auszukommen, etwa mit der Begründung, es sei tugendhafter,
mehr zu arbeiten, länger am Tag Gott zu dienen usw., statt ein Drit-

tel unseres Lebens zu verschlafen. Allein: Ein derartiges Moralprinzip wäre von den allermeisten Menschen einfach nicht *lebbar*. (Zwar hat angeblich Hitler tatsächlich nur zwei Stunden pro Tag geschlafen, aber in seinem Falle wäre es günstiger gewesen, wenn er sein ganzes Leben verschlafen hätte. Damit hätte er der Menschheit einen unbezahlbar großen Gefallen getan.)

Man könnte einwenden, dieses Beispiel sei weit hergeholt. Wer soll denn schon auf eine so absurde Idee kommen, ein so absurdes »Moralprinzip« aufzustellen! Nun, hoffen wir das Beste. Aber man sollte nicht die traditionelle *Sexualmoral* der katholischen Kirche vergessen, die es ja tatsächlich gab bzw. gibt und die sogar schon manchen hohen kirchlichen Würdenträger in Kalamitäten gebracht hat. Von ganz wenigen Ausnahmen abgesehen, ist der Mensch aus biologischen Gründen nicht in der Lage, sein Sexualleben dieser Moral gemäß zu gestalten.

Kurz gesagt, jede Moral, jedes Moralsystem, das keine Rücksicht nimmt auf unsere in langen Zeiträumen unserer Stammesgeschichte entstandenen biosozialen Neigungen, ist grundsätzlich zum Scheitern verurteilt. Was wir demnach nicht brauchen, sind Sozialutopien und Illusionen, denen zufolge *alle* Menschen dieser Welt buchstäblich zu Brüdern und Schwestern werden und sich obendrein noch mit allen Tieren (und Pflanzen) verbrüdern und wir brauchen auch keine Ideale vom »neuen Menschen«. Vielmehr sollten wir den »alten« besser kennenlernen und uns bemühen, aus seinen Verhaltensdispositionen – die ja nicht alle schlecht sind (!) – das Beste zu machen: die Freude am sozialen Leben zu fördern, den heranwachsenden Generationen deutlich zu machen, daß sich Kooperation und Altruismus auszahlen und daß Konflikte friedlich beigelegt werden können und sollen.

Aber das ist vielleicht selbst schon eine Utopie: In einer Welt des ständigen Bevölkerungswachstums, in einer Welt, in der die Ressourcen ungleich verteilt sind und die Armen immer ärmer, die Reichen aber immer reicher werden, in einer Welt, in der dem Heranwachsenden von Politik und Wirtschaft eine brutale Ellbogentechnik täglich vorexerziert wird – in dieser Welt mag der Skeptiker die Hoffnungen wieder schwinden sehen.

Literatur

Alexander, R. D. (1987): The Biology of Moral Systems. New York (Aldine de Gruyter).

Axelrod, R. (1987): Die Evolution der Kooperation. München (Oldenbourg).

Mohr, H. (1987): Natur und Moral. Ethik in der Biologie. Darmstadt (Wissenschaftliche Buchgesellschaft).

Sommer, V. (1994): Lob der Lüge. Täuschung und Selbstbetrug bei Tier und Mensch. München (Deutscher Taschenbuch Verlag).

Vogel, Ch. (1989): Vom Töten zum Mord. Das wirklich Böse in der Evolutionsgeschichte. München (Hanser).

Wuketits, F. M. (1993): Verdammt zur Unmoral? Zur Naturgeschichte von Gut und Böse. München/Zürich (Piper).

Wuketits, F. M. (1997): Soziobiologie. Die Macht der Gene und die Evolution sozialen Verhaltens. Heidelberg/Berlin/Oxford (Spektrum Akademischer Verlag).

Wuketits, F. M. (1999): Warum uns das Böse fasziniert. Die Natur des Bösen und die Illusionen der Moral. Stuttgart/Leipzig (Hirzel).

Gesprächs- und Streitkultur in der Schule – Wege zur praktischen Partnerschafts-, Demokratie- und Friedenserziehung

Noa Davenport

Das Anliegen meines Beitrages besteht darin, den tieferen Zweck der sich großer Beliebtheit erfreuenden Schulmediationsprogramme in den Vordergrund zu stellen, oder besser gesagt: worin ich den Zweck dieser Programm sehe und warum ich sie für so wichtig und bedeutungsvoll halte. Beginnen möchte ich mit einigen Aussagen von Schülerinnen, von jungen Mediatoren, die alle aus einer 5. Elementarklasse stammen. Eine Schülerin sagte: »Ich finde, wenn du einen Konflikt hast und zum Schuldirektor mußt, lernst du nichts, und deine Wut bleibt in dir zurück, ohne daß das Problem wirklich gelöst wird. Wenn du zur Mediation gehst, kannst du ausdrücken, wie es dir zumute ist. Die Probleme werden wirklich angegangen und nicht einfach beendet. Dieses Mediationswissen hilft dir, besser mit Leuten auszukommen für dein ganzes Leben.« Und ein anderer sagte: »Obwohl ich erst zwei Fälle hatte, habe ich das Gefühl, daß ich wie die Parteien zu denken anfange. Ich versuche eine Situation aus der Perspektive anderer zu sehen.« Ein anderer sagte dann: »Kürzlich war ich in einem Distriktsgebäude, um einen wirklichen Mediationsfall zu sehen. Ich war glücklich (»I felt good inside«), als das Problem gelöst war. Es war interessant zu sehen, wie die erwachsenen Mediatoren die gleichen Techniken, Verfahren und Einleitungen brauchten wie wir.« Und noch ein letztes Zitat eines Schülers aus der 4. Elementarklasse: »Ich hatte einen Konflikt mit meinem Bruder. Wir stritten uns darüber, wer mit welchem Ball spielen sollte. Wir haben dann eine Konfliktregelung gemacht, und wir sind uns einig geworden.«

Dies sind wesentliche Aussagen. Solche Menschen wünscht man sich als zukünftige Partner, Mütter, Väter, als Mitarbeiter oder als politische Vertreter.

Immer wieder habe ich erfahren, daß Schülerinnen, ungeachtet ihres Alters, direktes Verhandeln und Mediation oder mediatives Handeln spielend lernen und die Verfahren mit Begeisterung anwenden, und sie erfahren auch das Veränderungspotential der Mediation. Um uns zu zeigen, daß dies auch wirklich funktioniert, haben sich vier Schülerinnen und Schüler des BRG19 in Wien bereit erklärt, am Ende meines Vortrags eine Konfliktlösung/Mediation zu demonstrieren (s. Appendix).

Ich habe im Laufe der Jahre mit sehr vielen Schülern, Lehrern und Administratoren gesprochen, die immer wieder dasselbe sagen:
– ohne Programme hätten wir viel mehr Disziplinprobleme,
– unsere Schüler machen auch akademisch viel größere Fortschritte,
– und Konfliktlösungslernen verändert unsere Schulkultur.

Einleitend möchte ich vorausschicken: Obwohl längst nicht alle Schuldistrikte in den USA Programme eingeführt haben, gibt es wohl keinen Staat, in dem nicht einige Schulen solche Programme haben. Sie existieren in einer Vielzahl von Variationen, und sie werden von unterschiedlichsten Institutionen, privaten und staatlichen, getragen und unterstützt.

In der schulischen Arbeit geht es in der Regel nicht darum, daß Mediatoren von außen hinzugezogen werden, um Konflikte im Schulalltag unter Schülern oder mit Lehrern, mit Behörden und Eltern zu lösen. Es geht in allererster Linie darum, Schülern und Lehrern die Fähigkeiten beizubringen, die sie ermächtigen und befähigen, Konflikte selbst zu lösen.

Ich möchte betonen, daß ich immer mehr die Erkenntnis vertrete, daß es nicht darum geht, nur eine ausgewählte Schülergruppe als

206

Mediatoren oder Konfliktlotsen auszubilden, obwohl sich dies sehr oft und immer wieder so abspielt. Meiner Meinung nach sollte jeder Schüler die Grundlagen und Grundkenntnisse der direkten Verhandlung und der Mediation kennenlernen.

Im folgenden will ich mich auf vier Punkte beschränken:

1. Was wollen wir verändern und was lernen die Schüler beim Konfliktlösen?
2. Worin liegt die gesellschaftliche Relevanz?
3. Was sind die nötigen Voraussetzungen und welche Probleme müssen wir überwinden?
4. Welche Hoffnungen haben wir?

1. *Was wollen wir verändern, welches sind unsere Erziehungsziele?* Für mich besteht das übergeordnete Erziehungsziel des Konfliktlösungslernens darin, Energien nutzbringend einzusetzen. Anstatt destruktiv zu denken und zu handeln, lerne ich konstruktiv zu denken und zu handeln, und zwar innerhalb eines Systems, das die Würde und die Rechte jedes einzelnen Menschen achtet und respektiert.

Konfliktlösungslernen basiert auf Kooperation. Es geht nicht darum, einen Wettstreit oder eine Debatte auszutragen oder herauszufinden, wer im Recht und wer im Unrecht ist. Es geht vielmehr darum, gemeinsam ein Problem zu lösen. Das ist die Grundphilospohie, auf der die Erziehung zur Konfliktlösung aufbaut. Gleichzeitig wird an die Eigenverantwortung der Schüler appelliert. *Sie* übernehmen für ihr Tun Verantwortung, *sie* lernen ihre Probleme zu lösen und auf ihre Ressourcen zurückzugreifen. Dies bedeutet im Schulischen eine Entlastung der Lehrerschaft und im gesellschaftlichen Rahmen eine Entlastung des Staates.

Wesentlich ist auch, daß Anders-Denken, Anders-Handeln, d. h. nicht der Norm oder Mehrheit entsprechendes Verhalten, integriert werden kann. Mit anderen Worten: Wichtig ist, daß Toleranz geübt wird, solange dies innerhalb eines Systems, das die Würde und Rechte jedes einzelnen achtet, Platz hat. Auch das muß im Konfliktlösungslernen immer wieder neu geübt werden.

Das Schulklima, das durch das Erlernen von Konfliktlösungsverfahren und die Gewinnung von Einsichten, wie dem Wert und der Bedeutung von Kooperation, Eigenverantwortung und Toleranz, entsteht, entspricht dem erstrebenswerten Verhalten in einer Demokratie. Im Idealfall heißt dies: unterschiedliche Ansprüche werden ohne Machteinsatz kooperativ in Gesprächen angegangen. Es geht nicht darum, Konflikte zu vermeiden, sondern sich die Fähigkeiten früh in der Schule anzueignen, um sie bestmöglichst auszutragen. Gerade darin liegt eben das Erziehungsziel: Die Erkenntnis zu fördern, daß Streit unvermeidbar ist und Konflikte natürlich sind, sogar wesentlich und wichtig. Worauf es jedoch ankommt, ist, sie konstruktiv auszutragen.

Die Erkenntnis liegt darin, daß unterschiedliche Ansprüche und Wertvorstellungen das Wesen jeder Gemeinschaft, sei es nun die Familie, die Schule, ein Betrieb oder eine Organisation, ausmachen, weil jede Gemeinschaft letztlich ein Kollektiv von Individuen ist.

Wesentlich sind auch noch andere Lerninhalte. Schüler lernen Empathie. Sie lernen sich in einen anderen Menschen hineinzuversetzen, andere Perspektiven anzuerkennen, und lernen auch, daß es sogar verschiedene Wahrheiten gibt.

Eine Hypothese lautet: Je besser ein Mensch die Perspektive eines anderen einnehmen kann, desto sozialer wird er oder sie handeln, d. h. sich freiwillig so verhalten, daß es dem anderen zugute kommt, oder zumindest so, daß es dem anderen nicht schadet.

Ein weiterer wesentlicher Lerninhalt ist folgender: Das Gespräch mit Gleichaltrigen über den Konflikt ermöglicht Schülern, Einsicht in die eigenen Grenzen und Möglichkeiten zu bekommen. Sie erkennen, wie weit sie gehen können, ohne einen anderen Menschen zu enttäuschen, ihm weh zu tun oder gar zu schaden. Dies trägt dazu bei, den eigenen Anteil am Konflikt anzuerkennen, was auch wieder zu vertiefter Selbsterkenntnis beiträgt. Konfliktlösungslernen ermöglicht es den Schülerinnen weiterhin, Klarheit über ihre eigenen Bedürfnisse zu gewinnen, sie auszusprechen und Möglichkeiten zu suchen, jene auch zu befriedigen.

Die Frage, die jetzt noch von Bedeutung ist, lautet: Kann Konfliktlösungslernen wirklich zu Gewaltverminderung oder sogar Gewaltverhinderung beitragen? Insoweit, als Gewalt der Ausdruck unbefriedigter Bedürfnisse oder ungehörter Bedürfnisse ist, glaube ich dies schon. Jugendliche, die als Außenseiter ins Abseits gestoßen und ausgegrenzt werden, Jugendliche, die verhaltensauffällig sind und die Signale abgeben, wie dies z.B. bei den schrecklichen Schul-Schießereien in Colorado und in Arizona der Fall war, müssen mit umso wachsameren Augen von den Erwachsenen betreut werden und in ihrer offensichtlichen Verzweiflung aufgefangen werden.

Ich bin der Meinung, daß durch Konfliktlösungslernen der Impuls zur Gewalttat gebremst wird. Wenn ich mich machtlos fühle, neige ich eher zu Gewalt. Im Konfliktlösungsprozeß lerne ich, meine Konflikte wahrzunehmen und zu kontrollieren, ich lerne Abstand zu ihnen zu halten und Fragen zu stellen, ohne daß ich den Ärger und Zorn an anderen auslassen muß. Ich gebe die Kontrolle nicht ab an Autoritätsfiguren, an die Lehrer oder die Eltern. Dadurch, daß ich Kontrolle übernehmen lerne, kann ich den Impuls zur Gewalt besser in Schach zu halten. Außerdem korreliert Empathie, wie schon erwähnt, negativ mit Aggression, d. h. je empathischer ich sein kann, desto weniger aggressiv bin ich.

2. *Konfliktlösungslernen ist gesellschaftlich hochrelevant*, und zwar im Hinblick auf die Befähigung, Beziehungen auch in erweiterten Kontexten konstruktiv zu gestalten – nicht nur in der Familie, in Partnerschaften und Freundschaften, sondern auch am Arbeitsplatz, als Bürger in einer Demokratie und letztlich auch als Mitglied einer globalen Gesellschaft.

Teilfähigkeiten im Konfliktlösungsverhalten

- Konfliktfähigkeit, Ertragen-Können von Konfliktspannungen
- Empathie
- Erkennen verschiedener Perspektiven
- Akzeptieren der Eigenverantwortung
- Erkennen eigener Grenzen
- Einsichtsfähigkeit
- Klärung eigener Bedürfnisse
- Kommunikationsfähigkeit
- Fähigkeit Probleme zu lösen

Vieles, was Schüler im Konfliktlösungsverhalten lernen, ist in diesem Diagramm zusammengefaßt. Diese Fähigkeiten helfen Schülern in ihrem privaten Umfeld, in ihrer Familie und in der Partnerschaft erfolgreicher zu sein, d. h. beziehungsfähiger zu werden. Das könnte womöglich in Zukunft Scheidungen verhindern und daher auch Kindern weniger Schaden zufügen.

Die oben genannten Fähigkeiten helfen Schülern auch künftig in ihrer Gemeinschaft und in ihrer unmittelbaren Öffentlichkeit, konstruktiv zu handeln. Es wird ihnen helfen, die Ansprüche verschiedenster Interessengruppen, sei dies nun am Arbeitsplatz oder in der Politik, besser zu vereinen. Schüler lernen mit kontroversen Ansichten konstruktiv umzugehen, und unweigerlich entstehende Konflikte als Chance zu betrachten. Solche Fähigkeiten erlauben es auch, mit Menschen aus anderen Kulturen und Nationen so umzugehen, daß sie auf einer Basis des Verständnisses für ihre Ansprüche basieren. Entscheidungen, die nicht nur auf Eigeninteressen beruhen, jedoch den Interessen unterschiedlichster Parteien Rechnung tragen, können dann gefällt werden. Und das ist es ja dann auch, was wir letztlich unter Friedenserziehung oder, wie ich es nenne, Weltbezogenheit verstehen.

3. *Welche Hindernisse müssen überwunden werden, damit sich dieses soziale Lernen auch wirklich im Erziehungswesen verbreiten kann?* Ich möchte nur

Stichworte nennen: wesentlich ist, daß eine Übereinstimmung besteht zwischen dem, was Schüler lernen, und dem Verhalten der Erwachsenen, des Lehrkörpers.

Zeit ist auch immer ein Problem. Allzu oft kommt der Notruf von seiten der Lehrerinnen: »Wo sollen wir denn das noch unterbringen? Wir schaffen es einfach nicht, uns mit noch etwas Neuem zu befassen!«

Zuweilen wird man auch den Einwand hören: »Was nützt es denn, wenn wir in der Schule eine Gesprächskultur und Gewaltverminderung praktizieren und die umgebende Gesellschaft und zuweilen auch das Elternhaus dem entgegenläuft?« Ich meine, daß wir für die Gesellschaft erziehen, weil wir einen guten Einfluß ausüben wollen. Eine Gegenbewegung, die von der Schule ausgeht, wird umso wesentlicher – z.B. um die gesellschaftliche Glorifizierung von brutaler Gewalt zu bekämpfen.

Es kann auch schwierig sein, mit der Angst umzugehen, die Verantwortliche vor Erneuerungen und Veränderungen haben oder mit der Angst, die Kontrolle zu verlieren. Da entstehen neue Konflikte, die mit bestem Konfliktlösungsverhalten, mit Mediation, vielleicht überwunden werden können.

Weitere Hindernisse, die Behörden davon abhalten könnten, sich auf Konfliktlösungslernen in Schulen einzulassen, haben ganz einfach mit Finanzmitteln zu tun, mit Ressourcen, mit Kompetenzen, mit Forschung, die es braucht, um die Lehrerschaft entsprechend auszubilden, die Unterlagen zu besorgen, die Programme unter eine gute Führung zu stellen, im System zu verankern und auch kontinuierlich zu pflegen. All dies sind zweifelsohne Probleme, aber meines Erachtens nicht unlösbare.

4. *Was sind meine Hoffnungen und Überzeugungen und woran glaube ich?* Es ist meine Hoffnung, daß das, was sich in den USA, in Australien, in Neuseeland, in Großbritannien und allmählich auch im deutschsprachigen Europa und in den osteuropäischen Ländern auszubreiten beginnt, nämlich das Konfliktlösungslernen in der Schule – aber

auch in Organisationen, in Betrieben und in der breiten Öffentlichkeit –, mit der Zeit immer mehr an globaler Relevanz gewinnen wird. Ich hoffe ganz besonders, daß es auch in jenen Ländern an Bedeutung gewinnen wird, in denen heute unsägliches Leid herrscht, einfach aus der Unfähigkeit und dem Unwissen heraus, Konflikte konstruktiv zu lösen. Ich bin der Meinung, daß wir auch hier eine bedeutende Entwicklungsaufgabe wahrzunehmen haben. Als Beispiel möchte ich erwähnen, daß mir so eine Aufgabe zugefallen ist. Zwischen März und August 1999 habe ich in Iowa intensiv mit einer Studentin aus Ruanda zusammengearbeitet, die zur Zeit in der Schweiz an der Universität Fribourg ihr Psychologie- und Pädagogikstudium abschließt. Sie wollte während ihrer Praktikumszeit so viel wie möglich über Konfliktlösungserziehung in den Schulen lernen, damit sie nach ihrer Rückkehr nach Ruanda im nächsten Sommer dies zu ihrer Aufgabe machen kann.

Abschließend möchte ich wieder Schüler selbst zitieren. Als ich Schüler einer vierten Klasse vor ein paar Monaten fragte, was denn ihr Interesse an der Mediation sei und was ihnen daran gefalle, sagte mir ein Schüler: »Es hilft uns. Wir lösen unsere eigenen Probleme. Ich benütze es die ganze Zeit. Es ist wie eine Gewohnheit« (»it is almost like a habit«). Und darin besteht die größte Hoffnung.

Appendix: »Live«-Mediation von Schülern mit Schülern des BRG Wien 19

Eine authentische Mediation im Rollenspiel
Streitparteien: Clara, Jörg
Mediatoren: Claudia, Anton

Anton: Was wir jetzt reden, ist total vertraulich, kein anderer außer uns erfährt davon. Claudia und ich sind neutral, und wir versuchen euch zu helfen, und ihr müßt das eben wollen. Wenn es nicht so gut läuft, können wir es auch abbrechen, aber wir hoffen, eine Lösung mit euch gemeinsam zu finden.

Claudia: Wir haben bestimmte Gesprächsregeln. Wir unterbrechen den anderen nicht, wenn er spricht. Und wir unterlassen Beschimpfungen jeglicher Art. Seid ihr damit einverstanden?

Clara und **Jörg** nicken.

Anton (an Jörg): Erzählst du uns bitte, was passiert ist, und wie du alles siehst?

Jörg: Die Clara und ich sind eigentlich schon seit der Volksschule gute Freunde gewesen. Seit wir ins Gymnasium gekommen sind, hat sie neue Freundinnen und zieht über mich her. Sie redet schlecht über mich, und dann gab es Streit in der Klasse, und wir sind dann zu euch gekommen.

Anton: Aha, und was glaubst du, von wem geht das ganze aus?

Jörg: Also ich verhalte mich eher ruhig in der Klasse und bin ganz gut in der Schule, aber sie macht andauernd Probleme, sie schimpft über mich.

Anton: Aha. Und wie fühlst du dich dabei, wenn all dies passiert?

Jörg: Nicht so gut, denn sie macht sich andauernd über mich lustig, stellt mich als Klassenkasperl hin usw.

Anton: Kannst du uns vielleicht eine Situation erzählen, was da genau war?

Jörg: Ja, ich weiß nicht, wir waren in der Volksschule, und da haben wir uns oft gegenseitig besucht und etwas gemeinsam gemacht, und sie hat nun weitererzählt, was wir damals gemacht haben, und jetzt lachen alle darüber, und ich weiß nicht. Das ist mir unangenehm.

Anton: Das ist dir also unangenehm?

Jörg: Ja.

Anton: Das verstehe ich. Also, die Clara hat dich geärgert und dich vor anderen bloßgestellt?

Jörg: Ja.

Anton: O.k.

Claudia (an Clara): Und wie ist die Situation aus deiner Sicht?

Clara: Ja, also wir waren in der Volksschule ziemlich gut befreundet, aber seit wir im Gymnasium sind, hat sich der Jörg sehr verändert. Ich bin jetzt mit anderen Leuten befreundet, und er ist irgendwie auch so ein Prolo geworden, er spielt die ganze Zeit Fußball, und dann ist er auch so ein Streber. Und das nervt mich halt auch die ganze Zeit, das halt ich nicht aus. Und er ist einfach so blöd; in der Volksschule war er urlieb. Jetzt ist er so komisch, er hat sich verändert.

Claudia: Und inwiefern ist er komisch?

Clara: Ja, wenn ich in der Klasse mit meinen Freunden zusammen bin, dann schaut er so blöd hin und so, und ich weiß nicht, er schaut mich die ganze Zeit so an, und das nervt mich dann nur, und dann regt er sich immer auf, wenn ich mich über ihn lustig mach, weil er der Urstreber ist und die ganze Zeit aufzeigt – wah, schrecklich!

Claudia: Und was stört dich daran?

Clara: Ja, er ist der Urstreber geworden, das war er doch vorher auch nicht! Ich halt das einfach nicht aus. Ja, so gemein bin ich ja nicht!

Anton: Gut, das waren jetzt die beiden Standpunkte. (An Jörg gewandt) Könntest du dir vorstellen, die Situation irgendwie zu bereinigen? Hast du Lösungsvorschläge?

Jörg: Von meiner Seite her gibt's nicht viel zu bereinigen. Sie macht sich ja die ganze Zeit lustig über mich und so (Lachen im Publikum). Was soll ich da noch verändern?

Clara: Stimmt nicht!

Jörg: Doch! Ich will halt gut in der Schule sein, will gute Noten haben, ist doch nichts Schlechtes daran!

Anton: Ja, meinst du, geht es überhaupt nicht von dir aus, sondern nur von ihr?

Jörg: Ja!

Anton: Also, du siehst dich da ganz unschuldig. Aha! (Alle vier und das Publikum lachen). (An **Clara** gewandt) Und was sagst du dazu?

Clara: Nein, das stimmt nicht! Er verpetzt mich dann immer bei den Lehrern, und immer wenn ich irgendwas sag, dann zeigst du gleich auf und meinst, daß ich dich immer gleich beleidigt hab (Jörg schüttelt den Kopf) – na sicher!

Claudia: Und wie oft ist das schon vorgekommen, daß er dich bei Lehrern verpetzt hat?

Clara: Ja schon ein paar Mal, aber auch nicht so oft, und ich mein, ich mach mich schon über ihn lustig, ja ich versteh's nicht!

Jörg: (unterbricht Clara) Sehr oft!

Clara: Ja du kannst doch was zurücksagen! Das tut mir doch nicht weh!

Claudia (an Jörg): Und wieso verpetzt du sie?

Jörg: Ja, pff, weil sie irgendwo einfach urgemein ist, ja, sicher, ist muß es irgendwo sagen, soll ich vielleicht alles in mich hineinfressen?

Clara: (unterbricht Jörg) Das ist doch alles so harmlos!

Anton: (unterbricht Clara) Also, lassen wir den Jörg aussprechen.

Jörg: Also, dann sag ich's halt auch noch den Lehrern, ich weiß nicht, aber die machen halt nichts dagegen!

Anton: Du findest, sie ist gemein zu dir?

Jörg: Ja.

Anton: O.k. (an Clara gewandt) Er findet, du bist gemein zu ihm – also was sagst du dazu?

Claudia: Ja, was sagst du dazu? (Lachen im Publikum)

Clara: Ja, ich hab mir keine Gedanken darüber gemacht, das ist irgendwie, ich weiß nicht, es kommt so aus dem Bauch heraus, und ich denk mir immer, daß es ihn eh nicht stört.

Claudia: Also du hast dir keine Gedanken darüber gemacht?

Clara: Nein, es ist immer ganz spontan!

Claudia: Und wie, glaubst du, würdest du dich fühlen, an seiner Stelle?

Clara: Na, das weiß ich nicht! Aber wenn mich jemand verarscht, dann tut mir das eigentlich nicht weh, das ist mir eigentlich egal, das kann man ruhig sagen.

Anton: Also du magst es, wenn Leute gemein zu dir sind?

Clara: Nein! Das stimmt nicht!

Anton: Aha, aha!

Clara: Nein, aber es stört mich nicht, man soll das einfach ignorieren!

Anton: Na ja, aber der Jörg mag es halt auch nicht, wenn man so gemein zu ihm ist – kannst du nicht irgendwie ...

Clara (unterbricht **Anton**): Ja, kann ja aufhören ...

Anton (etwas aufgebracht): Ja, das ist eine gute Idee ...

Clara (unterbricht **Anton**, ebenso aufgebracht): Dann bin ich halt ruhig.

Claudia (an Clara gewandt): Das ist ein guter Lösungsvorschlag. Hast du vielleicht sonst noch etwas zur Lösung eures Problems zu sagen?

Clara (ärgerlich seufzend): Ja, wir könnten uns wieder einmal treffen oder so. Ich mein, es war ja auch immer urlustig in der Volksschule und so, da war er auch immer urlieb, und wenn er nicht so ein Streber wär! Er sitzt die ganze Zeit zu Hause und lernt, und wir gehen halt immer weg, und er schaut dann immer so teppert, wenn wir dann Montag erzählen von Samstag abend und so. Und er kann doch einmal fragen, ob er mitkommen kann! Wenn er sich normal verhält ...

Jörg (unterbricht Clara): Aber du fragst mich ja nie!

Claudia: Moment, laß sie mal ausreden!

Jörg: Ja, o.k.

Clara: Ja wenn du die ganze Zeit nur lernst, und du schaust mich immer so teppert an – wie soll ich dich dann fragen? (Lachen im Publikum)

Anton (an Jörg gewandt): Na ja, also, warum hast du sie dann nie gefragt?

Jörg: Ja, ich mein, warum hab ich sie nie gefragt, ich mein .... ich hab sie eh gefragt, einmal ...

Clara: Nein!

Jörg: Sicher! (Lachen im Publikum)

Anton: Aha – können wir das überprüfen?

Jörg: Na, sie hat das vielleicht schon vergessen, aber sie hat einmal gesagt: Na, was willst du dabei, bleib lieber zu Haus bei deinen Schularbeiten, laß mich in Ruh, und ...

Claudia (an Clara gewandt): Stimmt das?

Anton (an Clara gewandt): Das ist ja nicht sehr nett, was du da gemacht hast (Clara schüttelt den Kopf) Aha, du weißt es nicht mehr ... (alle lachen, jemand hustet).

Anton (an Jörg gewandt: Also jetzt nochmal ganz konkret, könntest du vielleicht sagen, wie du dir vorstellen könntest, die Situation zu bereinigen – ich mein verpetzen, also, wie siehst du die Situation, die Anschuldigungen, daß du über sie bei Lehrern so schlecht redest – stimmt das?

Jörg: Ja, das stimmt schon, ja sicher. Das ist meine einzige Methode, irgendwie, was weiß ich, sie vielleicht einzuschüchtern, daß sie es nicht mehr so oft macht, oder so ... Aber es nützt eh nichts, eigentlich.

Anton: Aha! Na ja. (an Clara gewandt) Und könntest du dir vorstellen, damit aufzuhören, gemein zu sein?

Clara: Ja, sicher! Ich kann aufhören, nein, ja, denn eigentlich mag ich ihn ja eh, aber manchmal ist er halt immer so doof, und dann kann ich nicht anders (Lachen im Publikum). Nein, ich werd mich halt zurückhalten.

Anton: O.k., du willst dich also zurückhalten?

Clara: Ja!

Claudia: Ja, das ist ein guter Vorschlag! Gut!

Anton (an Jörg gewandt): Jörg, und was sagst du dazu?

Jörg: Ja, ich mein, ich, ich .... ja wenn sie sich zurückhält, dann ist eigentlich eh alles o.k., und wenn sie nicht alles mögliche weitererzählt und mich dauernd als Prolo bezeichnet und als Streber ... Es wäre dann alles eh o.k.!

Anton: Ja, o.k.

Jörg: Das muß halt von ihr kommen, ich mein ....

Anton: Ein Konflikt hat aber immer zwei Seiten. Ich glaub, von dir sollte auch etwas kommen!

Jörg: Ja, was weiß ich, ich mein ... ich kann mal fragen, ob ich mitgehen kann am Abend oder so, wenn ich Zeit hab, wenn ich nicht lernen muß ... Dann kann ich ja mal fragen, ob ich mitkommen kann.

Anton (an Clara gewandt): Und du würdest ihn mitnehmen?

Clara: Ja, sicher, er soll sich halt was Gescheites anziehen! (Lachen im Publikum). Gut!

Anton: Gut, das bleibt jetzt im Raum, ich weiß nicht ... Kann er sich denn nicht so anziehen, wie er will, oder?

Clara: Ja, wenn wir irgendwo hin tanzen gehen, dann geht das nicht. Aber vielleicht gehen wir woanders hin.

Anton: Aber vielleicht gefällt es ihm so, wie er angezogen ist?

Clara: Schon! Aber wenn wir zusammen sind, dann muß er sich halt anpassen ...

Claudia: Du magst es nicht so, du möchtest, daß er sich an dich anpaßt?

Clara: Nein, aber wenn wir weggehen, daß er schon halt gemäß gekleidet ist.

Claudia: Aha.

Anton: Aha!!! (Lachen im Publikum) Fragen wir vielleicht den jungen

Herrn, was er davon hält?

Jörg: Ja ich finde, es ist nichts gegen Fußballdressen oder so auszusetzen, wenn man sie anhat in der Schule.

Claudia: Ah, vielleicht kann man sich da auch noch auf irgendetwas einigen?

Anton: Na, die Kleidung ist ja wohl das geringste Problem, aber es geht doch darum, wie ihr euch gegenseitig verhaltet (Lachen im Publikum, jemand hustet).

Anton: So! Also Jörg, die Clara hat eigentlich folgende Lösungsvorschläge: daß du sie manchmal fragst, ob du mitgehen kannst und dich vielleicht auch anders anziehst (Lachen im Publikum) – das kannst du handhaben, wie du willst, aber sind diese Vorschläge für dich einigermaßen akzeptabel?

Jörg: Ja, schon.

Anton: Also du wärst mit so einer Situation halbwegs zufrieden?

Jörg: Mhm.

Claudia: Und der Jörg hat eben vorgeschlagen, dich nicht mehr so zu verpetzen – ist das o.k. für dich?

Clara: Ja, sicher!

(Alle lachen entspannt.)

Anton (an Clara gewandt): Und du wirst den Jörg auch nicht mehr so viel ärgern wie früher?

Clara: Nein!

Anton: O.k. – gut. Das ist ein positiver Schritt!

Claudia: Ja, wir haben das ganze aufgeschrieben, wir machen dann einen Vertrag, jeder bekommt eine Kopie davon, und ihr unterschreibt ihn. Im Vertrag sind alle Lösungsvorschläge aufgeschrieben, und wir hoffen, daß ihr euch daran haltet. Falls das nicht funktioniert, können wir uns noch einmal treffen und darüber reden. Jetzt schlage ich vor, ihr gebt euch zum Zeichen dieser glücklich gelungenen Mediation die Hand.

(Alle Lachen. Applaus.)

Mediation mit Jugendlichen in und außerhalb von Institutionen

Angela Mickley

Ein Buch über Quäkeraktivitäten in politischer Mediation mit dem Titel »In der Mitte sein, indem man sich am Rande aufhält« (Sue and Steve Williams: »Being in the middle by being at the edge«) beginnt mit einer ganz schlichten Überlegung, die ich vorher nie in diesem Zusammenhang angestellt hatte:

Wenn ich wissen will, wo und wie beschaffen die Mitte ist, dann muß ich die Ränder erkundet haben. Wenn ich eine freie Entscheidung zwischen der einen oder anderen Verhaltensmöglichkeit treffen möchte, dann muß ich zuerst wissen, was es noch alles gibt: Was ich noch tun könnte, wie andere sich noch verhalten könnten, welche Möglichkeiten im Bereich von gut und böse unterschiedlich angesiedelt sind und wie ich persönlich damit umgehe.

Wir bewegen uns in der Kinder- und Jugendmediation nicht im Bereich der Erwachsenen, die vielleicht nicht alles wissen, aber alles meinen zu wissen, die irgendwie bereits gesetzt, fertig und ausgebildet sind. Statt dessen bewegen wir uns in einem Bereich, in dem unendlich viel entwickelt wird, in dem vieles überhaupt noch nicht bekannt ist und in dem äußerer Druck oder der Einfluß von Personen und Institutionen viel stärker erlebt werden. Dies wirkt zum Teil sehr negativ oder förderlich oder gar nicht weiter störend auf die eigene Individuation und Sozialisation, aber, ständig herausgefordert, muß die eigene Position in einem Systemgeflecht gefunden werden; in dem auch das eigene Verhalten durch sich sehr an den Rand bewegende Versuche zu einer schlußendlich wirklich eigenen Haltung entwickelt werden kann. Und dies ist nicht immer ein einfacher Prozeß.

Um die Ränder zu erkunden braucht es oft Mut. Mut ist eine

221

Fähigkeit, aber auch ein Bedürfnis, das Kinder schon ansatzweise und Jugendliche noch stärker bewegt. In Konfliktbearbeitungen habe ich es als eines der treibenden Elemente erlebt, daß auf dieses Grundbedürfnis Rücksicht genommen werden und von Jugendlichen in der Konfliktbearbeitung ganz viel ausprobiert werden muß.

Ich habe drei Kinder von inzwischen 10, 12 und 14 Jahren und erlebe gerade mit allergrößter Spannung, wie sie alles mögliche ausprobieren. Das ist mir natürlich nicht immer recht, aber ich sage mir dann: Nein, es muß sein, sie müssen schon ihren eigenen Weg finden, und auch wenn ich weiß oder meine zu wissen, wie es richtig ist, lohnt es sich nicht, ihnen das vorzuschlagen. Und alle, die in der Mediation arbeiten, wissen, daß wir Klienten sowieso nie etwas vorschlagen.

Aus den dargestellten Positionen erfragen wir die zugrundeliegenden Interessen, gehen dann auf die Bedürfnisse ein und können nunmehr allmählich damit beginnen, mit einigem an Bedürfnis- und Wertesubstanz zu arbeiten. Schlußendlich kann diese Substanz für eine Regelung genutzt werden kann. Aus Mediationen wissen wir, daß die respektvolle Haltung nicht nur gegenüber den inhaltlichen Wünschen und den Fähigkeiten der Konfliktbeteiligten, sondern auch gegenüber deren Bearbeitungsgeschwindigkeit ganz wichtig ist. Ich bin immer wieder zu ungeduldig, frage mich, wann es endlich losgeht mit sichtbaren Ergebnissen, und weiß dabei natürlich, daß diese Eile völlig unangemessen ist. Schmerzhaft wahrnehmbar wird häufig eine Phase des konstruktiven Abwartens – wir haben das im Rollenspiel, in realen Mediationen und in Übungssituationen ausprobiert – in der das eigentlich Gewünschte, Bewegende der Beteiligten noch stark im Hintergrund liegt und erst herausgearbeitet werden muß. Die Mediatorenaktivität in dieser Phase besteht vor allem in »Zunge abbeißen und am Stuhl festhalten«.

Der chilenische Dichter Pablo Neruda hat einen wunderbaren Ausdruck verwendet: »brennende Ungeduld« – diese »brennende Ungeduld« ist für mich das Wesen der Mediation: daß wir als Außenstehende, als intervenierende Drittpartei alles mögliche sehen, weil das von außen immer leichter ist; und vielleicht haben wir, wenn wir mit Jugendlichen arbeiten, auch etwas mehr Erfahrung. Aber es lohnt nicht, es ist nicht unsere Aufgabe, in die inhaltliche Gestaltung hinein zu wirken und Entscheidungen zu beeinflussen. Was wir erreichen können, und darauf können wir diese innere Ungeduld und den eigenen Tätigkeitsdrang richten, besteht darin, einen Entscheidungsraum herzustellen, in dem die Klienten in der Lage sind, aus sich heraus das zu finden, was ihnen gemäß ist. Sie treffen ihre persönliche Entscheidung über die weitere Gestaltung ihres Beziehungsweges in klarer Einschätzung der eventuell kontroversen Optionen und verantworten sie danach, mit genau der Hilfe oder gegenseitigen Kontrolle, die sie selbst für nötig und sinnvoll halten.

Welche Chance hat und bietet Mediation innerhalb eines bestehenden Systems? Wenn wir uns die unterschiedlichen sozial-politischen Systemebenen ansehen, bewegen wir uns in der Schulmediation ungefähr auf der Mesoebene, also im mittleren gesellschaftlichen Bereich, in dem Institutionen und Gruppen die Akteure sind. Natürlich spielt die Mikroebene hinein, auf der einzelne handeln; die Makroebene der überregionalen, bundesweiten Gestaltungs- und Handlungsräume ist insoweit beeinflussend beteiligt, als der gesamte Rahmenplan – wie, wann, von wem aus mit Schulen und Schülern umgegangen wird, welche eingerichtet werden –, als dies natürlich auf Entscheidungen beruht, die auf einer Makroebene getroffen werden. Aber die Handlungsebene ist die Mesoebene, und die einzelnen Beteiligten, die dort in kleineren oder größeren Gruppen handeln, sind auf einer Mikroebene tätig.

Sozial-politische Systemebenen / Handlungsbereiche

- Makrobereich - nationale und internationale Einrichtungen
- Mesobereich - geografische Regionen
  kulturelle und politische Institutionen
  wirtschaftliche Unternehmen
  Parteien, Verbände
- Mikrobereich - Arbeits-, Sport- und Interessensgruppen
  Familien
  Partnerbeziehungen

Einerseits ist die Schule, verglichen mit allen übrigen Bereichen, nur ein kleiner Bereich, jener für Kinder und Jugendliche. Andererseits sind alle diese Jugendlichen, mit denen wir in und außerhalb von Einrichtungen zu tun haben, auch Akteure innerhalb eines größeren Systems und wirken, sobald sie erwachsen sind, in alle anderen Systeme mit hinein.

Und wenn wir uns die Makroebene ansehen, auf welcher gesellschaftspolitische Entscheidungen getroffen werden, dann haben wir selbstverständlich dort, abgesehen von Systemkonstruktionen oder juristischen Körperschaften, ebenfalls handelnde Individuen. Das fügt jeder pädagogischen Aktivität mit Jugendlichen im Generationenrhythmus eine langfristige Perspektive hinzu, weil diese Jugendlichen später als Erwachsene in andere Ebenen hineinwirken. Dies kann als Trost für die pädagogische Ungeduld dienen, wenn wir alle schnell einen Erfolg sehen wollen, obwohl wir wissen, daß dies nicht geht. Die Wirkung unseres Handelns reicht so weit, daß wir getrost auf dieser Ebene anfangen können und darauf vertrauen, daß es in andere hineinwirkt.

Wenn wir uns nun diese Ebenen, auf der Jugendliche sich bewegen, ansehen, dann haben wir einen Heranwachsenden, der in unterschiedlichen Zusammenhängen lebt und von Erwachsenen oder Gleichaltrigen unterschiedlich beeinflußt wird: Schule, Vereine, Freizeitinteressen, Gruppen, in denen etwas gemeinsam unternommen wird, auf der einen Seite und auf der anderen die institutionell weniger erfaßten Bereiche wie Elternhaus, Freunde, vielleicht Verwandte, die Straße und weitere Umgebung, die oft einen sehr großen Einfluß ausüben, den Eltern meist am allerwenigsten überblicken oder in der Hand haben.

Wenn ich in der Konfliktbearbeitung, in der Mediation mit Jugendlichen innerhalb eines Systems ansetze, z. B. innerhalb der Schule, wie wir das in Berlin inzwischen häufig getan haben, dann muß ich berücksichtigen, daß hier klare Rahmenbedingungen mit Pflichten bestehen, wie z. B. die Schulpflicht, die alle erfüllen müssen und dürfen. Meinen eigenen Kindern erzähle ich immer, daß es auch ein Schulrecht gibt, und die Schule sie davor schützt, zu Hause oder sogar außerhalb für alles mögliche angestellt zu werden, und daß sie froh sein können, dort hingehen zu dürfen und nicht unter meiner Knute arbeiten zu müssen. Es ist wirklich ursprünglich als Schulrecht gedacht gewesen, als Schutz vor Kinderarbeit, wenigstens in diesem Teil der Welt.

Die Möglichkeiten, die in der Schule bestehen, innerhalb eines doch von vielen Zwängen bestimmten Systems mit Jugendlichen umzugehen, sind naturgemäß sehr begrenzt. Ich kann kleine Freiräume schaffen, Lehrer können hier und da etwas tun, das nicht in den üblichen Rahmen fällt, um mit den Jugendlichen zu arbeiten, aber all dies ist aus unterschiedlichen Systemzwängen heraus außerordentlich begrenzt.

Nach dem Beginn der Mediationsarbeit 1991 in Berlin führte ich ab 1993 ein umfangreiches Modellprojekt zur Einführung und Erprobung von Mediation an mehreren Oberschulen (Gesamt- und Realschulen, Gymnasien) durch. Das waren etwa 70 Stunden an je einer Schule, mit Lehrern, mit Schülern, mit sogenannten schlimmen Klassen, bei denen es hieß: »Gehen Sie da mal rein, machen Sie irgendwas, die brauchen das.« Leider wurde das den Schülern manchmal genauso gesagt – was nicht gerade eine hilfreiche Einführung war.

Daran wurde neben der
1. Finanzierung durch den Senat und dem
2. Interesse des Kollegiums schnell eine weitere Bedingung für erfolgreiche Mediationsarbeit an Schulen deutlich:
3. Aufklärung der Lehrerschaft über geplantes Vorgehen und Inhalte,
4. Einverständnis mit dem Konzept sowie
5. Unterstützung oder bestenfalls eigene aktive Mitarbeit.

In der praktischen Arbeit wurde deutlich, daß ich sehr viele Konzepte wieder ändern mußte, daß die Möglichkeiten, in der Schule konfliktlösend zu arbeiten, z.T. auch davon abhingen, was den Schülern vorher mitgeteilt worden war. Einmal erlebte ich eine sehr »widerborstige« Klasse, und irgendwann begriff ich glücklicherweise etwas und fragte nach: »Wie ist Euch diese Stunde angekündigt worden? Wie habt Ihr denn erfahren, wer ich bin und was hier passieren soll?« Und dann kam der wirklich niederschmetternde Satz: »Die haben gesagt, wenn wir uns so benehmen, dann müßte Frau Mickley kommen und uns zurechtrücken!« Das ist eine Einführung, die ich nicht schätze, weil es erst einmal eine Viertelstunde braucht, bis sie mich nicht mehr als zurechtrückend, sondern als irgendwie normal ansehen, und sehr viel an Vertrauen gar nicht entstehen kann, weil es durch einen solchen Satz blockiert ist.

Wir haben in dem Zeitraum von 1993-96 in 16 Schulen Konfliktbearbeitungen und Mediationsfortbildungen mit Schülern, Lehrern, Direktoren und einigen Eltern durchgeführt und ausgewertet und am Schluß u. a. das unerwartete Resultat von Schülern gehört: Es sei so wunderbar gewesen, wie ihnen zugehört wurde. Ich hatte tatsächlich angenommen, gut unterrichtet zu haben, und hörte nun, daß das Beeindruckendste gewesen war, nichts zu sagen. Es war ein etwas gemischtes Kompliment. Ebenso beeindruckt von diesen Äußerungen in der Auswertung waren die Lehrer, und zwar alles »gute« Lehrer, die 10% eines Kollegiums, die innovativ und kreativ arbeiten, die etwas verändern wollen, die dies und jenes bereit sind zu versuchen. Und diese Lehrer waren davon zutiefst erschüttert, daß die Schüler offenbar durchgehend den Eindruck hatten, im normalen Schulalltag höre ihnen niemand zu, für ihre Angelegenheiten sei kein Raum. Gerade die Mediationslehrer stellten nicht das Negativbild von Pädagogen dar, das häufig geschildert wird.

Sie haben dieses Element daraufhin gezielt in ihre Konzepte eingebaut, haben die Zuhörzeiten in Konfliktbearbeitungen, z. B. auch nach der Stunde, verlängert und haben es mit den Schülern thematisiert bzw. gleich als Bearbeitungsteil geregelt: Wenn irgendetwas während des Unterrichts, wo man es nicht brauchen kann, passiert und keine Zeit zur Verfügung steht, weisen sie darauf hin: Moment, ich bespreche das gerne nachher mit euch, dann habe ich auch Zeit zuzuhören, und dann können wir etwas damit machen, was euch langfristig weiterhilft. Die Lehrer berichteten später, es hätte in den Klassen ein bis sechs Monate gedauert, bis dies neue Verfahren eingeübt war und die Schüler bei dem einfachen Hinweis auf Sprechzeit nach der Stunde ruhig wurden, selbst wenn noch gar nichts bearbeitet war. Sie vertrauten darauf, daß es wirklich passieren würde und sie sich dann ausreichend äußern könnten. Wir haben diesem offenbar weit unterschätzten Bedürfnis danach entsprechend Raum gegeben.

Dies als eines der vielen Beispiele, wie mit einem Bedürfnis umgegangen werden kann, das vorher nicht in aller Deutlichkeit wahrgenommen worden war.

Definieren wir die Schule als einen der Räume, in denen Entwicklungsnotwendigkeiten von Jugendlichen einerseits aufgegriffen und andererseits ihnen durch die gegebene Organisationsform zum Teil großer Widerstand entgegengesetzt wird, gewinnt die bildende und erzieherische Aufgabe von Lehrern eine zusätzliche Dimension kaum zu unterschätzender Tragweite. Zwischen dem Prozeß der Sozialisation, der von außen auf Kinder dahingehend wirkt, sich in die bestehenden Rahmenbedingungen einzufinden, und dem manchmal sehr gegensätzlich verlaufenden Prozeß der Individuation, bei dem von innen wirkende Kräfte – Bedürfnisse, Interessen, Fähigkeiten – nach Ausdruck drängen, besteht oft einen großer Gegensatz. Wie kann man innerhalb von Institutionen damit umgehen, wie kann man diesen Bedürfnissen überhaupt gerecht werden? Können wir einen Abenteuerspielplatz auf dem Schulhof bauen oder mit jeder neuen Klasse gefährliche Bergtouren unternehmen – was gibt es für Möglichkeiten, dem Risikobedürfnis von Kindern und Jugendlichen überhaupt Rechnung zu tragen?

Aus meiner jahrelangen Arbeit mit Jugendlichen in und außerhalb von Schulen habe ich den Eindruck gewonnen, daß es durchaus möglich ist, in die Konfliktbearbeitung einiges von diesem Risikobedürfnis mit einzubeziehen. Dieses »die Ränder erforschen, um die Mitte zu finden« ist das, was wir in vielen Konflikten erleben. Man läßt etwas eskalieren, es wird noch eins draufgesetzt, es wird zugehauen, es wird ein Wort gesagt, das den anderen garantiert auf 180 bringt, und was da bei Jugendlichen wahrgenommen wird, ist nicht unbedingt die reine, böse, unverhüllte Absicht, sondern der schlichte Drang, etwas zu probieren. Man kennt das bei Babies, die reißen andere Familienmitglieder an den Haaren, freuen sich, wenn einer losschreit, und jeder weiß, daß so etwas ja überhaupt nicht böse gemeint ist, sondern nur die Freude an einer seelischen Aktivität ausdrückt. Endlich passiert etwas!

Etwas ganz ähnliches erleben neue Lehrer in einer Klasse. Der nichtsahnende Pädagoge kommt herein, überzeugt von sich und seinen Konzepten, und die Schüler interessieren sich nicht für die Konzepte, sondern schauen erst mal, was an dem Menschen dran ist. Sie probieren ihr ganzes Repertoire an Ärgern und Stören aus, und nach einiger Zeit ist das Verhältnis geklärt, der Lehrer bzw. die Lehrerin hat sich als brauchbare Person erwiesen oder nicht, und die Arbeit kann beginnen.

In manchen Klassen drängte sich der Eindruck auf, daß die Schüler so lange Ärger machen, bis die Lehrer in der Klasse wirklich seelisch anwesend sind. D. h., es wird die ganze Person verlangt, und wer nur mit Fachtermini kommt, nur sein Fach unterrichten möchte und sich als Person gerne an der Garderobe draußen aufhält, der ist von den Schülern nicht erwünscht und wird vor allem nicht geduldet.

Neulich erzählte ein Lehrer in der Schule, mit der ich eine langfristige Konfliktbearbeitung begonnen hatte, von einer Kunstlehrerin, bei der die Schüler immer wieder ausprobiert haben, wie schnell sie jene zum Weinen bringen. Einer prahlte: »Ich hab es in dreieinhalb Minuten geschafft!« Das ist natürlich brutal. Ihr fehlten da anscheinend gewisse Kompetenzen oder Substanz oder Liebe zu ihrem Beruf. Aber so etwas sind die typischen Auseinandersetzungen, die wir im Jugendbereich kennen.

Ich habe es auch erlebt und gemerkt, daß ich mich mächtig wappnen mußte. In der Konfliktbearbeitung entsteht häufig der Eindruck, wir flüchteten gerne aus einem Erwachsenen- oder vielleicht auch Temperamentsbedürfnis heraus zu schnell in das Nette, Harmlose und Friedliche – jetzt wird alles schnell geregelt, wir schaffen das schon – und berücksichtigten und pflegten zu wenig dieses elementare Bedürfnis nach kämpferischer Auseinandersetzung.

Wenn ich Jugendliche in Ausprobierspielen beobachte, wenn sie z. B. versuchen, sich gegenseitig hochzubringen – ich sag das, du erwiderst das, wer verliert wohl zuerst die Nerven – dann funktioniert das wie in einem seelischen Labor. Es wird probiert, was wen wie trifft, aufregt, niedermacht usw. Die Schüler kennen sich untereinander, kennen ihre Lehrer bis ins letzte, wissen auch genau, welcher Lehrer bei wem wie reagiert.

In der Konfliktbearbeitung kann daher darauf gebaut werden, daß eine kognitive und seelische Kompetenz vorhanden ist. Jugendliche haben viel Bewußtsein von diesem Bereich des Ausprobierens bei sich und bei anderen, das wir nutzen sollten; also auch genau erfragen sollten, was sie alles kennengelernt haben, was sie wie ausprobieren und welche Wirkung sie tatsächlich erzielen wollen.

Wenn ich mir ansehe, wer in den Konflikten eigentlich handelt, dann gibt es meist eine eindeutig zu definierende Tat und eine Wirkung, die, auch wenn sie im psychischen Bereich stattfindet, sichtbar ist, über die nicht diskutiert zu werden braucht. Zusätzlich gibt es noch einen weiteren Bereich, nämlich den der Absicht. Wir kennen vermutlich alle die Frage: Warum hast du das getan? In Mediationen habe ich mir diese Frage abgewöhnt, weil darauf selten eine ehrliche Antwort kommt; nicht unbedingt aus dem Wunsch zu lügen, sondern entweder aus einem Sich-nicht-Klarmachen, daß eine böse Absicht dabei war, oder einem Verdecken-Wollen. Ob wir uns dann bewußt oder unbewußt im negativen oder positiven Bereich unserer Absichten bewegen, ist uns selbst nicht immer klar. Damit erübrigt sich die Frage nach der Absicht, und statt dessen sollte zunächst die Wirkung der Tat betrachtet werden.

Dann habe ich noch eine andere Besonderheit erlebt und gelernt: das klare Einbeziehen von gut und böse, von konstruktiv und destruktiv. Wenn in einer Konfliktdarstellung alles mögliche erzählt wird und den Kontrahenten anzumerken ist, daß da noch unausgesprochene Dinge wirken, habe ich häufig die Erfahrung gemacht, daß das klare Formulieren einer Negativabsicht den ganzen Prozeß sehr viel weiterbringen kann; d. h., ich als Drittpartei äußere die vermutete Absicht mit Verständnis (nicht Einverständnis!), da ein solches Offenlegen der eigenen Motive in Gegenwart des Kontrahenten von den Streitenden kaum erwartet werden kann. Oft ist es die Wirkung bestimmter Absichten, über die man den eigentlichen zugrundeliegenden Gefühlen und Motiven näher kommt. Und diese Wirkungen sind manches Mal sehr unangenehm.

Beispielsweise ist an einer unserer Schulen einem Lehrer etwas Schreckliches »passiert«: Er wollte einen Schüler nach längerer Auseinandersetzung maßregeln, ihn mit etwas Druck vor die Tür schieben, der Schüler fiel genau auf den Ellenbogen und brach sich kompliziert den Arm. Das war natürlich noch mal eine ganz andere Dimension, als wenn Schüler sich untereinander verletzen, obwohl von dem Lehrer alle wußten, daß er garantiert keine böse Absicht hatte.

Wenn ich das so formuliere und sage: »So, dieses Gefühl kenne ich«, dann erlebe ich bei den Konfliktbeteiligten einen Ausdruck der Entspannung. Sie setzen sich ein bißchen zurück und sagen: »Genau«. Sie bestätigen nicht »das haben Sie genau richtig gesagt«, sondern lassen es im Raum stehen, bearbeiten es weiter, und für alle Anwesenden ist klar, daß da ein allen bekanntes Element angesprochen wurde.

Wir können anschließend beruhigt in die nächste Phase gehen: Wie gehen wir jetzt mit der Wirkung um? Die Tat ist klar, die Wirkung ist sichtbar, und damit muß umgegangen werden, egal wie die vermutete oder tatsächliche Absicht war.

Zu berücksichtigen ist ein wichtiger Punkt: In einer ersten Reaktion auf eine solche »Tat« geht es zunächst um die selbst empfundene Wirkung und um die Vermutung über die Absicht des anderen – leicht unterstellen wir anderen spontan eine böse Absicht, wenn die Tat gegen uns selbst gerichtet war. In der Folgereaktion auf diese Erstreaktion, d. h. auf die Tat plus vermutete böse Absicht plus erfahrene Wirkung (Schmerz, Angst, Verletzung), kommt es häufig zu einer weiteren Steigerung, mit unendlichen Fortsetzungsmöglichkeiten, bis hin zu größerer und auch geplanter gegenseitiger Schadenszufügung, Vernichtung usw.

Einerseits geht es um die handelnde Person, andererseits um den »inneren Schweinehund« oder »Doppelgänger«, meine dunklere Seite also, die ich bei mir selbst weniger wahrnehme, die aber alle Kollegen oder Freunde an mir kennen. Unsere Partner und Bekannten können diese Seite auf Anfrage gern und umfassend beschreiben.

Es gibt auch den Gegensatz dazu: mein besseres oder höheres Ich, meine Lichtseite, die ich sehr stark sehe, die mich inspiriert und von der ich meine, daß sie mich in meinen Handlungen bestimmt. Der Pfeil deutet an, daß ich meine bessere Seite im Blick habe, daß aber die bessere Seite nicht immer wirkungsvoll auf mich Einfluß nimmt – deshalb die gepunktete Linie; sondern daß es eher der Doppelgänger ist, der mich bestimmt.

Es gibt Hundeleinen, die man beliebig verlängern kann. Man drückt bei Bedarf auf den Knopf, und der Hund schnurrt einem wieder neben den Fuß, auch wenn er selbst es nicht will. So in etwa sehe ich diesen Doppelgänger, diesen Schattenmenschen, der manchmal mehr und manchmal weniger unter Kontrolle ist. Wahrscheinlich kennen alle diese Situationen, in denen der Schattenmensch gar nicht unter Kontrolle ist. In der Konfliktbearbeitung beschreiben mir die Beteiligten diesen Doppelgänger jeweils beim anderen; es ist nichtsdestoweniger wichtig, die eigene Schattenseite für jeden Kontrahenten selbst sichtbar und spürbar zu machen.

Eine grundsätzliche Seite möchte ich noch einschieben. Es war im Vorhergehenden die Rede von Schattenseiten, Doppelgängern, den Bereichen die wir an uns nicht wollen – und dennoch steckt in ihr im wahrsten Sinn des Wortes ein starkes motivierendes Element; es treibt mich, Konflikte entstehen nicht von allein, sondern dieses Getrieben-Sein wird immer wieder von Konfliktbeteiligten berichtet. Jeder von uns kennt dieses Gefühl, und auch ich kenne es gut. Da treibt mich etwas an, das weder gute noch böse ist, noch irgendwelche Absichten hat, aber auf jeden Fall eine unendlich starke Energie in sich birgt. Und Energie ist ja erst einmal weder positiv noch negativ. Und wenn ich bei Jugendlichen nachfrage, was alles Einfluß auf ihr Handeln genommen hat, dann kommen wir in Bereiche, die dem Bewußtsein gar nicht unbedingt zugänglich sind und die ich jeweils über das Abfragen von Phänomenen viel leichter klären kann, als wenn ich direkt nach dem Motiv frage. Ich orientiere mich also an Ereignissen, die zwischen Konfliktkontrahenten stattgefunden haben. D. h., ich gehe – und das ist eine bessere Möglichkeit, um Bewertungen meinerseits nicht einfließen zu lassen – von den Begründungen des speziell konfliktbezogenen Verhaltens ab und frage nach Phänomenen und Aktionen, hauptsächlich im

Verhaltensbereich. Wer hat was wann wie gemacht, wie hat es gewirkt, was wollte man erreichen, was wurde erreicht? Besteht bei den Betreffenden überhaupt ein Überblick und Bewußtsein von dem, was sie antreibt und dem, was sie schließlich an Wirkung erzielen?

Was ich gerne erreichen möchte, ist, in einem gemeinsamen Prozeß des Erforschens der persönlichen Geschichte mit den Beteiligten das durchzugehen, worüber sie an prägender Lebenserfahrung bereits verfügen. In ihrer biographischen, familiären, individuellen Entwicklung haben sie schon unendlich viel durchgemacht. Gemeinsam versuchen wir, den Handlungsraum zu definieren, den sie bereits zur Verfügung haben: was sie alles schon wann und mit welcher Wirkung tun, wo kritische Bereiche liegen, welche Wertmaßstäbe den Handlungen zugrunde liegen. Wir vergleichen die aus den Handlungen erschlossenen Wertvorstellungen mit den Zielwertvorstellungen. Wir führen das Prinzip der Verantwortlichkeit ein: Welche Verpflichtungen werden Freunden und Gruppen gegenüber erlebt?

Bei Feinden ist es mit der Verantwortlichkeit leichter, mit denen kann man eher machen, was man will. Aus James-Bond-Filmen wissen wir zur genüge, daß man alle abschlachten darf, die vorher nur böse genug waren. Und man kann sich da benehmen wie die ärgsten Balge, wenn die anderen sich eben negativ genug verhalten haben; dies ist nicht das sonst propagierte Bild des christlichen Abendlandes, aber trotzdem sehr beliebt und verbreitet.

Das ist die eine Ebene der Auseinandersetzung, die ich von Jugendlichen erfrage, die noch gern in diesen polar gedachten Konstruktionen handeln: wie du mir, so ich dir, Freund-Feind – das ist eine Ebene, die das Trinitarische, die dritte Option, noch gar nicht erworben hat, diese steht altersgemäß auch noch gar nicht zur Verfügung. Allmählich muß jedoch eine dritte Richtung bzw. Möglichkeit gedacht, und es muß auch entsprechend gehandelt werden, das wird erreicht, wenn die Beteiligten ihren Handlungsrahmen bewußt beschreiben und dabei die Vielfalt an Möglichkeiten deutlich wird, die sie selbst aus ihren eigenen Erfahrungen zusammengestellt haben.

Dann kann mit wachsender eigener Kompetenz gefragt werden: Was wollt ihr eigentlich erreichen? Wie soll das aussehen? Was ist Euch wichtig? Willst Du der Stärkere sein, oder willst Du hauptsächlich Einfluß haben? Willst Du einen anderen niedermachen oder einfach anerkannt sein? Den anderen niedermachen wollen oder aber Anerkennung erzielen wollen, kann aus der gleichen Wurzel kommen, und es kann dann so sein, daß Jugendliche in ihren Entscheidungen, was sie schlußendlich tatsächlich machen wollen und – wir haben das mit jugendlichen Mediatoren sehr häufig erlebt – auf einmal weitere Dimensionen sehen, daß sie dann zwar trotzdem noch in der Lage sind, irgendwelchen Mist zu bauen, aber auch ganz bewußt das zu tun, was wir als gut, konstruktiv usw. darstellen würden, aber eben aus einer eigenen Entscheidung heraus.

Mit diesem Punkt möchte ich allmählich zum Abschluß kommen, nämlich zu dem Ziel, das ich in der Konfliktbearbeitung erreichen muß: die Möglichkeit der freien Entscheidung zu schaffen. Ich glaube wirklich an eine Erziehung zur Freiheit. Ich frage die immense Bandbreite von Möglichkeiten aus dem bisherigen Lebensfeld ab, und es sind manchmal mehr die außerinstitutionellen Bereiche als die in den Institutionen verbrachten Zeiten, die wichtig waren. Und ich nehme das alles zur Kenntnis und erkenne es an. Ein Beispiel: Wie war es, als ihr neulich klauen gegangen seid, wer hat was wie gemacht, was war das für ein Gefühl? Oder ich halte einem die Pistole hin, und der macht alles was ich will – was ist das für ein Gefühl, wie kann man das vielleicht noch anders bekommen, hast Du das vielleicht auch mal woanders erlebt, wo auch ein Einfluß ausgeübt werden konnte, es aber nicht diese destruktive Wirkung hatte usw.?

Indem ich das erfrage und dabei subtil nachforschend die jeweiligen Werte herausarbeite – was an eigener Bewertung bereits möglich ist und was eventuell an zusätzlicher Bewertung noch in das eigene Schema hineingenommen werden könnte – kann ich auf diese Weise mit allem Respekt, der nötig ist, aber auch mit einer massiven methodischen Einflußnahme einen Handlungsrahmen eröffnen, der schlußendlich dann Jugendlichen auf einer wesentlich breiteren Grundlage ermöglicht, diese Mitte zu finden, in sich und in ihrem gesellschaftlichen Zusammenhang. Diese haben sie von den Randbewegungen ihres Verhaltens aus vielleicht geahnt, aber noch nie bewußt eingenommen.

Das Phänomen von außerhalb von Institutionen handelnden, auch sehr destruktiv handelnden Jugendlichen, kann zur Zeit immer stärker wahrgenommen werden. Wir haben im Kaukasus, in Tschetschenien und anderen Gebieten viele jugendliche Banden, die mit Kalaschnikows durch die Gegend ziehen, Terror und negative Beherrschung ausüben, da sie unter anderem sehr leicht an Waffen herankommen. Wir haben im Balkan ein ähnliches Phänomen aufgrund der gegenwärtig alles zerstörenden Kriegssituationen.

Ruhephasen gibt es bei Jugendlichen nicht, irgendetwas wird immer getan; und wenn wir Erwachsene nichts Anständiges anzubieten haben, dann suchen sie sich etwas. Aus Nordirland ist mir deutlich in Erinnerung, daß Jugendliche in großem Maßstab destruktiv zu handeln bereit sind, weil keine anderen Möglichkeiten sichtbar sind. In Südafrika haben wir ein ähnliches Phänomen, von Amerika ganz zu schweigen. Aus einer gesellschaftlichen Umbruchsituation entsteht ein Vakuum, so viel an nicht gestalteten und nicht geschaffenen Möglichkeiten, auch anders zu handeln, daß die Negativrichtung eingeschlagen wird. Und umso wichtiger finde ich es in diesem Bereich, etwas anzubieten, zu gestalten, Möglichkeiten zu schaffen, die eine Richtung vorgeben, weil der Findungsprozeß im Jugendlichenalter noch nicht abgeschlossen ist – und weil daher auch nach positiven Möglichkeiten gesucht wird.

Chancen der ehrenamtlichen Mediation

Ein Vergleich der Gemeinwesenmediation in Deutschland, England und den USA

Tilman Metzger

Vorwort und Thesen: Verbreitung der Mediation

Mein persönliches Motiv, über »Chancen der ehrenamtlichen Mediation« nachzudenken und in diesem Zusammenhang über Gemeinwesenmediation zu berichten, hat vor allem einen Grund: Nämlich meinen Wunsch, Mediation möge sich möglichst weit in unserer Gesellschaft und in unserer Weltgemeinschaft verbreiten. Ich wünsche mir, daß konsensuale Streitbeilegung zur Normalität bei jedweder Art von Konflikten wird – sei es auf zwischenmenschlicher, gesellschaftlicher, politischer oder internationaler Ebene. Angesichts der Probleme und Verteilungskonflikte, die unsere eng zusammengerückte Weltgemeinschaft bedrohen – man denke nur an Umweltverschmutzung, Bevölkerungswachstum, Migration, Knappheit der Ressourcen – haben wir keine andere Wahl, als daß wir unsere Konflikte im Konsens beizulegen lernen, lokal und global. Kriege und andere Verlierer-Spiele können wir uns einfach nicht mehr leisten. Sonst hat die Menschheit sehr bald ausgespielt.

Noch kaum wahrgenommen wurde im deutschsprachigen Raum, daß die ehrenamtliche Mediation, bzw. die Gemeinwesenmediation, einen wesentlichen Anteil an der Verbreitung der Mediation in vielen Ländern hatte und hat – namentlich in den USA und England.

Daß Mediation in England und den USA so rasch weite Verbreitung gefunden hat, hat zu einem großen Teil mit der bürgernahen und kostengünstigen Gemeinwesenmediation zu tun. Das ist die erste These im vorliegenden Beitrag.

In Deutschland und in Österreich höre ich vielfach Klagen, es gebe mehr ausgebildete MediatorInnen als MediantInnen. Daran schließe ich meine zweite These an: *Wenn wir dafür sorgen wollen, daß Mediation in Deutschland und Österreich zu einer ganz normalen Form der Streitbeilegung wird, sollten wir in jeder Stadt und in jedem Kreis eine gemeinwesenorientierte Mediationsstelle mit ehrenamtlichen MediatorInnen gründen.*

Nachdem ich nun schon so häufig den Begriff der »Gemeinwesenmediation« benutzt habe, wird es Zeit, genauer zu beschreiben, was damit gemeint ist.

Quellen

Zunächst ist mir wichtig, meinen Erfahrungshintergrund sowie die wesentlichen Quellen meiner Darstellung nennen.

– Ich habe Mediation 1985/86 von damals führenden Vertretern der Gemeinwesenmediation in den USA gelernt, nämlich von Ron Kraybill und von Ray Shonholtz. In diesen beiden Jahren habe ich in Belfast (Nordirland) eine Mediationsinitiative gegründet.

– 1993/94 habe ich im Rahmen eines Dissertationsprojekts zehn Wochen lang England und die USA bereist und Interviews in 15 verschiedenen »Community Mediation Center« geführt.

– Im übrigen beziehe ich mich auf Darstellungen der Fachverbände der Gemeinwesenmediation in den USA und England, nämlich der *National Association for Community Mediation* (NAFCM) sowie *Mediation* UK. In der NAFCM sind 254 der Mediationsstellen in den USA zusammengeschlossen, Mediation UK hat 141 Mitgliedorganisationen.

– Nicht zuletzt habe ich selbst zusammen mit anderen BügerInnen 1995 die gemeinwesenorientierte *Mediationsstelle Brückenschlag e.V.*

238

in Lüneburg gegründet und habe dort bis zum Sommer diesen Jahres gearbeitet.

USA

Meinen Ländervergleich der Gemeinwesenmediation möchte ich mit dem Mutterland der Mediation beginnen, den USA. In den USA ist zugleich auch die Idee der Gemeinwesenmediation geboren worden.

Gemeinwesenmediation (Community Mediation): Definition

Gemeinwesenmediation läßt sich nach Darstellung der NAFCM durch neun Merkmale charakterisieren.

1. Das Einsetzen von ausgebildeten ehrenamtlichen MediatorInnen aus dem Gemeinwesen.
2. Träger sind unabhängige gemeinnützige Organisationen oder die öffentliche Verwaltung.
3. Die ehrenamtlichen MediatorInnen repräsentieren die demographische Vielfalt des Einzugsgebietes.
4. Die BürgerInnen haben direkten Zugang zu den Mediationsdiensten.
5. Die BürgerInnen können den Mediationsservice unabhängig von ihrer Zahlungsfähigkeit nutzen.
6. Die Förderung kooperativer Beziehungen im Gemeinwesen.
7. Bildungsarbeit im Gemeinwesen zur alternativen Konfliktbearbeitung.
8. Konfliktnahe Intervention.
9. Das Angebot einer Alternative zum Recht in jeglicher Phase eines Konfliktes.

Gemeinwesenmediation: Organisatorischer Rahmen

Die meisten Mediationsstellen laufen nicht auf rein ehrenamtlicher Basis, sondern werden von hauptamtlichen MitarbeiterInnen koordiniert. Bei größeren Mediationsstellen können u. a. folgende Funktionen durch Hauptamtliche ausgefüllt werden:

– Geschäftsführung,
– Ausbildung der ehrenamtlichen MediatorInnen,
– Fallannahme und Fallentwicklung durch sogenannte »Case Manager«,
– »Fundraising«.
   Typischerweise steht an der Spitze die Mediationsstelle ein ehrenamtlichen Vorstand.
   Die größten Mediationsstellen, z. B. das Center for Conflict Resolution in Chicago, haben
– mehr als 20 hauptamtliche MitarbeiterInnen,
– hunderte von ehrenamtlichen MediatorInnen ,
– und ein Budget von mehr als $ 1,5 Mio.
   Die Kleinsten haben
– keinerlei Hauptamtliche,
– weniger als zehn ehrenamtliche MediatorInnen,
– und ein Budget von weniger als $ 25.000,-.
   Die durchschnittliche Mediationsstelle hat
– 1,5 Hauptamtliche,
– 30 aktive ehrenamtliche MediatorInnen,
– und ein Budget von $ 40.000,-.
– Sie erhält 150 Anfragen zur Mediation im Jahr,
– von denen 70, also knapp die Hälfte, tatsächlich mediiert werden.

Die ehrenamtlichen MediatorInnen
Wie schon erwähnt, kommen die ehrenamtlichen MediatorInnen aus allen Bevölkerungsschichten. Ungelernte Arbeiter, Arbeitslose

und Hausfrauen engagieren sich ebenso wie JuristInnen, PastorInnen und PsychologInnen. Ganz besonders wird darauf geachtet, daß die Ehrenamtlichen die ethnische Vielfalt des Gemeinwesens repräsentieren.

Ausbildung
Die Ausbildung der Ehrenamtlichen bis zu ihrem ersten Einsatz dauert durchschnittlich 20 bis 40 Stunden. Diese für deutsche Verhältnisse überraschend geringe Stundenzahl relativiert sich, wenn man bedenkt, daß der Ausbildungsstandard des US-Amerikanischen Familienmediationsverbandes, AFM (*Academy of Family Mediators*), bei 70 Stunden steht.

Qualitätssicherung
Sowohl die AFM als auch die Mitglieder der NAFCM legen demgegenüber ein sehr viel größeres Gewicht auf die Praxis als Lernort.
– So arbeiten die Mediationsnovizen in der Gemeinwesenmediation stets mit erfahrenen MediatorInnen in Co-Mediation.
– Generell wird in der Gemeinwesenmediation in Co-Mediation gearbeitet.
– Außerdem treffen sich die Ehrenamtlichen regelmäßig zur Supervision und Mediationsfortbildung im Mediation Center.
– Ein weiterer Faktor, der die Qualität der ehrenamtlichen Mediation ganz wesentlich sichert, ist der große, vielfältige Pool der MediatorInnen. Der Case Manager, der die Mediationsanfragen im Center annimmt, sucht aus diesem Pool die für den konkreten Fall geeigneten Ehrenamtlichen aus. Es wird darauf geachtet, daß die ehrenamtlichen MediatorInnen etwas von der Lebenswelt der Streitbeteiligten verstehen. Das ist gerade bei interkulturellen Konflikten ein wesentlicher Erfolgsfaktor. So kann eine

Mediationsstelle viel spezifischer auf die Bedürfnisse der MediantInnen eingehen, als es ein einzelner Mediationsprofi kann.

Mediationserfolg
Die Gemeinwesenmediation ist sehr erfolgreich in der Beilegung von Konflikten:
- 85 % der Mediationen enden mit einer Einigung zwischen den Beteiligten,
- 90 % dieser Einigungen erweisen sich als dauerhaft,
- 95 % der MediantInnen geben an, daß sie bei einem vergleichbaren Fall wieder Mediation nutzen würden.

Felder der Gemeinwesenmediation
- Nachbarschaft,
- Trennung und Scheidung (die Ehrenamtlichen erhalten dafür häufig ein spezielles Training von 40-60 Stunden),
- Familie / Generationen,
- Jugend / Schule,
- Täter-Opfer-Ausgleich (Victim/Offender Mediation);
- sonstige, neuere Felder: Bau, Gefängnis, AIDS, interkulturelle Konflikte, Landwirtschaft, Umwelt, öffentliche Verwaltung, Arbeitswelt, religiöse Konflikte, Wirtschaft.

Geschichte
Die Wurzel der Gemeinwesenmediation ist die Suche nach konstruktiven Wegen der Konfliktlösung im Gemeinwesen sowie das Bemühen, alternative Wege der Konfliktlösung im und außerhalb des Justizsystems zu finden. Erste Pilotprojekte der Gemeinwesenmediation mit ehrenamtlichen MediatorInnen starteten in den frühen 70er Jahren in verschiedenen größeren Städten der USA.

Damit steht die Gemeinwesenmediation ganz am Beginn der modernen Mediationsbewegung. Bekannter Vorläufer ist die Mediation in Tarifkonflikten sowie z. B. stammesunmittelbare Palaver wie der Kbelle Moot in Liberia.

Die ersten Mediationsstellen waren so erfolgreich, daß hunderte weitere Projekte gegründet wurden. Heute gibt es überall in den USA gemeinwesenorientierte Mediationsstellen, sogenannte »Community Mediation Center«.

Nach Schätzungen der NAFCM
– gab es 1976 zehn Community Mediation Centers
– und 1986 bereits 100,
– heute sind es über 550.

Man kann sich leicht vorstellen, welche enorme Multiplikatorenwirkung diese Mediationsstellen mit ehrenamtlicher Beteiligung haben:

Zur Zeit gibt es in den USA
– über 19.500 aktive ehrenamtliche MediatorInnen,
– mehr als 76.000 BürgerInnen sind bereits durch Community Mediation Centers als MediatorInnen ausgebildet worden,
– jährlich werden über 97.500 Mediationsanfragen an Community Mediation Center gerichtet,
– mehr als 45.500 davon kommen zur Mediation.

Nach Einschätzung der NAFCM hat die Gemeinwesenmediation einen Erfahrungsschatz in jeglicher Fachrichtung der Mediation, der von keiner anderen Gruppe, von keinem anderen Sektor der Mediation erreicht wird. Darüber hinaus haben viele Mediatoren, die heute freiberuflich praktizieren, ihre Ausbildung und ersten Praxiserfahrungen in einem Community Mediation Center erhalten.

Philosophie der Mediation

243

Die weite Verbreitung der Gemeinwesenmediation ist umso bedeutsamer, als es der Bewegung der Gemeinwesenmediation nicht einfach darum geht, Fälle zu lösen. Vielmehr steht eine Philosophie hinter dieser Arbeit, ein Gesellschaftsentwurf. Ich zitiere aus der Selbstdarstellung der NAFCM:

> Die wahren Wurzeln der Gemeinwesenmediation liegen in der Tradition der demokratischen Selbstverwaltung. Gemeinwesenmediation trägt dazu bei, daß die BürgerInnen aktive Mitglieder einer demokratischen Gesellschaft werden. Gemeinwesenmediation lehrt die BürgerInnen, Konflikte eigenverantwortlich zu lösen, Gemeinwesenmediation lehrt Partizipation.

Dies werde insbesondere durch die Einbeziehung ehrenamtlicher MediatorInnen erreicht.

Soweit die Übersicht zur Gemeinwesenmediation in den USA. Nun, in sehr viel kürzerer Form, ein Blick in das Vereinigte Königreich von England, Wales und Schottland.

Großbritannien

Macht die NAFCM schon deutlich, wie wichtig die ehrenamtliche Mediation für die Verbreitung der Mediation und für eine demokratische Gesellschaft ist, bringt »Mediation UK« die Fähigkeit von Ehrenamtlichen zur Mediation auf den Punkt: »Wenn wir als MediatorInnen daran glauben, daß alle Menschen der Selbstbestimmung fähig sind, müssen wir zur gleichen Zeit anerkennen, daß alle diese Menschen Mediatoren sein können und Mediation nutzen können.« (Carl Reynolds, Vorstandsvorsitzender, Mediation UK, in Mediation UK Annual Report 1999, S.4.). Und: »In der Regel wird Mediation durch Ehrenamtliche ausgeübt. Deren Profession ist dabei unwichtig. Entscheidend sind vielmehr die Mediationsfähigkeiten.« (Aus: Mediation UK, Annual Report 1999, S.6.)

Community Mediation Center in England, Wales und Schottland sind sehr ähnlich strukturiert wie ihre Pendants in den USA. Die oben genannten neun Kriterien gelten auch hier. Insbesondere operieren diese Mediationsstellen mit ähnlich großen Ehrenamtlichen-Pools.

Ein Unterschied zu den USA besteht darin, daß Trennungs- und Scheidungsmediation in der Englischen Gemeinwesenmediation nur eine sehr geringe Rolle spielt.

Ferner hat die Entwicklung der Gemeinwesenmediation später begonnen, nämlich Anfang der 80er Jahre mit der Gründung des Newham Conflict and Change Projects in London. 1995 zählte Mediation UK ca. 30 Organisationen als Mitglieder, 1999 waren es bereits 141. Die durchschnittliche Zahl der Mediationen liegt ähnlich wie in den USA bei 50 bis 100 Fällen im Jahr.

Durch diese Organisationen haben immerhin 38 % der BürgerInnen des Vereinigten Königreiches örtlichen Zugang zur Gemeinwesenmediation, 15 % zum Täter-Opfer-Ausgleich und 7 % zur Schulmediation.

Als Fazit kann gesagt werden, daß auch im Vereinigten Königreich die Gemeinwesenmediation mit ihren zahlreichen MitarbeiterInnen und der Verbundenheit mit dem örtlichen Gemeinwesen ein ganz wichtiger Faktor für die Entwicklung der Mediation darstellt.

Deutschland

Gemeinwesenmediation ist bislang in Deutschland so gut wie unbekannt. Das *Modellprojekt Stadtteilvermittlung* in Frankfurt am Main ist noch eines der bekanntesten, das den Community Mediation Centern ähnelt. Es wurde vom Amt für Multikulturelle Angelegenheiten in Frankfurt eingerichtet und vermittelt vor allem bei Streit mit oder zwischen ethnischen Gruppen in der Nachbarschaft. Die Mediationen werden von sogenannten »Semihonorarkräften« durchgeführt, die dafür DM 20,- je Sitzung erhalten. Besonders hervorzuheben ist, daß es diesem Projekt gelungen ist, MitarbeiterInnen aus verschiedenen ethnischen Bevölkerungsgruppen zu gewinnen.

Eine weitere Initiative ist mir aus Stuttgart bekannt. Dort sollen demnächst MediatorInnen ausgebildet werden, die, angebunden an Sozialstationen, flächendeckend Mediation in interkulturellen Nachbarschaftskonflikten anbieten sollen. Die MediatorInnen sollen örtliche SozialarbeiterInnen sein.

In Hamburg wird seit einem Jahr das IKM (*Institut für konstruktive Konfliktlösung und Mediation*) aufgebaut. Es entwickelt Schulprojekte und möchte Konflikte im Gemeinwesen mediieren.

Mediationsstelle Brückenschlag e.V., Lüneburg
Die meines Wissens bisher einzige Mediationsstelle in Deutschland, die weitgehend nach den neun Kriterien der NAFCM arbeitet, ist die *Mediationsstelle Brückenschlag e.V.*, die ich 1995 in Lüneburg initiiert habe.

Ich möchte die Gründung des Brückenschlags und den derzeitigen Stand der Entwicklung skizzieren, um einen möglichen Weg zur Gemeinwesenmediation in Deutschland aufzuzeigen.

Gründung
Von Beginn an wurde bei Brückenschlag Wert darauf gelegt, daß die Initiative auf eine möglichst breite gesellschaftliche Basis gestellt wird. Daher wurden 1995 eine Reihe von MultiplikatorInnen gewonnen, die bereit waren, im sogenannten Gründungskomitee die Entwicklung der Mediationsstelle voranzutreiben. Es konnten Repräsentanten der vier größten politischen Parteien gewonnen werden sowie MitarbeiterInnen aus Polizei, Hochschule, Kirche, Gewerkschaft und Sozialarbeit. JuristInnen, PsychologInnen und SozialpädagogInnen waren ebenso dabei wie Studenten und Hausfrauen.

Das Gründungskomitee bestimmte die Gestaltung der Initiative auf der Grundlage des US-Amerikanischen Vorbilds der Community Mediation. Erste Aufträge und Spenden wurden im wesentlichen durch diese MultiplikatorInnen vermittelt bzw. geleistet.

Die Ehrenamtlichen

Im Januar 1997 waren 20 ehrenamtliche MediatorInnen fertig ausgebildet. 50 % der Ehrenamtlichen waren bereits vorher Mitglied im Gründungskomitee, die übrigen konnten über einen Zeitungsartikel in der örtlichen Presse gewonnen werden. Die Mediationsausbildung umfaßte 80 Stunden und war für die Ehrenamtlichen kostenlos. Hinzu kamen seitdem pro Monat drei Stunden Fortbildung oder Supervision.

Mediationen

In den Jahren seit Abschluß der Ehrenamtlichen-Schulung wurden durchschnittlich zwölf Mediationen im Jahr durchgeführt. Anders als erwartet, wurden nur sehr wenige Nachbarschaftsstreitigkeiten mediiert. Die meisten Anfragen kamen von Teams in der Arbeitswelt, z. B. von einem Pflegeteam im Krankenhaus, von sozialpädagogischen Teams, verschiedenen Teams in der Bildungsarbeit. Einen weiteren Schwerpunkt bilden die Familienkonflikte. Nur zu einem kleinen Teil ging es dabei um Trennung oder Scheidung; weitaus häufiger waren Konflikte um Erbfragen sowie Generationenkonflikte.

Entwicklung von Personal und Tätigkeitsfeldern

Die ersten zwei Jahre arbeitete der Brückenschlag auf rein ehrenamtlicher Basis. Mit den Einnahmen aus Mediationen und Fortbildungen sowie Spenden wurden die Bürokosten gedeckt. Seit Mitte 1997 wurden dann in Lüneburg und Umgebung größere Konfliktlotsenprojekte an Schulen aufgebaut. Seit Frühjahr 1998 werden in Zusammenarbeit mit der Universität Lüneburg und der Universität Hannover Zusatzausbildungen in Mediation für die Öffentlichkeit angeboten. Als weitere Ausbildungsstandorte konnten Hamburg und München etabliert werden. Dank dieser Entwicklung konnten im Sommer 1998 vier hauptamtliche MitarbeiterInnen (drei Stellen) angestellt werden. Diese stellen die Durchführung der Arbeit in den Bereichen Schule und Bildung sicher sowie die Büroorganisation, Geschäftsführung und Koordination der Ehrenamtlichen.

Der Brückenschlag erhält außer Spenden keinerlei Drittmittel oder öffentliche Bezuschussung und hat damit die volle programmatische Freiheit.

So hat sich der Brückenschlag kräftig entwickelt, wenn auch die Fallzahlen von jährlich ca. zwölf Mediationen nicht unseren anfänglichen Erwartungen entsprechen. Damit liegt der Brückenschlag allerdings nach meiner Einschätzung weit über dem durchschnittlichen Fallaufkommen eines freiberuflichen Mediators in Deutschland. Ferner wird zur Zeit ein Pilotprojekt in Zusammenarbeit mit dem Ausländerbeirat der Stadt Lüneburg vorangetrieben, durch den die Attraktivität der Mediation in sozialen Brennpunkten gesteigert werden soll.

Zusammenfassung

Meine Thesen zu Beginn waren, daß Gemeinwesenmediation ganz wesentlich dazu beigetragen hat, Mediaton in den USA und dem Vereinigten Königreich bekannt zu machen, und daß Gemeinwesenmediation auch in Deutschland und Österreich wesentliches dazu beitragen kann, Mediation zu einer ganz normalen Form der Streitbeilegung zu machen.

Während die präsentierten Zahlen zur Gemeinwesenmediation in den USA und dem Vereinigten Königreich die erste These klar belegen, steht ein verallgemeinerbarer Beweis für den deutschsprachigen Raum aus.

Zwölf Fälle im Jahr bei Brückenschlag mögen als nicht viel erscheinen. Interessant ist allerdings, wie es zu diesen immerhin zwölf Mediationen kommen konnte: 90 % der Anfragen an den Brückenschlag kommen auf Empfehlung von jemandem, der den Brückenschlag kennt, oder deswegen, weil eine der Parteien einen der MitarbeiterInnen kennt. Hier spielt eine besondere Rolle, daß die insgesamt 30 Mitglieder des Brückenschlags – darunter befinden sich die Ehrenamtlichen, Hauptamtlichen, Praktikanten sowie Fördermitglieder – einen enormen Multiplikatoreneffekt haben. Des weiteren hat der Brückenschlag in typischer Manier von gemeinwesenorientierten Mediationsstellen bereits an fünf Schulen der Region Konfliktlotsenprojekte durchgeführt. Weitere sind in Vorbereitung. Gerade Schulen mit ihren hunderten von SchülerInnen, LehrerInnen und Eltern können die Idee der Mediation weit in das Gemeinwesen hineintragen.

So bin ich zuversichtlich, daß der Brückenschlag zu einer weithin genutzten Ressource der Konfliktlösung in Lüneburg heranreift, und ich würde mich freuen, wenn zahlreiche Initiativen der Gemeinwesenmediation in Deutschland und Österreich sich dem anschließen würden.

Und wo bleiben die Freiberufler?

Abschließend möchte ich noch etwas zum Verhältnis von Gemeinwesenmediation und freiberuflicher Mediation anmerken.

Freiberufler und ehrenamtliche MediatorInnen können voneinander profitieren, wenn sie sich mit gegenseitigem Respekt begegnen.

Gemeinwesenmediation hat aufgrund ihres gemeinnützigen Status, aufgrund der zahlreichen Mitwirkenden und aufgrund des kostengünstigen Services eine Breitenwirkung vor Ort, die durch einen Freiberufler allein nicht zu erreichen ist. So gelingt es dem

Brückenschlag z. B., alle ein bis zwei Monate im redaktionellen Teil der örtlichen Presse zu erscheinen – weil er als gemeinnützig anerkannt ist. Freiberufliche MediatorInnen in Lüneburg haben diese Möglichkeit nicht. Sie müssen Anzeigen schalten, um auf sich aufmerksam zu machen.

Wie die Entwicklung in den USA und dem Vereinigten Königreich aber zeigt, trägt die Gemeinwesenmediation dazu bei, daß Mediation in breiten Bevölkerungskreisen überhaupt erst bekannt, erlebt und anerkannt wird. Auf diesem so vorbereiteten Boden können auch freiberufliche Mediationspraxen gedeihen. Der besondere Fachverstand von Freiberuflern mit speziellen Berufen ist zudem in zahlreichen Mediationen vonnöten. Speziell haben wir im Brückenschlag gerne anwaltliche MediatorInnen einbezogen, besonders bei Trennung und Scheidung, wo die juristische Perspektive aufgrund des zwangsläufigen Gerichtstermins eine besondere Rolle spielt.

Zwang: Eine Alternative zur Gemeinwesenmediation?

Ein anderer Weg, Mediation zu einem üblichen Konfliktlösungsverfahren zu machen, wäre es, sie obligatorisch dem Rechtsweg vorzuschalten. Das wird vielfach diskutiert. Ich halte das für eine Alternative der zweiten Wahl. Mediation ist ein Verfahren, das für Selbstbestimmung steht, für Autonomie und Menschenwürde. Mediation lehrt Fähigkeiten und Haltungen, die denen eines aktiven Bürgers in einer demokratischen Gesellschaft entsprechen. Dieses Verfahren der Mediation in den Kontext einer Zwangszuweisung oder auch nur einer Zwangsinformation zu stellen, halte ich für eine Entwertung der besonderen Qualitäten der Mediaton und für eine Entmündigung der Bürgerinnen und Bürger.

Mein Vorschlag besteht darin, die Aufklärung und breitenwirksame Formen der Mediation zu forcieren. Hierzu kann Gemeinwesenmediation auch in Deutschland und Österreich einen wesentlichen Beitrag leisten.

Appendix

Erfolge, gegenwärtige Probleme und Perspektiven der Mediation in Bulgarien

Dobrinka Tchankova

Leider bin ich nicht in der Lage, einen Beitrag von hohem wissenschaftlichen Wert zu liefern. Meine eher noch kurze Erfahrung auf dem Gebiet der Mediation macht es mir nicht möglich, etwas zu schreiben, das verdient, in einer Bücherei in Oxford oder Heidelburg einen Platz zu haben. Ich kann aber in einer möglichst objektiven Weise über den Stand der Mediation in Bulgarien, ihre Leistungen, alltäglichen Probleme und Intentionen für die Zukunft Auskunft geben und möchte über die aktuelle Lage der Mediation in Bulgarien vom meinem Standpunkt als Rechtsanwältin, Universitätslektorin und NGO-Aktivistin berichten – dies sind meine Tätigkeitsbereiche im Laufe der letzten zehn Jahre.

Mediation ist in Bulgarien und für die Realität, in der wir dort leben, eher neu. Die ersten Artikel über Mediation und Präsentationen auf Konferenzen liegen noch nicht lange zurück. Gegenwärtig wird Mediation hauptsächlich von interessierten Forschern und NGOs entdeckt und weiterentwickelt. Unsere Anstrengungen konzentrieren sich auf die Bereiche Wirtschaftsmediation und Mediation im Rechtswesen. Gerade der letztgenannte Bereich ist eine gewaltige Herausforderung, denn wir greifen damit in die Souveränität des Staates ein, in das staatliche Monopol der Justiz. Genau deswegen treffen wir auf großen Widerstand, vor allem von seiten der Rechtsanwaltssozietät. Staatliche Stellen helfen uns weder auf finanzielle noch auf technische Weise. Dadurch sind unsere Bemühungen immer wieder mit großen Schwierigkeiten verbunden. Dennoch sind wir davon überzeugt, daß Mediation eine neue, kraftvolle und wirkungsvolle Methode der Konfliktlösung in privaten und öffentlichen Streitfällen darstellt. Wir sind daher mit großem Enthusiasmus in unserer Pionierrolle am Werk, und ich glaube, daß unser Enthusiasmus wohlbegründet ist.

Denn unbezweifelbar ist der Zugang zum Rechtssystem, das Recht auf eine faire und öffentliche Anhörung in einem vernünftigen Zeitrahmen durch ein unabhängiges und unparteiliches Tribunal, wie auch in der Europäischen Konvention der Menschenrechte – Artikel 6 – festgeschrieben, ein essentieller Bestandteil der Menschenrechtsliste. Aber dies ist heutzutage nicht genug. Am Beginn des 21. Jahrhunderts brauchen wir schnellere, effizientere und billigere Möglichkeiten der Konfliktregelung. Moderne Antworten auf die gegenwärtigen Herausforderungen sind: Mediation, Beratung, Verhandlungsprogramme, Familien- und Gemeinschaftskonferenzen und ähnliches.

Die Krise des Rechtssystems in vielen europäischen Staaten und vor allem in Bulgarien wird allgemein wahrgenommen. Besonders akut ist diese Krise im Strafrecht, weil unklar ist, ob im Bereich der Politik kriminalisiert oder dekriminalisiert werden soll. Die entsetzliche Realität in den Gefängnissen spitzte das Dilemma zu: Entweder Reintegration Gefangener in die Gesellschaft oder Ausbau der Gefängnisse. Wir suchen nach Antworten.

Jahrelang haben wir gefordert, die bulgarische Gesetzgebung möge für einen adäquaten Schutz von Verbrechensopfern sorgen. Dieser Schutz ist für lange Zeit vollständig vergessen worden. In den letzten Jahren ist die Zahl der Opfer immer wieder angestiegen. Maßnahmen des Staates sind bisher wenig effektiv, und daher glauben Verbrechensopfer bisher nicht wirklich an den guten Willen und die Fähigkeiten der verantwortlichen Stellen. Sie wenden sich nur in äußerst hoffnungslosen und verzweifelten Situationen an sie.

In den letzten Jahren hat sich die Aufmerksamkeit des Gesetzgebers sehr auf die Straftäter konzentriert – dies im Zuge der demokratischen Veränderungen nach 1989. Die Idee unwiderruflicher Menschenrechte und Freiheiten, obwohl nicht immer wirklich verstanden, ergriff wirklich jeden Menschen in ganz Bulgarien und wurde auf verschiedene Weise verwendet, nicht immer auf vorteilhafte, sondern oft auf mißbräuchliche Art und Weise. Die Straftäter forderten plötzlich mehr Menschenrechte ein als ihre Opfer. Die sehr restriktiven Rechte und Freiheiten aus der Periode vor 1989 verwandelten sich hyperreaktiv ins Gegenteil.

Die Ambiguität im derzeit existierenden Rechtssystem, die Notwendigkeit eines wirksameren Opferschutzes, die Einbeziehung der Interessen der Straftäter, die Rückführung der Konflikte auf die Ebene der ursprünglichen Konfliktkontrahenten und die Einbeziehung der Gemeinschaft in die Konfliktlösung – all dies steht im Brennpunkt des Interesses der modernen Forschung und Wissenschaft.

Zunächst starteten wir Diskussionen und Pilotprojekte, um Informationen über Mediation als alternative Konfliktlösungsstrategie im Vergleich zum traditionellen Rechtswesen zu verbreiten. Unser Mangel an Erfahrung sowie technische, organisatorische und finanzielle Mängel führten anfänglich dazu, daß wir nicht besonders erfolgreich in unseren Bemühungen waren. Dazu kam noch die Rückständigkeit unserer Gesellschaft hinsichtlich einer sensiblen Wahrnehmung dieser Problemfelder sowie die gesetzliche und pädagogische Doktrin. Trotzdem haben wir mittlerweile viele dieser Hindernisse überwinden können. In den Tageszeitungen und Fachzeitschriften wurden schon viele Berichte und Artikel über Mediation veröffentlicht. Unser Dank gilt dem »American Bar Association Central« und der »Eastern Europe Legal Initiative« für finanzielle Hilfen, durch die wir einige spezielle Programme für das Fernsehen durchführen und Konferenzen organisieren konnten. Mittlerweile haben sich in Bulgarien schon mehrere Zentren für Mediation und Konfliktlösung gebildet, alle auf privater Basis. Derzeit befaßt man sich in diesen Zentren schwerpunktmäßig damit, den Ansatz der Mediation auf theoretischer Ebene zu erforschen. Gleichzeitig finden Trainings statt sowie verschiedene praktische Anwendungen von Mediation in interpersonellen, sozialen und geschäftlichen Handlungsfeldern. Wir haben auch schon professionelle und ethische Standards zum Zwecke einer erfolgreichen Abwicklung von Mediationsprozessen aufgestellt. Zu uns kommen auch Kläger, v.a. von staatlichen Behörden, die ihre Interessen im Sinne einer »Zwei-Klassen-Justiz« massiv verteidigen. Einige Vertreter der juristischen Sozietät wenden ein, daß Mediation in Widerspruch steht zur gesellschaftlichen Realität in Bulgarien, daß Mediation eine zu »weiche« Antwort auf Kriminalität darstelle und der geforderte Paradigmenwechsel ein zu radikaler sei. Dennoch sind wir hinsichtlich der Mediation in Bulgarien weiterhin optimistisch.

Unsere Ziele für die Zukunft: Grundlage unseres weiteren Vorgehens ist die gegenwärtige gesellschaftliche Entwicklung in Bulgarien. Wir möchten Mediation mit anderen Modellen der Konfliktlösung vergleichen. Von herausragender Bedeutung wird es sein, das »Pro« und »Contra« der Mediation unter Einbeziehung historischer, gesetzlicher, sozialer und ökonomischer Argumente auszuloten. Dadurch wollen wir ein umfassendes Mediationskonzept, abgestimmt auf die Realität in Bulgarien, ausarbeiten. Dieses Konzept beinhaltet sowohl den gesetzlichen Rahmen für Mediation ebenso wie eine Formel für ihre praktischen Anwendungen. Keineswegs soll Mediation die gesetzlichen Verfahren ersetzen, sondern sie unterstützen und ergänzen. Noch stehen wir am Beginn, aber wir erhalten sehr viel Unterstützung vom »Council of Europe Committee on Mediation in Panel Matters«, vor allem in Form von Arbeitspapieren. Dieses Komitee wurde in hervorragender Weise durch die Österreicherin Dr. Christa Pelikan geleitet, und es war ein besonderes Vergnügen für mich, eng mit ihr und einem wundervollen Expertenteam zusammenzuarbeiten. Die Arbeit des Komitees führte schlußendlich zu einer Empfehlung an alle Mitgliedsländer, Mediation in die jeweilige Gesetzgebung einzuarbeiten. Wir hoffen, daß der bulgarische Gesetzgeber dieser genauso wie vielen anderen Empfehlungen des Komitees folgen wird.

Wir sind offen und suchen Partner. Wir sind bereit, unsere positiven und negativen Erfahrungen mit anderen zu teilen, wobei die letzteren manches Mal vielleicht die wichtigeren sind. Sofern andere mit uns kooperieren wollen, würde es mich freuen, wenn diese sich an mich wenden (Kontaktadresse siehe Autorenregister).

Übersetzung aus dem Englischen: P. Geißler

Mediation – Aus- und Weiterbildungs- möglichkeiten im Deutschen Sprachraum

Deutschland (Stand 5/99)

Familienmediation

Eidos Projekt Mediation
Dr. Gisela Mähler, Dr. Hans-Georg Mähler
Südliche Auffahrtsallee 29, D-80623 München

Hamburger Institut für Mediation e.V.
Prof. Dr. Manfred Neuffer, Frauke Decker, Regina Harms, Prof. Peter
Kunkel, Helma Schriegel
Desenißstraße 54 II, D-22083 Hamburg

Heidelberger Institut für Mediation
Prof. Dr. Reiner Bastine, Lis Ripke
Mönchshof 11, D-69120 Heidelberg

IKOM Bonn – Institut für Konfliktberatung und Mediation Bonn
Heidrun Gerwens-Henke u.a.
Kurfürstenstraße 82, D-53115 Bonn

IKOM Frankfurt – Institut für Konfliktberatung und Mediation Frankfurt
Dagmar Schramm-Grüber u.a.
Kettenhofweg 77, D-60325 Frankfurt
IMS – Institut für Mediation und Scheidungsberatung
Hanspeter Bernhard, Hannelore Dietz, Walter J. Lehmann, Maria

Marshall, Stefan Mayer, Joachim Neufeldt, Silke Riedel
Schulstraße 30, D-85586 Poing

ISKA – Institut für soziale und kulturelle Arbeit
Prof. Dr. Roland Proksch
Untere Krämergasse 3, D-90403 Nürnberg

Mediationswerkstatt Münster
Hannelore Diez, Heiner Krabbe
Von-Vincke Straße 6, D-48147 Münster

Zusammenwirken im Familienkonflikt e.V.
Frauke Decker, Joachim Hiersemann, Jutta Lack-Strecker, Harro Naumann u.a.
Wilhelmsaue 133, D-10715 Berlin

Allgemeine Mediation / Wirtschaftsmediation / Arbeitswelt und Unternehmen / Umweltmediation

BMWA – Bundesverband Mediation in Wirtschaft und Arbeitswelt e.V.
C/o Dr. Martina Wurl
Am Kamp 5, D-18209 Bad Doberan
(Wirtschaftsmediation)

Deutsche AnwaltAkademie
Ellerstraße 48, D-53119 Bonn
(Allgemeine Mediation, Wirtschaftsmediation)

Fern-Universität Hagen – Studiengang Mediation
Prof. Dr. Katharina Gräfin von Schlieffen
C/o Stefan Kracht
Feithstraße 140, AVZ 1, D-58084 Hagen

(Allgemeine Mediation)

Gesellschaft für Konfliktmanagement und Mediation

Prof. Dr. Angela Mickley
Hochsitzweg 15, D-14169 Berlin
(Allgemeine Mediation)

gmwk – Gesellschaft für Wirtschaftsmediation und Konfliktmanagement e.V.

Dr. Reiner Ponschab
Briennerstraße 9, D-80333 München
(Wirtschaftsmediation)

Hamburger Institut für Mediation

s.o. (Familienmediation)
(Allgemeine Mediation, Wirtschaftsmediation, Arbeitswelt)

Haus der Technik e.V. (Außerinstitut der RWTH Aachen)

Studiengang Wirtschaftsmediation
Prof. Dr. Gerd Bollermann
Hollestraße 1, D-45127 Essen
(Wirtschaftsmediation)

Heidelberger Institut für Mediation

s.o. (Familienmediation)
(Allgemeine Mediation, Wirtschaftsmediation)

IMS

s.o. (Familienmediation)
(Schulmediation, Wirtschaftsmediation)

Institut für faires Konfliktmanagement GbR
Andrea Budde
Neuenhöfer Allee 7, D-50937 Köln
(Wirtschaftsmediation, Arbeitswelt)

MAIS - Mediationsausbildungsinstitut Saarlouis
Michael Antes, Günter Bertel
Viktoria Luisenstraße 17, D-66740 Saarlouis
(Allgemeine Mediation, Familienmediation)

Mediator GmbH an der Universität Oldenburg – Zentrum für wissenschaftliche Weiterbildung
Kontaktstudiengang Mediation (berufsbegleitende Weiterbildung)
Prof. Dr. Horst Zilleßen
Postfach 2503, D-26111 Oldenburg
(Allgemeine Mediation, Umweltmediation)

Mensch und Organisation im Wandel e.V.
Dipl.Psych. Andrea Fritsch, Dipl.Psych. Sylvia Rydzewski
Elberfelder Straße 32, D-10555 Berlin
(Konflikte in Unternehmen und Arbeitswelt)

SIK – Stuttgarter Institut für Konfliktbewältigung e.V.
Alexanderstraße 141, D-70188 Stuttgart
(Allgemeine Mediation)

Steinbeis-Transferzentrum für Kommunikation und Wirtschaftsmediation
Amsterdamerstraße 234, D-50735 Köln
(Wirtschaftsmediation)

Streit light – Schule für Verständigung und Mediation
Rosenanger 20, D-31595 Steyerberg
(Allgemeine Mediation)

Universität Lüneburg, Zentrum für Wissenschaftliche Weiterbildung
Scharnhorstraße 1, D-21335 Lüneburg
In Zusammenarbeit mit Mediationsstelle Brückenschlag e.V.
Tilmann Metzger, Barbara Treu, Dr. Lothar Gutjahr, Katharina Sander
Am Sande 5, D-21335 Lüneburg
(Mediation für psychosoziale Berufe)

Westfälische Wilhelms-Universität Münster
Zentrum für Verhandlungen und Mediation
Prof. Dr. Horst Eidenmüller
Universitätsstraße 14-16, D-48143 Münster
(Allgemeine Mediation)

Österreich (Stand 3/99)

Plattform Mediation
C/o Dr. Martin Draxler
Naglergasse 9, A-1010 Wien

Akademie für Beratung und Coaching
C/o Mag. Wolfgang Vovsik
Hauptstraße 44, A-4040 Linz

Akademie für Sozialarbeit – Linz
C/o Dr. Marianne Gumpinger
Mitterbergweg 4, A-4040 Linz

Akademie für Psychoanalyse
C/o Harald Picker
Landstrasser Gürtel 9/5, A-1030 Wien

Anwaltliche Vereinigung für Mediation und kooperatives Verhandeln – AVM
C/o Dr. Max-Josef Allmayer-Beck
Parkring 2, A-1010 Wien

Arbeitsgemeinschaft für lösungsorientiertes Konfliktmanagement
C/o Dr. Eva Wiedermann
Othmargasse 23/6, A-1200 Wien

ARGE Mediation
C/o Dr. Manfred Korn
Stelzhamerstraße 5A, A-5020 Salzburg

ARGE Sozialpädagogik
C/o Dr. Klaus Rückert
Kugelfanggasse 58, A-1210 Wien

ARGE Wirtschaftsmediation
C/o Mag. Gerhart Fürst
Trazerberggasse 6, A-1130 Wien

Berufsverband Dipl. Ehe-, Familien- und LebensberaterInnen Österreichs
C/o Christiane Sauer
Am Grünen Hang 17, A-4040 Linz

Österreichische Gesellschaft für Mediation
C/o Dr. Karl Glaser
Landstraße 22, A-4020 Linz

Österreichischer Bundesverband der MediatorInnen
C/o Dr. Patricia Velikay
Margaretenstraße 21/13, A-1040 Wien

ÖBVP – Österreichischer Bundesverband für Psychotherapie
C/o Dr. Alfred Pritz
Rosenbursenstraße 8/3/7, A-1010 Wien

Salzburger Institut für Mediation
C/o Gottfried Graf
Johann-Wolf-Straße 13, A-5020 Salzburg

Schloß Hofen – Wissenschafts- und Weiterbildungs-GmbH
C/o Dr. Elmar Fleisch
Hoferstraße 26, A-6911 Lochau am Bodensee

IFF – Studienzentrum für Weiterbildung
C/o Dr. Gerhart Falk, Sterneckstraße 15, A-9020 Klagenfurt

Verein Co-Mediation
C/o Dr. Ursula Dick-Ramsauer
Schwarzstraße 43, A-5020 Salzburg

VBSA – Verein für Bewährungshilfe und Soziale Arbeit
Norbert Koblinger, c/o Außergerichtlicher Tatausgleich (ATA)
Hahngasse 6/1/24, A-1090 Wien

Win-Win – Gesellschaft für angewandte Mediation und Konfliktregelung – Austria
C/o Dr. Gerhart Falk
Sterneckstraße 15, A-9020 Klagenfurt

ZDK – Zentrum für Kommunikation und Dynamik
C/o Karin Schuhmann
Neulinggasse 25, A-1030 Wien

Schweiz (Stand 1/99)

Balscheit-von Sauberzweig, Peter
Hauptstr. 9 B, CH-4466 Ormalingen

Bono-Hörler, Caroline
Katrinenhof 68, CH-8852 Altendorf

Cardia Vonèche, Laura
40, Rue du stand, CH-1204 Genf

Didav-Baumann, Cristina
Theaterstrasse 29, CH-8400 Winterthur

Egger, Philips & Partner AG
Fraumünsterstraße 19, CH-8001 Zürich

Fachhochschule Aargau
Nachdiplomkurs Mediation in Wirtschaft, Umwelt und Verwaltung
Martinsberg, CH-5401 Baden

IfM - Institut für Mediation Zürich
C/o Dr. J. M. Schwarz
Marktgasse 50, PF 7162, CH-3001 Bern

Institut für Ehe und Familie
Wiesenstrasse 9, CH-8008 Zürich

Matter, Helen
Donnerbühlweg 34, CH-3012 Bern

Monnier, Sylvie
91, Rue de la Servette, CH-1202 Genf

Schweizerische Friedensstiftung – Institut für Konfliktlösung
Gerechtigkeitsgasse 12, CH-3000 Bern 8

Universitäts-Institut Kurt Bösch
Studiengang European Master in Mediation
Postfach 4176, CH-1950 Sion

Spezielle Angebote

Dr. Christine & DDr. Peter Geißler
A-2301 Neu-Oberhausen / Groß-Enzersdorf
Dr. Paul Fuchsiggasse 12
Tel., Fax 0043-2249-3851 o. 0043-1-7985157
Email: p.geissler@treangeli.at
www.grossenzersdorf.at/Dr_Peter_Geissler/home.html

Von unserer Grundausbildung her sind wir klinische und Gesundheitspsychologen, Psychotherapeuten und Supervisoren in freier Praxis. Unsere psychotherapeutischen Qualifikationen liegen in den Feldern **psychoanalytische Psychotherapie, Körperpsychotherapie und Gruppentherapie.**
Neben unserer Tätigkeit als Psychotherapeuten mit Erwachsenen arbeiten wir mit Paaren und Familien im Sinne von Partnerschafts- und Familienberatung sowie Konfliktregelungen im Falle von Trennung und Scheidung.
Desweiteren interessieren uns die Bereiche Psychotherapieforschung und **Anwendungen der Psychologie und Psychotherapie in "erweiterten Handlungsfeldern"**, d.h. in Institutionen, Organisationen, Schulen, Firmen und Politik, inbesondere Kommunalpolitik. Hier versuchen wir, unser fachliches Wissen aus psychoanalytischer Psychotherapie und Körperpsychotherapie in die jeweiligen »Sprachen« dieser Systeme zu übersetzen und zu integrieren.
Einen weiteren Interessens- und Arbeitsschwerpunkt sehen wir in der **Arbeit mit Jugendlichen**. Wir sind Mitbegründer der Initiativgruppe »Verein für offene Jugend- und Kulturarbeit in Groß-Enzersdorf«.
Unser Ziel ist es, durch Vernetzung unserer Kompetenzen vorwiegend im regionalen Bereich Groß-Enzersdorf und Umgebung sozialpsychologisch orientierte Impulse zu setzen und Entwicklungen in Gang zu bringen. Die Konfliktregelung ist dabei ein Arbeitsfeld unter vielen.

Publikationen in Buchform:
Zur Mediation:
Klammer G., Geißler P.: Mediation. Einblicke in Theorie und Praxis professioneller Konfliktregelung. Falter-Verlag, Wien 1999
Zur Psychotherapie:
Geißler P.: **Psychoanalyse und Bioenergetische Analyse**. Im Spannungsfeld zwischen Abgrenzung und Integration, Peter-Lang-Verlag, Frankfurt 1995
Geißler P.: **Neue Entwicklungen in der Bioenergetischen Analyse**. Materialien zur analytischen körperbezogenen Psychotherapie, Peter-Lang-Verlag, Frankfurt 1996
Geißler P., Geißler C., Hofer-Moser O.: **Analytische Körperpsychotherapie**. Bioenergetische und psychoanalytische Grundlagen und aktuelle Trends, Wiener Universitäts-Verlag, Wien 1997
Geißler P. (Hrsg.): **Analytische Körperpsychotherapie in der Praxis**, Pfeiffer-Verlag bei Klett-Cotta, München 1998
Geißler P., Rückert K.: **Psychoanalyse und Körper**. Zeitschrift Psychosozial, 21. Jahrgang, Nr. 74, Heft 4, Psychosozial-Verlag, Gießen 1998

ARGE Sozialpädagogik / Akademie für Psychoanalyse & Mediation
Kugelfanggasse 58
1210 Wien
Tel. / Fax: 0043 1 263 23 12

Ein Zufall oder die Zeit war reif?
Erstmalig hörte ich im Jahre 92 zufällig einen Beitrag über Mediation in einer Radiosendung, gestaltet von Patricia Velikay. Die Nützlichkeit und der Bedarf nach dieser Methode schien mir sofort evident.

Als Psychoanalytiker war mir die Arbeit mit Konflikten vertraut, allerdings mit dem Schwerpunkt der persönlichen innerpsychischen Konfliktverarbeitung.

Hier hörte ich nun von einer Methode, die Konflikte zwischen Streitparteien regelt, langwierige Auseinandersetzungen und die damit verbundenen psychischen Kränkungen und Verletzungen verhindern helfen könnte. Die ganze Vielfalt von Konflikten samt ausgelöster Zerstörungsspuren aus meinem persönlichen und beruflichen Leben stellte sich in meiner Erinnerung ein, der 2. Weltkrieg und die Vertreibung meiner Familie, meine Arbeit mit sozialen Randgruppen, meine Verantwortung für die Ausbildung von jungen Menschen zu SozialpädagogInnen in Wien, die Klienten mit psychischen Konflikten etc. Wo überall hätte Mediation fruchtbar und friedensstiftend eingesetzt werden können?

Ein weiteres Motiv bewegte mich: Mediation ist vom Denkansatz her eine emanzipatorische Methode, das hat sie mit der Psychoanalyse gemeinsam. Konflikte sind Bestandteile des Lebens, und es stellt einen absolut befreienden Akt der Mündigkeit dar, sie gemeinsam mit dem Konfliktpartner bewußt und verantwortungsvoll durchzugehen und sie nicht an Experten oder staatliche Entscheidungsmächtige abzugeben. Hier fand ich auch Leitideen der 68-er Bewegung, die mich maßgeblich prägte, in der Methode Mediation verwirklicht.

Ich gewann meinen Psychoanalytikerkollegen Harald Picker, Leiter des Wiener Psychoanalytischen Seminars, und meine Frau Iris Rückert-Possél, Leiterin der Arge Sozialpädagogik, für die Idee der Mediation, und wir veranstalteten öffentliche Vorlesungen zu diesem Thema an der Wiener Universität u. a. mit John Haynes und Sophie Freud, dazu Workshops mit Ed Watzke u. a.

1993 fand mit Hilfe von Monika Groner, Patricia Velikay, Hannah Gaugler u. a. das erste Einführungsseminar in Mediation im Hotel Regina in Wien statt.

Diese Veranstaltung stieß auf großes Interesse, und es meldeten sich daraufhin etliche Teil-nehmerInnen mit dem Wunsch nach Ausbildung.

Wir entwickelten ein Curriculum zur Methodik der Mediation und begannen mit Ausbildungslehrgängen, nunmehr auch mit Unterstützung von Gerda Klammer, Gerald Kastner und Wolfgang Klima.

Die Ausbildungsschiene erwies sich als erfolgreich, und die ARGE ist derzeit mit Mediationslehrgängen in Wien, in einigen Bundesländern und in Südtirol tätig. Unübersehbar ist aber, daß die Praxis in der Methode Mediation weit hinter dem vorhandenen öffentlichen Interesse nachhinkt.

Um breitere Öffentlichkeit herzustellen und um vor allem konkrete Praxisanwendungen der Methode Mediation zu präsentieren, veranstalteten wir im September 1999 die **"Wiener Konferenz für Mediation"**. Das Echo auf diese Konferenz war erfreulich positiv.

Unsere Zukunftsvisionen gehen dahin, die Konfliktkultur in allen Lebensbereichen in unserem Land zu verbessern, die Lust und die Fähigkeit im Umgang mit Konflikten zu erhöhen, um dadurch soziales und menschliches Wachstum zu fördern.

Wir gehen von der Grundüberzeugung aus, daß wir alle in diesem Land Platz haben und daß wir die Kompetenz entwickeln müssen, bei Konflikten über die individuelle Gestaltung unseres Lebens zu verhandeln, da Streitlösungen in Form von Sieg und Niederlage letztlich zerstörerisch sind und destruktive Auswirkungen auf Zeiträume von Generationen haben können.

In allen Konflikt- und Streitaustragungen, gleichgültig ob auf Mikro- oder Makroebene ist ein- und derselbe Wirkmechanismus beobachtbar: dort wo mit Gewalt oder auf dem Hintergrund von Macht- oder Hierarchiepositionen entschieden wird, entsteht ein Bruch im Lebensprozeß mit einem giftigen Stachel in den zwischenmenschlichen Beziehungen, wodurch Menschen belastet sind und oft psychisch krank werden. Wird der Konflikt hingegen für die Beteiligten fair geregelt, dann wird das Kontinuum im Lebensprozeß wiederhergestellt (oder bleibt erhalten), die Menschen bleiben psychisch gesund und sind frei zur Gestaltung neuer Lebensaufgaben.

Die ARGE Sozialpädagogik / Akademie für Psychoanalyse plant, sich in Zukunft vermehrt der Öffentlichkeitsarbeit und der Praxisanwendungen für Mediation zu widmen.

ÖSTERREICHISCHER BUNDESVERBAND DER MEDIATORINNEN
(Vermittler in allen Streitigkeiten)

Büro: Liniengasse 22/23, 1060 Wien - e-mail: oebm@chello.at
Tel.: 0699/10124386   Mo 15.00 – 17.00   Mi 10.00 – 12.00

Der ÖBM ist die größte und einzige bundesweite Vereinigung von MediatorInnen in Österreich, die sich allen Anwendungsgebieten der Mediation zuwendet.

Ziele
– Entwicklung eines Berufsbildes des Mediators/der Mediatorin
– Aufbereitung des Berufsfeldes Mediation in Österreich
– Sicherung der Qualität der Mediationsangebote in Österreich
– Fachlicher Ansprechpartner für alle Anwendungsbereiche der Mediation
– Beratung und Service für MediatorInnen und Mediationsinteressierte
– Forum für fachlichen Austausch der MediatorInnen
– Unterstützung der MediatorInnen in ihrer Arbeit
– Öffentlichkeitsarbeit

Angebote
– Jährliche Herausgabe einer aktuellen MediatorInnenliste für ganz Österreich und Verteilung bei Gerichten, öffentlichen Stellen und Multiplikatoren.
In dieser Liste sind die verschiedenen angebotenen Anwendungsbereiche der Mediation (Scheidung, Familie, Nachbarschaft, Wirtschaft, Schule, Umwelt) ersichtlich.
Die MediatorInnenliste ist nach Bundesländern geordnet. In jedem Bundesland steht ein Landessprecher des ÖBM mit seinem Team für Fragen zur Verfügung.
– Regelmäßiges Treffen der Landesgruppen (Aktivitäten je nach Interessen der Mitglieder, Intervision, Selbstorganisation der MediatorInnen in ihrer Arbeit, Vernetzung, Arbeitsgruppen, Öffentlichkeitsarbeit)
– Mediatoren-Haftpflichtversicherung für Mitglieder
–Informationsblatt "Mediator"

Bundesverband Mediation e.V.

Verein zur Förderung der Verständigung in Konflikten
Geschäftsstelle
Kirchweg 80, D-34119 Kassel
T. +49-561-7396413, F. +49-561-7396412
email: mediation @iworld.de
Inge Thomas-Worm, Dipl.Psych.
Telefonkernzeiten
Mo., Di., Do. 10-12 Uhr
Mi. 17-19 Uhr

Der Bundesverband Mediation e.V. ist ein in ganz Deutschland aktiver interdisziplinärer Fachverband für Mediation mit dem Hauptziel der Verbreitung und der Weiterentwicklung der Verständigung in Konflikten. Seine über 200 Mitglieder aus Deutschland und angrenzenden Ländern sind MediatorInnen, Mediatorenvereinigungen und sonstige an Mediation Interessierte, welche auf allen Gebieten der Mediation tätig sind. Der Bundesverband Mediation ist ein inklusiver Verband, welcher für verschiedene fachliche Orientierungen und Ursprungsberufe offen ist. Der Bundesverband Mediation verfolgt ausschließlich gemeinnützige Zwecke.

Unsere Mitglieder bieten Mediation und Ausbildungen an:
– in Schule und Jugendarbeit
– im Gemeinwesen
– in Familien und bei Trennung und Scheidung
– in der Wirtschaft
– am Arbeitsplatz
– in Gruppen und Teams
– bei Mobbing
– zwischen Organisationen
– bei internationalen und interkulturellen Konflikten

Die Angebote des Bundesverband Mediation umfassen:
– Vernetzung von MediatorInnen und Regionalgruppen
– Jährliche Mitgliederversammlungen
– Jährliche Fachtagungen zu aktuellen Themen
– Kurse und Fortbildungen
– Weiterentwicklung der Mediation
– Zertifizierung von MediatorInnen und Ausbildungsinstituten (ab 6/2000)
– Herausgabe und Versand des "Infoblatt Mediation" an Mitglieder und Interessierte
– Öffentlichkeitsarbeit

– Zusammenarbeit mit Institutionen ähnlicher Zielsetzungen

Die kontinuierliche Arbeit des Verbandes ist organisiert in
– Vorstandsarbeit
– Arbeitsgruppen (AG): Zur Wahrnehmung übergreifender Aufgaben wie Presse- und Öffentlichkeitsarbeit, Erarbeitung von Richtlinien, etc.
– Fachgruppen (FG): Zur Weiterentwicklung verschiedener Einsatzgebiete der Mediation,
– Regionalgruppen (RG): Für den Fach- und Erfahrungsaustausch vor Ort, zur Unterstützung der Mitglieder, zur Information von Interessenten an Mediation.
– Mitgliederversammlung

Bundesverband Mediaton e.V., Sitz: Minden, Deutschland, 1.Vors. Dr. B. v. Soden, T:+49-8726-910103, F:+49-8726-910104, 2.Vors. K. Sander, Dipl.Ing., T:+49-5764-1206, F:+49-5764-2578

Umweltmediation in Österreich
Österreichische Gesellschaft für Umwelt und
Technik

Die ÖGUT ist eine überparteiliche Plattform für Umwelt, Wirtschaft, Arbeit und Verwaltung. Sie trägt zum Abbau von Spannungsfeldern und zur Entwicklung einer konstruktiven Konfliktkultur bei. Unsere Schwerpunkte:

Umweltkonfliktmanagement *Forschung und Technologieentwicklung*

Mittel- und Osteuropa

Die ÖGUT vermittelt Informationen über Umweltmediation. Die ÖGUT tritt nicht selbst als Mediatorin bei umweltrelevanten Projektvorhaben auf, sondern trägt dazu bei, dieses Konfliktlösungsinstrument in Österreich zu etablieren. Unsere Tätigkeiten:

Studien „Umweltmediation in Österreich":

„Informationsstand, Einstellung, Erwartungen" (1998) Praktische Erfahrungen in Österreich (1999)

Begleitforschung von Umweltmediationsverfahren

Entwicklung von Kriterien für Umweltmediation

Informationsarbeit für Entscheidungsverantwortliche in Verwaltung, Wirtschaft, Umweltorganisationen und -gruppen

Öffentlichkeitsarbeit, Vorträge, Veranstaltungen

Österreichische Gesellschaft für Umwelt und Technik (ÖGUT)
Türkenstraße 9/21, A-1090 Wien Homepage: http://www.oegut.at
Tel.: ++43 (0)1 315 63 93 - 0, Fax: - 22, E-mail: office@oegut.at

INSTITUT FÜR MEDIATION UND KONFLIKTMANAGEMENT

E. RANGGER-HEGNER & PARTNER
A-6020 Innsbruck,Stafflerstraße 13
Tel: +43-512-589284, Fax 589285
e-mail: mag.rangger@tiwis.nwy.at
Konflikte (an)erkennen-bearbeiten-lösen
Unsere Schwerpunkte:
Öffentlichkeitsarbeit zur Verbesserung der Konfliktkultur
Maßgeschneiderte Konzepte für Unternehmen zur Kostenminimierung und Qualitätsverbesserung
Ausbildung von Konfliktlotsen an Schulen
Seminare zur Ausbildung von Mediator/Innen
Außergerichtliche Konfliktlösung und Mediation in den Tätigkeitsbereichen:
Wirtschaft
Schule
Trennung und Scheidung
Nachbarschaft
Interkulturelle Konflikte
Erbschaft

MAKING TALK WORK
ROSINAK & PARTNER ZT GMBH

KONFLIKTMANAGEMENT - MODERATION - MEDIATION

Gerade in der Verkehrs- und Umweltplanung sind Konflikte unvermeidlich. Projektbetreiber, die öffentliche Verwaltung, persönlich Betroffene – sie alle haben unterschiedliche Werthaltungen und verfolgen unterschiedliche Ziele und Interessen.

Die **Begleitung und Steuerung** komplizierter und aufwendiger Planungsverfahren, die **Konfliktvermittlung** zwischen den Parteien und das gemeinsame Suchen nach neuen und **innovativen Lösungen** sind in den letzten Jahren zu einem wichtigen Schwerpunkt unser beruflichen Tätigkeit geworden.

Wir glauben, daß lösungsorientierte Konfliktvermittlung beides braucht: fundierte **Erfahrung in der Mediation** und auch **Fachwissen** in der jeweiligen Materie. Nur so können tragfähige Lösungen im Spannungsfeld der verschiedenen Interessen erzielt werden.

Adresse:

Rosinak & Partner ZT GmbH
Schloßgasse 11, 1050 Wien
Tel.: +43 1 544 07 07
Fax.: +43 1 544 07 27
Website: http://www.rosinak.co.at

Kontakt:

Dipl.-Ing. Wolfgang Pfefferkorn
e-mail: pfefferkorn@rosinak.co.at

FIRMENECKDATEN

Gründung: 1976

Firmensitz: Wien

Anzahl der Mitarbeiter: 30

Vertretene Fachdisziplinen: Kulturtechnik, Bauingenieurwesen, Informatik, Landschaftsplanung, Raumplanung

Schwerpunkte:

- Verkehrsplanung & Verkehrsuntersuchungen
- Verkehrs- & Raumforschung
- Straßen- & Bahnprojektierung
- Umweltplanung
- Planungsmanagement & Mediation
- Informationssysteme
- Begleitende Kontrolle

REFERENZPROJEKTE

- Verkehrskonzept Linz - Leitbild und Strategie,
  Stadt Linz, 1998 - 1999
- Planungsombudsmann - Ausbau der ÖBB-Hochleistungsstrecke,
  Blindenmarkt,
  HL-AG, 1999
- Rahmenplanung Yppenplatz & Markt, Projektmoderation
  Stadt Wien, 1997
- Initiative TEN-Knoten Wien - Projektsteuerung & Moderation
  Stadt Wien, 1998 - 1999
- Grazer Integrierte Verkehrsentwicklung (GIVE), Moderation
  Stadt Graz, 1995

274

Dr. Benedikta Gräfin v. Soden, Jahrg. 53

Ausbildung: Dr. sc.agr., Dipl.Ing.agr., Internationale Ausbildung in systemischer, Gestalt-orientierter Organisations- und Systementwicklung, NLP-Master, Berufsbegleitendes Studium Interkulturelle Beziehungen, Ausbildung in Körpersprache und Theater-Training, Ausbildung zur Mediatorin in Steyerberg (Sander und Hatlapa) und in interkultureller Mediation in den USA (Hammer, LeBaron, McCrae).
Berufserfahrung: Internationale Managementerfahrung, Führungspositionen in der in- und ausländischen Industrie
Tätigkeit/Institution: Geschäftsführende Inhaberin eigener Beratungsfirma,Unternehmen, Organisationen und deren Mitglieder, deutsch, englisch und italienisch

DEYMSODEN consulting
Haunprechting 2, D-84337 Schönau
T. +49-8726-910103, F: +49-910104,
email: dsconsult@topmail.de, homepage: www.deym-soden.de

1.Vorsitzende des Bundesverband Medaition e.V., Sitz Minden, BRD
Strategische Partnerschaften in D, NL, UK, USA.

Fach- und Interessensgebiete: (Interkulturelle) Mediation und Verhandlung in Organisationen, Coaching, (Interkulturelle) Organisationsentwicklung, Veränderungs-Management, Begleitung von (Interkulturellen) Teams, Führung im globalen Markt

275

Perspektiven e.V.
Mediation und Konfliktberatung
Bassumer Landstr. 44
D - 28857 Syke
Tel. 0049 - 4242 - 50 77 1
Arbeitsschwerpunkte:
Konfliktvermittlung im familiären und sozialen Umfeld

Kersti Schittko
Dipl.Päd. und Mediatorin
Ausbilderin in Mediation
Mitglied im BV Mediation e.V.
Unterm Ufer 7
D-27333 Schweringen
Tel. und Fax 0049 - 4257 - 91533
Ich arbeite im Sinne der Gewaltfreien Kommunikation nach Marshall Rosenberg.

Reinhard Sellnow
Diplom-Volkswirt & Stadtplaner
Amtmannsbrücklein 1
D-90475 Nürnberg
Tel.: ++49/911/357761, Fax: ++49/911/357767
Email: reinhard.sellnow@t-online.de

Kommunalberatung und Projektbetreuung im Bereich: Bürgerbeteiligung, speziell: Problemlösung und Konfliktregulierung d. Verhandlungs- und Vermittlungsverfahren, (Umwelt-) Mediation. Durchführung von Bürgerforen u. Agenda 21-Prozessen, Zukunftswerkstätten und -konferenzen, Methoden kreativer Lösungssuche und Entscheidungsfindungsverfahren.

Norbert Fackler
Dipl.Soz.Päd. (FH)
Mediator
Systemischer Therapeut (DFS)
Training, Fortbildung, Supervision
Dohlenweg 12
D - 85591 Vaterstetten
Tel. 0049 8106 302090
Fax: 0049 8106 302091
E-Mail: fackler.n@t-online.de

276

Heike Dilßner

Spichernstr. 18, 10777 Berlin, Tel.: 217-6894
Fax: w.o. (bitte vorher anrufen)
Heike Dilßner-Nweke (Jhg. 64), Diplom-Politologin, Diplom-Verwaltungswirtin
Mediation im Arbeitsleben und der Verwaltung, den Gewerkschaften, interkulturelle und politische Mediation, internationale Konfliktbearbeitung, Erwachsenenbildung
Mediationsausbildung 1995/96 bei Prof. Dr. Angela Mickley
Mediationstätigkeit seit 1996
Mitglied der ÖTV, Koordinationskreis Mosambik und Eurosolar e.V.
Bundesweites Forschungsprojekt zur Anwendung von Mediation in der Bundesrepublik, Langzeitwahlbeobachterin der Vereinten Nationen in Mosambik, Lehrauftrag am Otto-Suhr-Institut der FU Berlin, Friedens- und Konfliktforscherin, Tätigkeit in der Entwicklungshilfe, langjährige aktive Gewerkschafts- und Gremienarbeit
Mediation im Arbeitsleben und der Verwaltung, den Gewerkschaften, interkulturelle und politische Mediation, internationale Konfliktbearbeitung, Erwachsenenbildung, (Wochen-) Seminare, Moderation, Gruppenmanagement, Strategisches Planen
Anschrift: Spichernstr. 18, 10777 Berlin, Tel/Fax: 214 74 286 oder 833 82 59, mobil: 0177-5875708
e-mail: HNwe@aol.com

Auch die Anwaltschaft setzt sich für Mediation ein

Seit vor einigen Jahren die Mediation auch in Österreich bekannt wurde und in der Fachwelt großes Interesse hervorrief, gibt es auch Anwältinnen und Anwälte, die sich intensiv mit dieser alternativen Streitschlichtungsmethode auseinandersetzen.

Aus der Sicht der Anwälte soll sichergestellt werden, daß auch im Zuge einer Mediation die Streitparteien über ihre jeweiligen rechtlichen Möglichkeiten korrekte und vollständige Informationen erhalten – auch wenn rechtliche Kriterien im Rahmen dieser Form der Konfliktregelung nicht unbedingt die entscheidenden sind. Je weniger Zeit und Geld Konfliktparteien in gerichtliche Streitigkeiten investieren wollen und je mehr Einfluß sie selbst auf die Entscheidungen in ihrer Auseinandersetzung nehmen wollen, umso notwendiger brauchen sie eine anwaltliche Vertretung und Beratung, die nicht nur im Gerichtssaal professionell auftritt, sondern auch am Verhandlungstisch. Anwälte arbeiten sowohl als Mediatoren als auch als Beratunsanwälte in der Mediation.

277

Die im Herbst 1997 gegründete AVM, Anwaltliche Vereinigung für Mediation und kooperatives Verhandeln, versteht sich als "Haus" der Anwälte in der Mediation.

Ihre Kernaktivitäten sind derzeit:

- Interdisziplinäre Fortbildung in Zusammenarbeit mit dem Österreichischen Bundesverband für Psychotherapie (COOP Mediation – Grundseminar Mediation)
- Seminarreihe "Jahresfortbildung in Wirtschaftsmediation"
- Erstellung einer website für Anwaltsmediatoren
- Mitteilungsblatt für Mitglieder und Öffentlichkeitsarbeit
- Anwalts - Know How für die Mediation/Mediations - Know How für Anwälte

Anwaltsmediation erarbeitet Lösungen, die auf sicheren Beinen stehen!
Information über AVM und das Seminarangebot finden Sie auch im internet:

www.avm.co.at

Anwaltliche Vereinigung für Mediation und kooperatives Verhandeln
1010 Wien, Rosenbursenstraße 4/3 Tel 513 12 01 Fax 513 12 05 office@avm.co.at

MEDIATION IM BILDUNGS- UND ERZIEHUNGSWESEN e. V.

Vors.: O. Hagedorn, A. Bonjer
Geraer Straße 12, D-12209 Berlin
Fon: 030/711 46 41, Fax 030/711 08 02
e-mail: ABonjer-und-team@t-online.de

In Schulen werden immer häufiger Mediatoren bzw. Konfliktlotsen gebraucht. Deshalb müssen künftig mehr Jugendliche sowie Lehrkräfte ausgebildet werden. Die Vermittlung der Mediation durch Informationsveranstaltungen in Schulen und ähnlichen Organisationen, die Unterstützung der als Mediatoren tätigen Lehrer und Erzieher, Öffentlichkeitsarbeit und Lobbyarbeit in Politik und Gesellschaft sowie Postulierung eines einheitlichen Ausbildungsganges für den "Mediator an Schulen" sind Vereinszweck. Der Verein möchte die Volksbildung, die Demokratie- und Werteerziehung und die Verantwortungsübernahme durch Jugendliche fördern.

INSTITUT FÜR INTERDISZIPLINÄRE FORSCHUNG UND FORTBILDUNG

der Universitäten Klagenfurt, Wien, Innsbruck, Graz
Im Rahmen unseres Forschungs- und Weiterbildungsbereiches »MEDIATION und KONFLIKTMANAGEMENT« bieten wir an:
– Berufsbegleitender Universitätslehrgang Master of Advanced Studies (Mediation), »The European General Mediator (EGM)«
– Einzelseminare zum Thema »Mediation und Konfliktmanagement«
– Entwicklung und Konzeption von Weiterbildungsprogrammen
Infos unter:
IFF - Universität Klagenfurt - Studienzentrum für Weiterbildung
Sterneckstraße 15
9020 Klagenfurt
Tel: 0043 (0) 463 2700-728
Fax: 0043 (0) 463 2700-759
email: ingrid.ringhofer@uni-klu.ac.at
homepage: www.uni-klu.ac.at/mediation
Der Arbeitsbereich »Mediation und Interkulturelle Sozialkompetenz« am Standort Westbahnstrafle des IFF in Wien beschäftigt sich mit der
– Abhaltung von Lehrveranstaltungen zu »Grundlagen der Mediation« und »Sozialkompetenz für MediatorInnen« im Rahmen des Wahlfachkorbes »Mediation und andere Formen alternativer Konfliktbeilegung« an der Juridischen Fakultät der Universität Wien
– Abhaltung von Lehrveranstaltungen zum Thema »Mediation« für Studierende der Juridischen Fakultät der Universität Graz (Institut für Bürgerliches Recht)
– dem Umgang mit Konflikten zwischen unterschiedlichen kulturellen Systemen:
– Welche Prozesse und Strukturen sind für die Bearbeitung von Interkulturellen Konfliktfeldern angemessen?
– Welche Kompetenzen erfordert eine solche kultur‚berschreitende Konfliktbearbeitung?
– Welche besonderen Zugangsweisen erfordert Mediation in interkulturellen Kontexten?

Infos unter:
Dipl.-Ing. Mag. Dr. Mario Patera
IFF Westbahnstraße 40/6, 1070 Wien,
Tel 0043-1-526 96 88-24, Fax: 0043-1-526 96 88-18,
email: mario.patera@univie.ac.at

Die GESELLSCHAFT FÜR KONFLIKTMANAGEMENT UND MEDIA-
TION (GesKoM), BERLIN bietet ihre Mitwirkung und Beratung an in
den Bereichen

- Konfliktmanagement in Umwelt, Politik und Wirtschaft (Unter-
  nehmen, Organisationen, Behörden, Vereine, Verbände), Schulen
  (Kollegien und Schulklassen), Familie + Partnerschaft, soziale
  und kulturelle Gruppen, Parteien, Gewaltprävention und Anti-
  Gewalttraining im Polizei- und Justizbereich, Interkulturelle
  Konflikte, politische Mediation

- berufsbegleitende Ausbildungen in Mediation und Vertiefungs-
  seminare durch.

Beratung und Seminare werden von einem Team erfahrener Mediatoren durchgeführt. Frau Prof. Angela Mickley (Historikerin) und
Dipl. Ing. Hermann Seiberth (Organisationsentwicklung) leiten die
Gesellschaft. Ausbildung und Beratung erfolgen vor dem Hintergrund der Anthroposophie, der Menschenkunde Rudolf Steiners
und ihrer Anwendung in der Organisationsentwicklung wie sie von
Bernhard Lievegoed (Zeist, Niederlande) und Friedrich Glasl
(TRIGON, Österreich) entwickelt wurde. Künstlerische Elemente
sind Eurythmie, Malen und Schauspiel.

Anschrift: Gesellschaft für Konfliktmanagement und Mediation
(GesKoM)
- Hochsitzweg 15
- D-14169 Berlin
- ISDN +49-30-813 15 98 • FAX +49-30-814 992 92
- E-mail: seiberth@gmx.de

Autorenregister

Noa V. Zanolli Davenport, Dr. phil., Primarlehrerin, Ethnologin, Mediatorin, Schweizerin, seit 1986 in den USA, ehem. Leiterin der Erziehungsabteilung am Iowa Peace Institute, seit 1993 freiberuflich in Ausbildung und Training auf dem Gebiet Konfliktlösung mit Schwerpunkt Schule im In- und Ausland tätig.
Adresse: 32629 US Hwy 65, Collins, Iowa 50055, USA.

Josef Duss-von Werdt, Dr. phil., Dr. theol., Professor an der Universität Fribourg, Praktiker, Ausbilder und Supervisor in Familientherapie und Mediation.
Adresse: CH-6006 Luzern, Sonnenrain 15, Schweiz.

Thomas Flucher, Dipl. Kulturingeneur ETH Zürich, Mediator ÖBM, Tätigkeitsfelder: Mediation in Wirtschaft, Umwelt, Verwaltung, insbesondere in technischen Bereichen, Spezialgebiet Mediation und Konfliktmanagement bei Infrastruktur-Großprojekten. Gründungsmitglied der länderübergreifenden AMK »Arbeitsgemeinschaft und Konfliktmanagement in Planung - Bau - Umwelt« (A, D, CH).
Adresse: CH-4562 Biberist, Leutholdstraße 4, Schweiz.

Peter Geißler, Dr. med., Dr. phil., Psychotherapeut, Psychologe, Arzt, Supervisor, Universitäts-Lektor, Mitbegründer des »Arbeitskreises für analytische körperbezogene Psychotherapie« und des »Vereins für offene Jugend- und Kulturarbeit in Groß-Enzersdorf«, wissenschaftliche Publikationen, mehrere Bücher. Veranstalter von Fachtagungen, Symposien und Konferenzen in den Themenbereichen »Mediation« sowie »Psychoanalyse und Körper«.
Adresse: A-2301 Neu-Oberhausen/Groß-Enzersdorf, Dr. Paul Fuchsiggasse 12, Österreich.

John Haynes, Dr. phil., Begründer und Präsident der »Academy of Family Mediators«, Mediations-Trainer in 23 verschiedenen

281

Ländern, Autor vor vier Büchern über Mediation, wovon eines – »The Fundamentals of Family Mediation« – in sechs Sprachen übersetzt wurde, Mediator in allen Praxisfeldern.
Adresse: New York 11768-1509 USA, 146 Bayview Avenue, Northport.

Stefan Kessen, Studium der Politikwissenschaft, Publizistik und Wirtschaftswissenschaft an der Westfälischen Wilhelms-Universität Münster. Seit 1993 Tätigkeit als Mediator, Ausbilder und Trainer in den Feldern Umwelt- und Wirtschaftsmediation bei der *Mediator* – Zentrum für Umweltkonfliktforschung und
-management GmbH, Oldenburg. Gründungsmitglied der Interessensgemeinschaft Umweltmediation e.V. (IGUM) und Mitglied des Fördervereins Umweltmediation e.V. Verschiedene Lehraufträge und Publikationen zum Thema Mediation.
Adresse: D-48149 Münster, Wilhelmstraße 48, Deutschland.

Günther Kienast, Hofrat, Dr. phil., Studium der Pädagogik und Soziologie, psychotherapeutische Weiterbildung, Leiter des Bereichs Politik und Verwaltung der Niederösterreichischen Landesakademie, Universitätslektor für Kommunalpolitik an der Universität Wien, Mediator in den Bereichen Umwelt und Wirtschaft.
Adresse: A-3109 St. Pölten, Neue Herrengasse Haus 17A, Österreich.

Tilman Metzger, Jurist, Mediator, Supervisor, Gründer und Bildungsreferent der Mediationsstelle Brückenschlag e.V., ehem. Erster Vorsitzender des Berufsverbandes Mediation e.V.
Adresse: D-21339 Lüneburg, Brockwinklerweg 5, Deutschland.

Angela Mickley, Dr. phil., Studium der Geschichte und Politik, 1976-79 pädagogische und politische Friedens- und Konfliktarbeit in Nordirland; Mediation mit gewaltbereiten und gewaltgefährdeten Jugendlichen und Erwachsenen in Berlin seit 1990; Deeskalationstraining, Mediation; seit 1995 an der Fachhochschule Potsdam,

(noch) einzige Professur in diesem Bereich: Friedenserziehung, Konfliktbearbeitung und Ökologie. Seit 1994 berufsbegleitende Jahreskurse in Mediation innerhalb der von ihr gegründeten Gesellschaft für Konfliktmanagement und Mediation.
Adresse: D-14165 Berlin, Dallwitzstraße 31, Deutschland.

Harald Picker, Psychotherapeut, Psychoanalytiker, Leiter des Wiener Psychoanalytischen Seminars.
Adresse: A-1030 Wien, Landstraßer Gürtel 9, Österreich.

Alfred Pritz, Dr. phil., Prof. hon., Präsident des Österreichischen Bundesverbandes für Psychotherapie (ÖBVP), Präsident des »World Council for Psychotherapy« (WCP), Psychotherapeut (Psychoanalyse, Gruppentherapie).
Adresse: A-1030 Wien, Krieglergasse 11, Österreich.

Klaus Rückert, Dr. phil., Psychotherapeut, Psychoanalytiker, Klinischer Psychologe, Lehrtherapeut, Leiter der Akademie für Psychoanalyse, Arbeitsschwerpunkte: Theorie der Psychoanalyse, Erweiterung der Methodik, Körperarbeit. Leiter der ARGE Sozialpädagogik mit Ausbildung in Mediation, Veranstalter von Fachtagungen zu den Themenbereichen »Mediation« und »Psychoanalyse und Körper«.
Adresse: A-1210 Wien, Kugelfanggasse 58, Österreich.

Reinhard Sellnow, Diplom-Volkswirt und Stadtplaner, Tätigkeitsfelder:
Kommunalberatung und Projektbetreuung im Bereich Bürgerbeteiligung, speziell: Problemlösung und Konfliktregulierung durch Verhandlungs- und Vermittlungsverfahren, (Umwelt-) Mediation. Durchführung von Bürgerforen u. Agenda 21-Prozessen, Zukunftswerkstätten und -konferenzen, Methoden kreativer Lösungssuche und Entscheidungsfindungsverfahren. Zahlreiche Publikationen zum Thema.

Adresse: D-90475 Nürnberg, Amtmannsbrücklein 1, Deutschland.

Benedikta Gräfin von Soden-Fraunhofen, Unternehmensberaterin und Mediatorin, Ausbildung in NLP, Kommunikation, Körpersprache und Organisationsberatung, Studium zum »Master of Arts in Intercultural Relations«, 1. Vorsitzende des Bundesverbandes Mediation e.V.
Adresse: D-84337 Schönau, Haunprechting 2, Deutschland.

Dobrinka I. Tchankova, Ph.D., Juristin, Universitätslektorin für Strafrecht und Menschenrechte, Fakultätsmitglied der »South-Western University - Blagoevgrad«.
Adresse: BUL-1734 Sofia, Studentski Grad, Bl. 58-B-311 Bulgarien.

Thomas M. Usdin, »Attorney«-Mediator in New Orleans, tätig in der Wirtschaft in bisher über 300 Mediationsfällen, Fakultätsmitglied der »Tulane Law School«, lehrt dort »Negotiations and Mediation Advocacy«, Trainer in Mediation und Konfliktlösung, Publikationen.
Adresse: 70170 New Orleans, USA, 201 St. Charles Avenue, Suite 2529.

Franz M. Wuketits, Univ. Prof., Dr., Studium der Zoologie, Paläontologie, Philosophie und Wissenschaftstheorie, seit 1979 Lehrtätigkeit an der Universität Wien, wissenschaftlicher Schwerpunkt: Wissenschaftstheorie mit besonderer Berücksichtigung der Biowissenschaften, Autor zahlreicher Bücher.
Adresse: A-1170 Wien, Himmelmutterweg 3/5/2, Österreich.

Horst Zilleβen, Dr. rer. pol., Professor für Umweltpolitik und Umweltplanung an der Universität Oldenburg, wissenschaftlicher Leiter des Mediator-Zentrums für Umweltkonfliktforschung und -management GmbH.
Adresse: D-26111 Oldenburg, PF 2503, Deutschland.